通史悟鉴

（下）

贾康田 著

中国文联出版社

目录

第六章　宋辽夏金　国脉如缕

第八章 大明王朝 党争误国

第九章　大清鼎盛　落日残阳

后　记

第六章 宋辽夏金

国脉如缕

宋朝（960—1279）分为北宋和南宋，在中国历史上上承五代十国下启元朝，历时三百二十年。宋朝在五代十国分裂的基础上走向统一，面临战后重生、百废待兴的局面。与宋朝同时，还存在着辽、金、西夏等少数民族政权。宋朝自立国起，便遭遇强邻压境，长期受到少数民族政权辽、金、西夏的欺凌、侵扰，可谓内忧外患，国力不振。契丹族在北方建立辽（916—1125），党项族在西北建立西夏（1038—1227），女真族在东北建立金（1115—1234）。西夏前期与辽、北宋并立，后期与金并立，后亡于漠北崛起的大蒙古国。金先灭辽、再灭北宋。宋室南迁临安（今浙江省杭州市）后，建立南宋。金朝亡于南宋和大蒙古国的南北夹击，南宋终被元朝所灭。其实，宋朝也是中国历史上商品经济、文化、教育、科学创新高度繁荣的时代，宋朝理学、史学、文学、艺术均别开生面，儒学复兴，佛教、道教亦有新的发展，被称为儒释道的大熔炉。宋朝的科学技术在当时世界范围内处于领先地位，推动人类文明发展的中国四大发明，在宋代得到改进并应用。中国现代历史学家陈寅恪这样评价宋朝："华夏民族之文化，历数千载之演进，造极于赵宋之世。"在宋朝的影响下，辽、金、西夏也实现了多方面跨越式发展，创造了多民族国家的灿烂文化。宋朝内部没有严重的宦官专权和军阀割据，宋朝立国三百余年，两度倾覆，皆缘外患，是唯独没有亡于内乱的王朝。但万里长城踏破，铁马金戈激荡，国家的命脉，已似飘忽不定的游丝，所谓国脉微如缕。加上宋朝采取的守内虚外、重文轻武、消极防御的军事政策，积贫积弱，缺兵少将，文气过重，武功萎靡，面对强大的对手，丧失了战斗力的军队，只能是望而兴叹，无可奈何花落去！

宋朝　文盛武衰

宋朝（960—1279）分为北宋（960—1127）和南宋（1127—1279）两个阶段，又称两宋，因皇室姓赵，也称赵宋。宋朝的领土范围几乎被其他三个民族政权包围在中间，与辽的疆界长期稳定在雁门山—大茂山—白沟一线；与西夏征战，取得了绥（今陕西省榆林市绥德县）、熙（今甘肃省定西市临洮县）、河（今甘肃省临夏州）、洮（今甘肃省甘南州临潭县）、岷（今甘肃省定西市岷县）、兰（今甘肃省兰州市）等州，控制了湟水（今青海省东部黄河支流）流域、洮河（今甘肃省南部黄河支流）上游与贵德一带的土地。靖康之变、建炎南渡之后，南宋领土仅限于秦岭淮河以南、岷山（位于甘肃省、四川省）以东地区。之后西夏又占领了西安州、怀德军（今宁夏回族自治区固原市原州区黄铎堡镇）。金朝将河南、陕西之地归还宋朝。“绍兴和议”后，以淮水—大散关（今陕西省宝鸡市西南）为宋金国界，南宋割唐、邓二州及商、秦二州之大半给予金朝。宋朝一级行政划分道改为路，始定为十五路，后设为二十四路。宋朝的政治制度重内轻外，完全采取分化政策，官与职分离，位高大臣没有实权，兵与将分离，野心将领不能拥兵自重，中央高度集权，避免了藩镇割据的局面。但由于地方力量有限，始终受制于敌国。宋朝共有四个京城，分别是东京开封府（今河南省开封市）、南京应天府（今河南省商丘市）、西京河南府（今河南省洛阳市东）、北京大名府（今河北省邯郸市大名县东南）。

1. 北宋　积贫积弱

北宋（960—1127）是中国历史上继五代十国之后的朝代，后周殿前都点检（禁军最高统帅）赵匡胤“陈桥兵变”立国，定都开封府（今河南省开封市），建立北宋。1127 年，发生“靖康之变”，金朝攻陷开封，北宋灭亡，历经九帝，历时一百六十八年。北宋疆域东北以今海河、河北霸州、山西雁门关为界；西北以陕西横山、甘肃东部、青海湟水为界；西南以岷山、大渡河为界。宋神宗时通过“熙河开边”收复河湟（黄河与湟水两水流域之间肥沃的三角地带，位于甘肃省北部、青海东部农业区），宋徽宗时于青海北部置陇右都护府，并重金赎回了幽云七州。北宋是中国古代历史上经济文化最繁荣的时代，政治开明，儒学复兴，科技发展突飞猛进。安格斯 · 麦迪森《世界经济千年统计》一书中提到：咸平三年（1000）北宋 GDP（国民生产总值）为 265.5 亿美元，占据世界比重的 22.7%，人均 GDP 为 450 美元，超过当时西欧的 400 美元。但北宋统治者毫无节制的浪费，经济政策的失误，冗兵冗官的支出，重文轻武的体制，忧患意识的缺乏，最终导致北宋出现积贫积弱的局面。

宋太祖赵匡胤原为后周殿前都点检，他发动“陈桥兵变”“黄袍加身”，兵不血刃地灭亡后周，定都东京开封府，建立北宋。赵匡胤“杯酒释兵权”，解除了高级将领们的兵权，巩固了中央政权。北宋建立时，十国政权还存在六个残余势力。之后，赵匡胤开始了统一战争，采用先易后难、先南后北的战略，用了五年时间，基本荡平南方，北方仅剩北汉。“斧声烛影”，赵匡胤离奇去世，其弟宋太宗赵光义即位。赵光义重视文教，发展生产，实行文官政治。他继续进行统一大业，灭亡北汉，北伐辽朝，“高梁河（今北京市西直门外）战役”兵败，杨家将杨业、杨延玉父子抗辽殉国。四川王小波、李顺领导农民起义，占据成都，建立大蜀，后被宋军镇压。太子宋真宗赵恒即位，勤于政事，改革吏治，社会安定。在宰相寇准的极力主张下，宋真宗御驾亲征，战胜辽军。双方议和，缔结“澶（chán）渊之盟”，互通贸易。其子宋仁宗赵祯年幼即位，善于纳谏，励精图治，锐意改革，实现“庆历、嘉祐之治”，宋仁宗也被誉为“守成贤主”。他重用范仲淹、欧阳修等人，革新政局，实行“庆历新政”，但遭到失败。其子宋英宗赵曙即位，广纳人才，恢复改革，却英年病逝。其长子宋神宗赵顼（xū）即位，重用王安石，实行“熙宁变法”，同样遭到失败。“熙河开边”，北宋收复河湟，但代价巨大。其子宋哲宗赵煦年幼即位，祖母高太后（高滔滔）垂帘听政。高太后废除新法，重用旧党，实施“元祐更化”。宋哲宗亲政后，起用新党，再次变法，国势回升，击败西夏。其弟宋徽宗赵佶（jí）即位，政局昏暗，人民疾苦，各地起义频发。宋江领导的梁山起义和方腊领导的七贤村起义加速了北宋王朝的灭亡。缔结“海上之盟”，宋朝与女真族金朝联合灭亡辽朝。在金军兵临开封城下的危急时刻，宋徽宗禅位于太子宋钦宗赵桓。“靖康之变”发生，开封失陷，宋徽宗、宋钦宗二帝及宗室三千余人被押解到五国城（今黑龙江省哈尔滨市依兰县），北宋灭亡。

黄袍加身

宋太祖赵匡胤（927—976）是后周护圣都指挥使赵弘殷（宋宣祖）次子，五代至北宋初年军事家、政治家、战略家，宋朝开国皇帝。后汉初年，赵匡胤游历四方。948 年，他投身后汉枢密使郭威帐下，屡立战功。951 年，郭威称帝，建立后周，赵匡胤升任滑州副指挥使。953 年，郭威养子柴荣（后周世宗）任开封府尹，赵匡胤转为开封府马直军使。后周世宗柴荣在位时，赵匡胤任殿前都虞候、永州（今湖南省永州市，时为武平军辖地）防御使，随征北汉、南唐，战功卓著。959年，柴荣病重，升任赵匡胤为任殿前都点检，成为禁卫军最高长官。同年，柴荣病逝，年仅七岁的柴宗训（后周恭帝）即位，赵匡胤改任归德军节度使、检校太尉。960年，后周赵匡胤发动“陈桥兵变”，兵不血刃地夺取后周政权，被部下“黄袍加身”，拥立为帝，是为宋太祖。因赵匡胤在后周任归德军节度使的藩镇所在地是宋州（今河南省商丘市），遂以宋为国号，定都东京开封府（今河南省开封市），史称北宋。

统一战争

961年，宋太祖赵匡胤为了加强中央集权，避免下属将领也被迫“黄袍加身”，通过酒宴方式，威胁利诱，轻而易举地解除将领们的兵权，史称“杯酒释兵权”。北宋建立时，同时存在着荆南、后蜀、南汉、南唐、吴越、北汉等十国残余的六个割据势力。赵匡胤首先巩固原后周辖境范围的统治，然后采取先易后难、先南后北的战略，开始了统一全国的战争。963年，北宋讨伐湖南叛将张文表，借道荆南时，首先灭掉荆南，荆南成为被北宋消灭的第一个割据政权。紧接着，宋军日夜兼程南下，平定湖南。965年，北宋消灭后蜀，收回蜀地。之后两次攻伐南汉，因为辽军援助南汉而失败。971年，宋太祖用了半年之久消灭南汉，平定广东、广西、海南等地。975年，宋军攻陷金陵，击败了当时版图最大、势力较强的南唐，一统江西、安徽、江苏、福建、湖北和湖南等地。此后，南方的割据势力仅剩吴越与福建漳、泉两州等地，这些地方势力已向宋朝称臣朝贡，南方割据势力的对抗局面基本消除，北方仅剩北汉。976年，宋太祖赵匡胤大病，召其弟晋王赵光义议事（也有记载说，是召宋太祖第四子赵德芳进宫商议后事，被晋王赵光义知晓后未召进宫）。

当天夜里，二人酌酒对饮，赵光义留宿禁内，隔日清晨，赵匡胤离奇去世[1]，时年五十岁，谥号启运立极英武睿文神德圣功至明大孝皇帝，庙号太祖。晋王赵光义即位，是为宋太宗。宋太祖赵匡胤重用文臣，改革科举，规定不论家庭贫富、世族高低，只要有一定文化程度，均可以应举。他亲自主持殿试，录用了大批寒门有志之士。赵匡胤一生宽宏大度，政绩卓著，作为非凡。

杨业抗辽

宋太宗赵光义（939—997），原名赵匡义，因避其兄宋太祖赵匡胤名讳而改名赵光义，即位后又改名赵炅（jiǒng）。赵光义本人喜好诗赋、书法，北宋也因此大兴重教之风。宋太宗赵光义在位时，鼓励垦荒，发展农业，扩大科举，设考课院、审官院，加强对官员的考察、选拔和制约，改变武人当政的局面，确立了文官政治。宋太宗在稳固帝位的同时，继续进行统一大业。978年，在宋朝的强大政治压力下，割据福建漳、泉两州的陈洪进，割据东南的吴越钱俶（chù）为保一方平安，自献封疆，纳土归宋。979年，宋太宗御驾亲征北汉，攻伐北汉都城太原，北汉帝刘继元奉表投降，北汉灭亡。自此，北宋收复了黄河流域、长江流域和珠江流域的管辖，结束了自唐末“黄巢之

[1] 宋朝官方正史记录宋太祖之死非常简单：“癸丑夕，帝崩于万岁殿，年五十。殡于殿西阶……”。《宋史·太祖本纪》热情洋溢地赞颂这哥儿俩如何情深意长、肝胆相照，记载宋太祖谦虚地表示：“福德吾所不及。”北宋僧人文莹撰写的《续湘山野录》记载：“召开封王（即太祖赵光义），延入大寝，酌酒对饮。宦官、宫妾悉屏之，但遥见烛影下，太宗时或避席，有不可胜之状。饮讫，禁漏三鼓，殿雪已数寸，帝引拄斧截雪，顾太宗曰：‘好做，好做！’遂解带就寝，鼻息如雷霆。是夕，太宗留宿禁内，将五鼓，周庐者寂无所闻，帝已崩矣。太宗受遗诏于柩前即位。逮晓登明堂，宣遗诏罢，声恸，引近臣环玉衣以瞻圣体，玉色温莹如出汤沐。”这便是传说的“斧声烛影”。赵光义即位后，亲自主持编修的《太祖实录》中后来增加“金匮预盟”：宋太祖赵匡胤与弟弟赵光义的生母杜太后病危前，把赵匡胤和丞相赵普叫到床前，留下一份赵匡胤死后由赵光义（宋太宗）继承皇位的“遗嘱”，并将文件珍藏在黄金宝柜里。“金匮预盟”是赵光义登基五年后，经赵普密奏才公布于世的，很难有说服力。

乱”以来近九十年藩镇割据混战的局面，再次取得全国主要区域的统一。当年，五代十国后晋皇帝石敬瑭曾把北方的幽云十六州割与辽国，为了收复幽云十六州，宋太宗平定北汉后，宋军未做休整，乘胜攻打辽国，却兵败“高梁河战役”。980年，北宋名将杨业在“雁门关之战”中大破辽军，威震契丹。986年，宋太宗决定北伐辽国，收复燕云十六州。以忠武军节度使潘美为云、应路行营都部署，任西路军主将杨业为副帅，任西上阁门使、蔚州刺史王侁（shēn）和军器库使、顺州团练使刘文裕为护军北伐。北宋各路大军接连攻下云州（今山西省大同市）、应州（今山西省朔州市应县）、寰州（今山西省朔州市东）、朔州（今山西省朔州市）四州，辽朝萧太后和大臣耶律汉宁等率领军队十多万人，再次攻陷寰州。监军王侁不听杨业避其锋芒的军事部署，威逼杨业领兵强攻。在陈家谷口（今山西省忻州市宁武县北四十里处），杨业身负重伤被俘，绝食三天以身殉难，其第二子杨延玉力战而死。宋太宗在位时，曾多次北伐与辽交战，但一直未能收复失地。993年，四川爆发王小波和李顺发动的农民起义。994年，起义军占据成都，建立大蜀政权，宋太宗赵光义派大军讨伐。996年，起义军被宋军彻底镇压。宋太宗先后逼死宋太祖之子赵德昭和赵德芳，其四弟赵廷美也被冤贬黜到房州（今湖北省十堰市房县），气郁成疾而死。宋太宗长子赵元佐因叔父赵廷美冤死而发疯被废，次子赵元佑（后改名赵元僖）因病早逝。995年，在参知政事寇准的支持下，赵光义三子寿王赵元侃被立为皇太子，改名赵恒。997年，赵光义病逝，时年五十九岁，谥号至仁应运神功圣德睿烈大明广孝皇帝，庙号太宗。其太子赵恒即位，是为宋真宗。

澶渊之盟

宋真宗赵恒（968—1022）即位之初，任用李沆（hàng）等人为宰相，勤于政事，减免税赋，恤民免租，改革吏治，注重节俭。成绩在反腐倡廉方面卓著，他颁布了“文武七条”，以告诫百官“清心、奉公、修德、务实、明察、勤课、革弊”，充分体现了以德治国的理念。当时，社会较为安定，迎来了一个相对和平的时期。赵恒在位二十五年，治理有方，国家稳定，经济发展，史称“咸平之治”。由于长期与辽作战的失败，赵恒对辽产生了畏惧心理，变主动进攻为被动防御。1004 年，寇准与毕士安同时被拜为宰相。同年，辽圣宗耶律隆绪亲自率领二十万大军南下，直逼澶（chán）州（今河南省濮阳市）城下，威胁都城东京汴梁（今河南省开封市）。群臣主张迁都升州（今江苏省南京市），但在宰相寇准的极力主张下，宋真宗御驾亲征，战胜辽军。宋真宗与辽国在澶州定下停战和议，结为兄弟之邦。当时，宋真宗赵恒惧于辽的声势，给议和使者曹利用交代说：“如果实在没有办法，就算辽索要百万两也可以。”寇准知道后，指着曹利用厉声说道：“如果超过三十万两，就提人头来见。”经过谈判，双方约定宋每年赠辽银十万两、绢二十万匹，双方于边境开展互市贸易，史称“澶渊之盟”。自此，结束了宋辽之间长达二十五年的战争，中国北方有了相对的安宁，促进了宋辽经济文化交流和民族融合。宋真宗赵恒后来听信王钦若的谗言，怨恨寇准迫使他亲征，冒了风险，撤掉寇准相位，任用王钦若、丁谓等奸人为相。1008 年，宋真宗为了粉饰太平，同刑部侍郎王钦若等伪造“天书”，东封泰山，西祀汾阴，靠封禅来愚昧百姓。他提倡佛教、道教、儒教，大搞迷信活动，广建宫观，劳民伤财，政治腐败，几乎把前代的积蓄挥霍殆尽。1022 年，赵恒病逝，时年五十五岁，谥号应符稽古神功让德文明武定章圣元孝皇帝，庙号真宗。赵恒第六子时年十三岁的赵祯即位，是为宋仁宗。

守成贤主

宋仁宗赵祯（1010—1063）年幼即位，由章献明肃皇后刘氏垂帘听政。宋仁宗原名赵受益，1018 年被立为太子时改名为赵祯，其生母是李宸妃，因赵恒所宠信的美人刘氏（章献明肃皇后）无子，赵恒便对外声称赵受益为刘氏所生。1033 年，刘太后去世，二十四岁的赵祯开始亲政。赵祯天性仁孝，对人宽厚和善，不事奢华。他在位时，励精图治，锐意改革，知人善用，文化繁荣，国泰民安，史称“庆历、嘉祐之治”。宋仁宗作为一名仁德宽厚的千古明君，成为以后历代明君推崇的榜样，受到后人和历史的称赞。赵祯“为人君，止于仁”，善于纳谏，有过人的胸怀和度量，使得他身边名臣辈出，如包拯、范仲淹、欧阳修等诸多贤臣文士。宋仁宗被历史学家们称誉为“守成贤主”。

庆历新政

1043 年，宋仁宗赵祯授范仲淹为参知政事，任富弼为枢密副使，提拔欧阳修、余靖、王素和蔡襄为谏官（俗称“四谏”），希望他们研究改革弊政、革新政局的方案。他们提出了“明黜陟、抑侥幸、精贡举、择官长、均公田、厚农桑、修武备、减徭役、覃恩信、重命令”的十项改革主张，即著名的《答手诏条陈十事》。宋仁宗采纳了大部分改革建议，并渐次颁布实施，颁发全国，史称“庆历新政”。新政触犯了官僚、贵族的既得利益，遭到他们的强烈阻挠和攻击。1045 年，范仲淹、韩琦、富弼、欧阳修等人相继被排斥出朝廷，各项改革也被废止。新政虽然失败，但为后来“王安石变法”奠定了一定的基础。赵祯的三个儿子全部夭折，他只好将濮王赵允让（宋太宗赵光义之孙、商王赵元份第三子）第十三子赵宗实（后改名赵曙）接入皇宫，交给曹皇后抚养。1063 年，赵祯病逝，时年五十四岁，谥号体天法道极功全德神文圣武睿哲明孝皇帝，庙号仁宗。赵曙即位，是为宋英宗。宋仁宗赵祯之死令朝野上下举国同悲，洛阳市民自发焚烧纸钱。辽国皇帝耶律洪基放声痛哭，以示哀悼。赵祯在位四十二年，是宋朝在位时间最长的皇帝，他在位期间，北宋经济繁荣，科学技术和文化得到了很大的发展。

熙宁变法

宋英宗赵曙（1032—1067）在位时，因为身体有病，由曹太后垂帘听政。1064 年，宋英宗身体康复，开始亲政。他继续任用宋仁宗时的改革派重臣韩琦、欧阳修、富弼等人，任韩琦为宰相，广纳人才、为国选贤，边境基本安宁。1066 年，赵曙命司马光设局专修《资治通鉴》。1067 年，赵曙旧病复发去世，时年三十六岁，谥号体乾应历隆功盛德宪文肃武睿圣宣孝皇帝，庙号英宗。其长子赵顼（xū）（原名赵仲针）即位，是为宋神宗。

宋神宗赵顼（1048—1085）为太子时就十分崇尚法家学说，尤其喜欢韩非子，对法家"富国强兵"之术颇感兴趣。当年便读了王安石的《上仁宗皇帝言事书》，对王安石的治国理财思想非常赞赏。赵顼即位后，志向远大，励精图治，决心改变军费开支庞大、官僚机构臃肿及对辽和西夏大量岁币负担过重所造成的内忧外患、国库空虚、危如累卵的局面。1069 年，他重用王安石为参知政事，专门负责变法。王安石等提出"因天下之力以生天下之财，收天下之财以供天下之费"的基本方针，变法措施主要分为三个部分：富国之法、强兵之法和取士之法。新法触犯了皇室、官僚、豪强的既得利益，招来朝野间一片指责和谩骂。宋神宗顶着来自各方的压力，先后罢退了一批对变法持否定意见的官员。1070 年，他提拔王安石为同中书门下平章事，位同宰相，赋予其更大的权力。创立“制置三司条例司”，作为专门负责变法的重要机构。宋神宗赵顼听从王安石的举荐，起用了吕惠卿、章惇（dūn）、蔡确、曾布、吕嘉问、沈括、薛向等一批新人。于是，一系列新法先后颁行天下，史称“王安石变法”，也称“熙宁变法”。但改革遇到空前阻力，每走一步都举步维艰。旧官僚树大根深，新法不成熟，改革派内部分裂，宋神宗无能且易于妥协，变法最终失败。1073 年，在宰相王安石的支持下，北宋消耗了巨大的人力、物力、财力，收复熙（今甘肃省定西市临洮县）、河（今甘肃省临夏州）、洮（今甘肃省甘南州临潭县）、岷（今甘肃省定西市岷县）、迭（今甘肃省甘南州迭部县）、宕（今甘肃省陇南市宕昌县东南）等州，收复河湟，幅员两千余里，史称“熙河开边”。1076 年，王安石身体抱恙，又遇爱子王雱（pāng）壮年病逝，王安石辞职离朝，便再也没有回朝，直到 1086 年去世。之后，宋神宗继续努力改革，尤其是对中央机构进行整改，虽心有余，但力不足，无法巩固改革的成果。胸怀壮志的宋神宗面对改革的不成功和北宋两次对西夏战争失败的残酷现实，精神上受到沉重的打击，病情恶化。1085 年，心灰意冷的宋神宗赵顼带着内心永远的遗憾因病离世，时年三十八岁，谥号体元显道法古立宪常德王功英文烈武钦仁圣孝皇帝，庙号神宗。赵顼年仅九岁的第六子赵煦（原名赵佣）即位，是为宋哲宗。

元祐更化

宋哲宗赵煦（1077—1100）年幼即位，由祖母高太后（高滔滔）垂帘听政。在高太后垂帘听政的八年中，她起用司马光做宰相，废掉全部新法，对变法派人物进行了打击和倾轧，将他们全部斥逐流放，旧党重新控制了整个朝廷，史称“元祐更化”。高太后大权独揽，年少的赵煦对朝政几乎没有发言权。但高太后勤俭廉政，励精图治，政治比较清明，经济相对繁荣。1093 年，高太后病故，终年六十二岁。赵煦开始亲政，他重新起用变法派章惇（dūn）为相，重用新党革新派曾布等人，对宋神宗新法的诸多国策做了进一步修正和完善后恢复实施，并罢免旧党宰相范纯仁、吕大防等，追贬司马光，贬谪苏轼、苏辙等人于岭南（今广西壮族自治区、广东省、海南省一带）。新法的实施减轻了农民负担，使国势有所起色，国库开始连年盈余。宋哲宗对外更是重振雄风，成绩卓著。他停止与西夏谈判，多次出兵连续击败西夏，使西夏臣服乞和，尽数收回旧党割让的土地。原本就天生体弱的赵煦，因后宫美女如云，生活没有节制，导致健康状况恶化。1100 年，赵煦英年病逝，年仅二十四岁，谥号宪元继道显德定功钦文睿武齐圣昭孝皇帝，庙号哲宗。宋哲宗没有子嗣，宋神宗第十一子、宋哲宗之弟赵佶（jí）即位，是为宋徽宗。

起义频发

宋徽宗赵佶（1082—1135）虽然最后没能守住江山，在艺术上的造诣却非常高，他对绘画十分执着。他利用皇权推动绘画事业，使宋代的绘画艺术有了空前发展，是古代少有的颇有成就的艺术型皇帝。宋徽宗即位之初，面对强弩之末的北宋王朝，决心重整旗鼓，整顿朝政。他虽然启用新法，但蔡京一派等人打着新法的旗号，排斥异己，无恶不作，政局昏暗。赵佶即位仅一年时间，便开始懈怠政务，追求奢侈生活，尊信道教，大建宫观。1111 年，宋徽宗为解决财政困难的危机，设立“西城括田所”，专事搜刮民财。在宋徽宗集团的腐朽统治下，王朝内部农民起义风起云涌，北宋统治危机四伏。1119年，宋江领导的梁山（今山东省济宁市梁山县）农民起义爆发，北宋朝廷出兵镇压。1121年，宋江受招安投降。1120年，方腊领导农民于歙（shè）县七贤村（今安徽省黄山市歙县北岸镇七贤村）起义。1121年，经过双方多次作战，起义被镇压。各地此起彼伏的起义严重打击了宋王朝的统治，加速了北宋王朝的灭亡。

海上之盟

早在1120年，宋朝与女真族金朝便订立了“海上之盟”（双方需要海上经渤海往来而得名），双方约定夹攻辽朝。1125年，经过三方会战，统治中国北方二百一十年由契丹族建立的辽王朝灭亡。虽然没有了辽国，但宋朝也失去了阻挡金兵南下的屏障。同年，金军分东、西两路南下攻打宋朝。西路攻太原，王禀（bǐng）守卫的太原在被五万金军围困二百五十多天后失守。东路攻燕京，燕京守将投降后，金军长驱直入直逼开封。1126年年初，在金军兵临城下之时，受李纲之言，宋徽宗赵佶把亡国之君的帽子丢给了儿子，禅位于太子赵桓（赵佶长子、宋高宗赵构异母兄），是为宋钦宗，改年号为靖康。

靖康之变

宋钦宗赵桓（1100—1161）临危即位，立刻贬黜宰相蔡京，处死枢密院事童贯等人，任命兵部侍郎、尚书右丞李纲为开封守御使进行抗金。李纲组织军民联合，团结一致，击退金兵。但赵桓优柔寡断，反复无常，对政治问题缺乏判断力，听信谗言，罢免李纲，向金求和。宋朝以五百万两黄金及五千万两银币，且割让太原、中山、河间（今属河北）三镇议和，金军北撤。同年底，金军两路会合再攻开封。以抗金英雄李纲为代表的开封军民坚决要求抵抗金兵，但由于宋朝的投降政策，宋钦宗被迫进金营献降表投降，开封沦陷。金军大肆搜刮掠夺，当时正是严冬腊月，大雪纷飞，被掳掠一空的开封人民饥寒交迫，遭受空前灾难，冻死、饿死的人不计其数。1127 年正月，宋徽宗等人也被迫前往金营，金军先后把宋徽宗、宋钦宗拘留在金营，要挟开封府帮助其搜刮金银布帛，掠夺妇女。金主下诏废黜宋徽宗、宋钦宗为庶人，另立同金朝勾结的原宋朝宰相张邦昌为伪楚皇帝，国号大楚。三个月后，金军俘虏宋徽宗、宋钦宗二帝和后妃、皇子、宗室、贵戚等三千多人北撤，同时将宋朝皇室的金银珠宝搜罗一空，满载而归，史称"靖康之变"，也称"靖康之耻""靖康之祸"，北宋由此灭亡。宋徽宗、宋钦宗被掠走后，金人将其赶往荒凉偏僻的边陲小镇五国城（今黑龙江省哈尔滨市依兰县）。宋徽宗赵佶忍受了九年的囚禁生活，于 1135 年去世，时年五十四岁，谥号体神合道骏烈逊功圣文仁德宪慈显孝皇帝，庙号徽宗。1161 年，受尽万般屈辱的宋钦宗赵桓被迫出赛马球，从马背坠落，被乱马铁蹄践踏而死，时年五十七岁，谥号恭文顺德仁孝皇帝，庙号钦宗。"靖康之变"当年，宋徽宗第九子康王赵构身为河北兵马大元帅出外招兵，而免于此难。"靖康之变"同年，赵构在南京应天府（今河南省商丘市）登基，建立南宋。

2. 南宋　自毁长城

南宋（1127—1279）是北宋因开封被金人攻入并占领而结束后，宋徽宗第九子康王赵构南逃至南京应天府（今河南省商丘市）即位，延续建立的宋朝，史称南宋。1279 年，在元军的猛烈攻击下，"崖山海战"中，宋军战败，南宋灭亡，历经九帝，历时一百五十三年。南宋疆域南部和西南边界与北宋相比并没有多大变化，北部却因金国的入侵而大大南缩，基本稳定在大散关（今陕西省宝鸡市西南）

及秦岭以南。南宋分全境为十六路，利州路（今四川省广元市）时合时分，故最多时为十七路。南宋虽然外患深重，但统治者偏安一隅，其外贸高度发达，经济重心完成了历史性南移；思想学术和文化艺术高度发展，理学成形并确立正统地位，并向海外传播，形成了东亚“儒学文化圈”，在中华文明发展中具有文艺复兴和经济革命的意义。

“靖康之变”后，宋钦宗之弟宋高宗赵构定都南京应天府（今河南省商丘市），建立南宋。面对金军的攻势，赵构奉行不抵抗策略，四处逃亡，落脚温州（今浙江省温州市）。金军北撤时，在“黄天荡之战”中，败给南宋将领韩世忠，在建康（今江苏省南京市）一战中败给岳飞，狼狈北返。赵构得以回到绍兴府（今浙江省绍兴市）、临安府（今浙江省杭州市）等地，定临安府为南宋行在所。当年被俘到金朝的御史中丞秦桧回到临安，被宋高宗拜为宰相，奉行投降政策，压制岳飞等主战派抗金。金军在侵占的山东、河南之地，册封降臣刘豫为伪皇帝，定国号为大齐。刘豫助金为虐，渡淮南侵，却屡战屡败，被金朝废黜。南宋大将岳飞抗击金军，收复河南部分土地。不料发生“绍兴和议”，使得前功尽弃，土地割让，巨额赔偿。宋高宗与秦桧自毁长城，制造冤案，杀害岳飞父子。赵构厌倦政务，传位养子宋孝宗赵昚（shèn）（宋太祖赵匡胤七世孙）。宋孝宗为岳飞平反冤狱，积极备战，收复失地。金世宗以战促和，通过“隆兴和议”，双方停战，维系了四十年的和平。宋孝宗同样禅位，其三子宋光宗赵惇（dūn）即位。皇后李凤娘（庆远军节度使李道次女）专权，政局不安。群臣发动“绍熙内禅”，至此，南宋三朝禅位，赵惇之子宋宁宗赵扩即位。“庆元党禁”权臣韩侂（tuō）胄打击右丞相赵汝愚，禁止道学，罢斥理学。韩侂胄进位太傅，对金朝发动“开禧北伐”，却遭失败，“嘉定和议”更为屈辱，韩侂胄被杀。主和派右丞相史弥远大权独揽，飞扬跋扈。宋宁宗嗣子宋理宗赵昀（宋宁宗赵扩的远房堂侄）即位，任由史弥远专权，韬光养晦。史弥远去世后，他罢斥旧党，澄清吏治，实现“端平更化”。宋理宗联蒙灭金，导致蒙古军“端平入洛”，宋军溃败。宋廷群奸乱政，“阎马丁董”陷害忠良。宋理宗侄子宋度宗赵禥（qí）即位，昏庸荒淫，不理朝政。太师贾似道目无天子，横行一时。前后二帝怠政，南宋江山已不可挽回。宋度宗四岁的儿子宋恭帝赵㬎即位，贾似道依然大权独揽。元军已势如破竹，贾似道却粉饰太平。“丁家洲之战”宋军大败，临安（今浙江省杭州市）城被攻破，宋恭宗出降。众将保护赵㬎的哥哥赵昰（shì）和弟弟赵昺（bǐng）两个幼子逃出临安，宋末三杰文天祥、陆秀夫和张世杰保护宋廷，坚持抗元。宋端宗赵昰在福州即位，最后已无寸土，只能海上行朝。赵昰病逝，其弟宋末帝赵昺即位，率众迁至崖山（今广东省江门市新会区南）。“崖山海战”宋军惨败，右丞相文天祥被俘英勇就义；左丞相陆秀夫怀揣国玺，身背赵昺跳海而亡；枢密副使张世杰同杨太妃一同跳海，十万军民纷纷投海。南宋宣告灭亡，落下无限悲壮的帷幕。

建炎南渡

宋高宗赵构（1107—1187）天性聪明，博闻强记，精于书法。1127年，在金军的强大攻势下，北宋都城开封沦陷，金兵俘虏赵构的父亲宋徽宗和兄长宋钦宗，发生“靖康之变”，北宋灭亡。康王赵构幸免于难，称帝，定都南京应天府（今河南省商丘市），改元建炎，建立南宋，史称建炎南渡。赵构在位之初，起用抗战派李纲为宰相，但不久赶走李纲，与宠臣汪伯彦、黄潜善等奸佞小人合谋放弃中原，从南京应天府逃到扬州。1128年，金军攻克济南，济南知府刘豫举城投降。同年底，金军攻破东京应天府（今河南省开封市）。1129 年，金兵南下攻伐扬州，赵构不做抵抗，率臣僚狼狈渡江南逃至临安府（今浙江省杭州市）。赵构迫于舆论压力，罢免了汪伯彦、黄潜善等人。南宋将领苗傅和刘正彦发动兵变，杀死赵构亲信同签书枢密院事王渊和一批宦官，逼迫宋高宗将皇位禅让给年仅三岁的皇子赵旉（fū），由孟太后垂帘听政，史称“苗刘兵变”。同签书枢密院事吕颐浩等联络武将韩世忠、刘光世等起兵，苗刘二人弃城而逃，后被俘获斩杀，宋高宗复辟。金军继续南攻，宋高宗仍然奉行不抵抗政策，继续乞降，并率臣僚南逃。先到越州（今浙江省绍兴市），后到明州（今浙江省宁波市），再到定海（今浙江省舟山市），然后漂泊在温州沿海长达四个多月，最后逃到温州（今浙江省温州市）。1130 年，金主帅金兀术率兵北撤，被南宋将领韩世忠断掉后路，金军被逼入黄天荡（今江苏省南京市栖霞区栖霞山）。宋军以八千兵力阻击金兵十万人，双方相持四十八天，最后金军用火烧宋军船只，才狼狈北返，这就是著名的“黄天荡之战”。之后，金军又在建康（今江苏省南京市）被岳飞打败，从此再不敢渡江。金军北撤后赵构回到绍兴府（今浙江省绍兴市）、临安府（今浙江省杭州市）等地，后将临安府定为南宋的行在所。当年与宋钦宗一起被俘至金朝的御史中丞秦桧，取得金朝宗室将领挞懒（完颜昌）的信任，这一年南归回到临安，被宋高宗拜为宰相。秦桧奉行投降政策，竭力压制岳飞等主战派的要求，正合宋高宗无意抗敌、有心偏安之意。

大齐立废

金军撤离江南后，在侵占的山东、河南之地，册封降臣刘豫为伪皇帝，定国号为大齐。1132 年，倒行逆施、助纣为虐的刘豫协助金兵攻陷南京应天府（今河南省商丘市），南京留守知府凌唐佐诈降被俘。刘豫规劝凌唐佐任职金朝枢密院，凌唐佐大义凛然，威武不屈，坚决不从，与妻子田氏一同被刘豫杀害。之后，刘豫会合金军渡淮南侵，但屡战屡败，招致金朝日益不满。1136年，刘豫在中原举兵大举伐宋，却被南宋打败而溃退，伤亡极重。次年，金朝废除伪齐，刘豫被废为蜀王，后改封曹王。

岳飞抗金

1138年，宋室正式迁都临安府（今浙江省杭州市）。1140年，金兀术再度攻宋，南宋大将岳飞挥师北伐，各地义军纷纷响应，夹击金军。岳家军先后收复郑州、洛阳等地，在郾（yǎn）城（今河南省漯河市郾城区）、颍（yǐng）昌（今河南省许昌市）大败金军，以至金人发出“撼山易，撼岳家军难”的哀叹。宋高宗却只为以战求和，通过战争乞求偏安一隅，连下十二道金牌催促岳飞班师，使得北伐之功毁于一旦。1141年，宋高宗为了与金国求和，解除岳飞、韩世忠等大将的兵权，与金国签订了屈辱的“绍兴和议”，两国以淮水为界，南宋放弃黄淮地区，并割让之前被岳飞收复的唐州（今河南省南阳市唐河县）、邓州（今河南省南阳邓州市），以及商州（今陕西省商洛市商州区）、秦州（今甘肃省天水市秦州区）的大半区域，岁贡银二十五万两、绢二十五万匹。按金朝规定，秦桧基本上成了终身宰相。“绍兴和议”以巨大的代价，换取宋高宗生父宋徽宗的灵柩和生母韦氏本人回到南宋，换回了淮河以南半壁江山的统治权，形成宋、金南北对峙的局面。1142年，宋高宗与秦桧自毁长城，制造了岳飞父子谋反的冤案，以莫须有的罪名将岳飞父子杀害。1155年，秦桧病逝，宋高宗一边打击其余党，同时又重用投降派官员。1162年，宋高宗在位三十六年，对政务感到厌倦，因其唯一的儿子赵旉（fū）三岁早夭，于是传位给养子赵昚（shèn）（宋太祖赵匡胤七世孙），是为宋孝宗。宋高宗自称太上皇帝。1187 年，赵构寿终正寝，终年八十一岁，谥号受命中兴全功至德圣神武文昭仁宪孝皇帝，庙号高宗。宋高宗赵构精于书法，笔法洒脱婉丽，自然流畅，著有《翰墨志》，传世墨迹有《洛神赋》（草书）等。

隆兴和议

宋孝宗赵昚（1127—1194）即位，使宋朝皇位又回到了宋太祖赵匡胤一系。他在位期间，汲取历史教训，励精图治，勤于理政，事必躬亲，缩短宰相任期，严格遵守外戚不得预政的家法。宋孝宗召主战派老将张浚入朝，共商恢复河山大计。宋孝宗即位当年便下诏为名将岳飞冤狱平反，追复其原职，赦还岳飞被流放的家属。同时，逐渐为被贬谪和罢免的主战派大臣平反复官。宋孝宗重用主战派，开展阅兵，扩充军备，积极备战。1163 年，宋孝宗先后出兵收复了灵壁（今安徽宿州市灵璧县）、虹县（今安徽省宿州市泗县）等地，继而再攻陷宿州（今安徽省宿州市）。后金军援军来攻，宋军兵败只好撤离宿州。1164 年，金世宗为了达到以战促和的目的，发兵南下，先后攻占楚州（今江苏省淮安市）、濠州（今安徽省滁州市凤阳县）、滁州（今安徽省滁州市）等地，并准备渡江南下。双方签订停战协议，同意议和，史称“隆兴和议”。此后，宋、金两国维持了四十多年的和平。当时南宋朝廷又陶醉于中外无事、偏安一隅的升平景象，政治繁荣，重视生产，劝课农桑，兴修水利，民生富庶，安居乐业，出现天下康宁的和平盛世，史称“乾淳之治”。1187 年，赵构驾崩，宋孝宗过于悲伤，一心服丧，对政治日益冷淡。1189 年，宋孝宗禅位于第三子赵惇（dūn），是为宋光宗。宋孝宗赵昚自称太上皇，于 1194 年病逝，终年六十八岁，谥号绍统同道冠德昭功哲文神武明圣成孝皇帝，庙号孝宗。

李氏专权

宋光宗赵惇（1147—1200）即位后，因患有精神疾病，大权旁落皇后李凤娘（庆远军节度使李道次女）之手。李凤娘出身将门，为人泼辣，搬弄是非，使得宋光宗和宋孝宗父子关系彻底决裂。李凤娘既无兴趣，也无能力参决朝廷大政，她的权力最大的作用就是为娘家大捞好处，她封娘家三代为王，侄子李孝友、李孝纯官拜节度使，一次归谒（yè）家庙就推恩亲属二十六人，一百七十二人被授为使臣，甚至李家门客皆奏补得官。李氏外戚恩荫之滥，在南宋建立以来空前未有。她独霸后宫，凡与她争宠者，均被斩杀。甚至有一次，宋光宗洗手时见端着盥盆的宫女双手细白，不禁喜形于色，不料被皇后看见。几天后，李后派人送来一具食盒，宋光宗打开一看，里面装的竟是上次端盆宫女的双手。宋光宗对此只能忍气吞声，连质问的勇气都没有。没有安邦治国之才、身体又长期多病的宋光宗，听信谗言，罢免辛弃疾等主战派大臣，加上李氏专权，精神彻底崩溃。随着政局出现动荡不安，宋光宗的病情一再恶化，众臣已无法容忍他。1194 年，赵汝愚、赵彦逾、叶适、徐谊等朝臣通过外戚韩侂胄（吴太后之外甥）从中联络，使太皇太后吴氏下诏由宋光宗之子嘉王赵扩即位，是为宋宁宗，史称“绍熙内禅”。1200 年，宋光宗病逝，时年五十四岁，谥号循道宪仁明功茂德温文顺武圣哲慈孝皇帝，庙号光宗。

庆元党禁

宋宁宗赵扩（1168—1224）即位后，尊宋光宗为太上皇，任命宋太宗赵光义八世孙赵汝愚为右丞相，任命韩侂胄为枢密院都承旨，册立韩夫人（韩侂胄侄女）为皇后，韩侂胄由此更加得势。赵汝愚以独相的身份执政，很想有一番作为。他收揽名士，引用理学人士，推荐朱熹为皇帝讲学。但赵汝愚因与韩侂胄不和而受到排挤和诬陷。1195 年，赵汝愚被罢相，出任福州知州。朝政被权臣韩侂胄操控。他下令禁止道学，定理学为伪学，罢斥朱熹等理学家，打击理学人士，禁止他们担任官职、参加科举，史称“庆元党禁”。

嘉定和议

1198 年，韩侂胄进拜少傅，封爵豫国公。1200 年，韩侂胄进位太傅，他主张对金朝采取强硬措施，当年宋光宗时被排斥的主战官员，再被起用。1206 年，南宋对金朝出兵发动“开禧北伐”，收复泗州（今安徽省宿州市泗县、滁州市明光市、滁州市天长市，江苏省宿迁市泗洪县、淮安市盱眙县一带）。1207 年，韩侂胄政治上未准备充分，军事上准备不足，贸然进军北伐，大战将帅乏人，结果很快遭到失败。双方开始和谈，金人要求惩办战争祸首。主和派礼部侍郎史弥远等杀死韩侂胄，将其首级送给金人。1208 年，双方重定和约，宋朝皇帝与金朝皇帝的称谓由以前的侄叔改变为侄伯，增岁币银帛各三十万；宋给金纳犒师银三百万两；金归还新侵占的大散关（今陕西省宝鸡市西南）、濠州，双方维持原来的疆界，议和使南宋国格、人格皆失，比“隆兴和议”更为屈辱，史称“嘉定和议”。

弥远当国

同年，史弥远升任右丞相，他与杨皇后勾结，大权独揽，从此开始了史弥远专政时期。1214 年，金国遭受大蒙古国的打击，被逼由燕京迁都至汴京，宋宁宗决定从此不再向金贡纳岁币，金朝以此为借口出兵南侵，南宋与大蒙古国协议联手击退金军。宋宁宗先后有九子在未成年时全部夭折，他立宋太祖后裔燕懿王赵德昭九世孙赵询为太子。1220 年，时年二十九岁的赵询因病去世，葬于杭州的太子湾（这也是今杭州西湖太子湾公园地名的由来）。1224 年，赵扩病逝（《宋史》没有明确记载宋宁宗去世身患何病，但元代《东南纪闻》记载宋宁宗病危时，史弥远进献金丹百余粒，宋宁宗服用后不久即去世，史弥远有很大的毒害宋宁宗[1]的嫌疑），时年五十七岁，谥号法天备道纯德茂功仁文哲武圣睿恭孝皇帝，庙号宁宗。史弥远拥立宋太祖赵匡胤十世孙、宋宁宗嗣子赵昀（宋宁宗赵扩的远房堂侄，之前被史弥远选入宫继承沂王王位，立为宋宁宗皇子）即位，是为宋理宗。

端平更化

宋理宗赵昀（1205—1264）在位前十年均在权相史弥远的挟制之下，由史弥远专权。赵昀奉行韬光养晦的策略，对政务完全不过问，自己尊崇理学，纵情声色。直到 1233 年，史弥远去世，宋理宗终于摆脱了史弥远的阴影，开始亲政。他亲政之初立志中兴，将史弥远旧党尽数罢斥，澄清吏治，整顿财政，实施一系列改革措施，朝政一度得到了改观，史称“端平更化”。

联蒙灭金

1232 年，蒙古遣使者商议宋、蒙合作，夹击金朝。金哀宗得知宋、蒙达成联合协议，立即派使者前来争取南宋的支持，竭力讲明唇齿相依的道理。宋理宗拒绝了金哀宗的请求，决定报“靖康之变”之仇。1234 年，宋理宗派兵联合蒙古讨伐金朝，金朝灭亡。金朝灭亡后，蒙古军北撤，河南空虚。同年，南宋出兵收复三京，即南京应天府（今河南省商丘市）、东京开封府（今河南省开

[1] 元《东南纪闻》记载：“宁宗不豫，立理宗为皇太子，其太子枢别听处分。史相继进金丹百粒，有顷，上崩，遗诏太子枢前遂即皇帝位。”

封市）、西京河南府（今河南省洛阳市东），这三城已被蒙古兵掳掠一空。蒙古兵挥师反攻洛阳，宋军溃败，数万精兵死于战火，史称“端平入洛”。“端平入洛”的失败，不仅使得南宋恢复故土的希望又一次落空，而且成为蒙古、南宋战争全面爆发的导火索。

群奸乱政

1235年，蒙古大汗窝阔台全面侵宋，持续四十多年的宋、蒙战争爆发。朝野上下对于出兵河南的失败议论纷纷，赵昀为了安定人心，下罪己诏，检讨自己的过失。赵昀晚年沉湎酒色，醉生梦死，荒淫无度。1249年，他封姿色妖媚的阎氏为贵妃，任其大肆挥霍。阎贵妃恃宠骄横，干预朝政，与马天骥、丁大全、董宋臣等奸臣勾结，结党营私，排除异己，陷害忠良，史称“阎马丁董”。宋理宗拜贾似道为右丞相兼枢密使，以“师臣”相称。朝政相继落入丁大全、贾似道等奸相之手，朝野上下乌烟瘴气，国势急衰。1264年，赵昀病逝，终年六十岁，谥号烈文仁武圣明安孝皇帝，庙号理宗。赵昀唯一的儿子赵维出生数月就夭折了，其侄赵禥（qí）（宋理宗之弟荣王赵与芮之子）即位，是为宋度宗。

宋度宗赵禥（1240—1274）即位后，不理朝政，更加昏庸荒淫，耽于酒色，甚至一天侍寝的宫妃竟多达三十余人。处理公文也交给四个最得宠的女人执掌，号称“春夏秋冬四夫人”。宋度宗升任贾似道为太师、平章军国重事，把军国大权交给他执掌。贾似道目无天子，专横跋扈，大肆淫乱。面对日益崛起的强大对手蒙古，国土一天天缩小，贾似道却终日在葛岭别墅中与妻妾玩乐，连漂亮的尼姑和妓女也纳为小妾，整日与众小妾玩斗蟋蟀，时人称他为“蟋蟀宰相”。当时，南宋的武将精英几乎被贾似道一网打尽，又一次自毁长城，使得已经病入膏肓的南宋更加暗无天日。1267年，忽必烈攻打南宋重镇襄阳，襄阳、樊城被围三年，贾似道却封锁蒙古南侵的消息，宋度宗对此竟一无所知。1271年，忽必烈公布《建国号诏》，在大都（今北京市）正式建国号为大元，腐败的南宋朝依然沉睡不醒，灭亡已经指日可待。1274年，赵禥因酒色过度去世，时年三十五岁，谥号端文明武景孝皇帝，庙号度宗。其四岁的儿子赵㬎在贾似道的扶持下即位，是为宋恭帝。

投降元朝

宋恭帝赵㬎（1271—1323）年幼即位，由祖母谢太皇太后、母亲全太后垂帘听政，军国大权依然在贾似道之手。当时，元朝大军已占领中国北半部。1274年，元军攻克军事重镇安庆（今安徽省安庆市）和池州（今安徽省池州市），威逼建康（今江苏省南京市）。元军攻占鄂州（今湖北省武汉市武昌区），长江防线崩溃，横渡长江向南宋首都临安（今浙江省杭州市）进发。1275年，贾似道率领十三万大军、战舰两千五百艘，在芜湖与元军对战。统帅贾似道贪生怕死，仓皇失措，和几个属下一起乘小船临阵逃奔扬州，宋军伤亡惨重，大败于丁家洲（今安徽省铜陵市北），史称“丁家洲之战”。朝野一片哗然，上下震惊，谢太皇太后被迫将贾似道免职，将其贬到偏远的广东一带。贾似道行至漳州木棉庵（今福建省漳州市龙海区九湖镇木棉村）时被监押使臣会稽县尉郑虎臣所杀，时年六十二岁。1276年，元军攻占南宋都城临安（今浙江省杭州市），年幼的宋恭宗出降，正式退位。但宋室和广大军民依然坚持抵抗。驸马都尉杨镇、国舅杨亮节保护赵㬎的哥哥赵昰（shì）和弟弟赵昺（bǐng）两个幼子逃出临安，逃往婺州（今浙江省金华市），再至温州，为南宋王朝保留了一丝血脉。“宋末三杰”文天祥、陆秀夫和张世杰一边保护宋廷，一边组织反抗。同年，群臣在福州拥立赵昰即位，是为宋端宗。宋恭帝赵㬎被元世祖忽必烈降封开府仪同三司、瀛国公。1288年，赵㬎被忽必烈遣送吐蕃（今西藏自治区）学习藏文、佛经。1289年，赵㬎在西藏遁入佛门，法号合尊。从此，他从事佛经研究和翻译，成为当时西藏的佛学大师，翻译了《百法明门论》《因明入正理论》。1323年，赵㬎因触犯文字狱被元英宗赐死，一个出家皇帝，结束了他悲凉的一生，时年五十三岁，庙号恭帝。

漂泊海上

宋端宗赵昰（1268—1278）年幼即位时，宋朝还有福建的福州、浙江的温州、台州、处州（今浙江省丽水市），广东的广州、南雄州（今广东省韶关南雄市），长江以北的扬州、真州（今江苏省扬州仪征市）、通州（今江苏省南通市），四川的钓鱼城（今重庆市合川区嘉陵江南岸五公里处）、凌霄城（今四川省宜宾市兴文县西南与长宁县交界处）等尚在坚守，坚持抗元，约有军队二十万。但宋朝内部斗争不断，没有精心指挥抵抗，却步步退让，想争取一个喘息的机会。但元军对宋朝小皇帝穷追不舍，步步紧逼，逼近福州，小朝廷只能海上行朝，宋朝君臣大部分时间都在海上度过。1278年，十岁的赵昰在硇（náo）洲荒岛［今广东省湛江市硇（náo）洲岛］上病死，庙号端宗。陆秀夫与众臣拥戴赵昺即位，史称宋末帝。

身葬南海

宋末帝赵昺（1271—1279）即位后，与张世杰、陆秀夫等一班文武官员率十数万军队和千余船舰迁到崖山（今广东省江门市新会区南）。与此同时，南宋右丞相文天祥在五坡岭（今广东省汕尾市海丰县）被元军统帅张弘范之弟张弘正所俘，其统领的督军府从此瓦解。文天祥被俘后，大义凛然，宁死不屈，写有《过零丁洋》诗以明志。1283年，文天祥于大都英勇就义，时年四十七岁。1279年，元军围攻崖山，枢密副使张世杰下令焚烧岛上的行宫军屋，人马全部登船，然后依山面海，与元军展开决战，激战持续二十二天，史称“崖山海战”。宋军被元军击败，元军随后包围崖山，左丞相陆秀夫先仗剑驱使自己的妻儿投海自尽，然后将黄金国玺系在腰间说道：“陛下，国事一败涂地，陛下理应为国殉身，万万不能再重蹈覆辙。”说完背着年仅八岁的赵昺在崖山跳海而亡。其他船上的大臣、宫眷、将士听到这个噩耗，顿时哭声震天，十万军民纷纷投海。张世杰率领水军余部突围出来，到平章山下（约今广东省阳江市西南的海陵岛对开海面），得知陆秀夫背负赵昺跳海的噩耗，同赵昺的母亲杨太妃一同跳海，南宋灭亡。

辽朝　因俗而治

辽朝（916—1125）是中国历史上由契丹族耶律阿保机建立的朝代，国号契丹，定都上京临潢府（今内蒙古自治区赤峰市巴林左旗林东镇南郊），后迁都汴京（今河南省开封市），改国号大辽。1125年，辽朝被金朝所灭，历经九帝，历时二百零九年。如果从907年辽太祖耶律阿保机任契丹可汗算起，辽朝历时二百一十八年。辽朝强盛时，其疆域东到日本海，西至阿尔泰山（斜跨中国、哈萨克斯坦、俄罗斯、蒙古国境），北到额尔古纳河（今中国内蒙古自治区呼伦贝尔市境内，中俄界河）、外兴安岭（今中国黑龙江省以北，俄罗斯境内）一带，南到今中国天津市的海河、河北省廊坊市霸州市、保定市涿州市、山西省雁门关一线，大体以河北省中部白沟河与北宋交接。辽朝共有五道、六府、一百五十六州，每道的政治中心称为京。契丹族本是游牧民族，后吸收农耕技术，将游牧民族与农耕民族分开管理，主张因俗而治，开创出两院制的政治体制。辽朝创造了契丹文字，保存自己文化的同时，吸收了渤海国、五代、北宋、西夏及西域各国的文化，有效地促进辽国政治、经济和文化各个方面的发展。

辽太祖耶律阿保机统一契丹各部，即可汗位。他平定“诸弟之乱”，征服七个残存的部落势力，成为契丹大首领，称帝建国。阿保机采用“以国制治契丹，以汉制待汉人”的政治制度，创造了契丹文字，统一了东北地区。其子辽太宗耶律德光即位，协助后唐石敬瑭灭亡后唐、建立后晋，割取幽云十六州。他继承其父“因俗而治”的统治制度，灭亡后晋，于开封登基改汗称帝，改国号为大辽。由于后汉的攻伐，耶律德光罢兵北还。其侄子、东丹王耶律倍之子辽世宗耶律阮即位，内部贵族接连谋反叛乱，皆被镇压。耶律阿保机最小的同母弟耶律安端谋叛，其子耶律察割揭发父亲罪行骗取信任，留在朝中任职。耶律察割发动“火神淀之乱”，耶律阮被杀。辽太宗长子辽穆宗耶律璟即位，酗酒荒政，昏庸无道，“黑山之变”命丧黄泉。辽世宗耶律阮次子辽景宗耶律贤即位，“高梁河战役”打败北宋，攻取雁门却败给了北宋杨业。耶律贤长子辽圣宗耶律隆绪年幼即位，三十岁的萧太后摄政二十七年，励精图治，整顿吏治，发展生产，开创辽朝盛世。北宋伐辽，被辽朝打败，北宋杨业被俘，绝食三日，以身殉难。萧太后与辽圣宗亲征北宋，双方订立“澶渊之盟”，各守旧界，互通贸易。辽圣宗长子十六岁的辽兴宗耶律宗真即位，辽兴宗生母元妃萧耨（nòu）斤（即法天太后）临朝摄政，欲废黜辽兴宗。辽兴宗囚母收权，之后兵戈不息，辽朝日益衰落。辽兴宗长子辽道宗耶律洪基即位，信用奸臣，笃信佛教，“十香词冤案”逼杀懿德皇后萧观音，又错杀太子耶律浚，女真兴起，辽朝走向衰亡。耶律浚之子天祚（zuò）帝耶律延禧即位，游畋（tián）享乐，荒淫奢侈，内外交困。女真反辽，建立金朝。在金军的攻伐下，耶律延禧被追赶，到处逃窜。辽兴宗耶律宗真之孙辽宣宗耶律淳在南京析津府（今北京市城西）称帝，建立北辽，不到一年便被金军所灭。耶律延禧向西逃窜到应州新城（今山西省朔州市怀仁县西），被金军俘获，辽朝灭亡。耶律阿保机八世孙耶律大石在可敦城（今蒙古国布尔干省青托罗盖古回鹘城）建立根据地称王，建立西辽，后被蒙古灭亡。契丹贵族波刺黑前往波斯的克尔曼（今伊朗），建立小政权起儿漫王朝，又称后西辽，后被伊尔汗国兼并。耶律阿保机后人契丹皇族耶律留哥揭竿而起，建立东辽。耶律留哥归附成吉思汗，被封辽王。耶律留哥之弟耶律斯不背叛东辽，建立后辽。后被蒙古军攻打，耶律斯不逃亡到高丽（今朝鲜）。东辽耶律留哥与蒙古、东夏联军攻克了后辽老巢高丽江东城，后辽灭亡。东辽长期依附蒙古，直到忽必烈撤藩，东辽灭亡。

称汗平叛

辽太祖耶律阿保机（872—926）是五代时契丹迭剌部的首领，他趁中原内乱时统一各部，取代痕德堇可汗。907 年，耶律阿保机即可汗位，为契丹大首领，即皇帝位。耶律阿保机自幼聪敏，才智过人，魁梧健壮，武功高强，胸怀大志。他先后镇压了契丹贵族的叛乱，尤其是平息了为争夺可汗之位兄弟们的三次叛乱，史称“诸弟之乱”。本部落的反对势力消除后，契丹其他七个部落的反对势力仍旧存在，耶律阿保机被迫交出旗鼓，答应退位。之后，他采用妻子述律平的计策，将七个部落的首领骗来喝酒，将首领们全部除掉，由此征服了契丹其他七个部落。

称帝建国

916年，耶律阿保机建立辽朝，是为辽太祖。918年，辽太祖建皇都临潢府（今内蒙古自治区赤峰市巴林左旗林东镇南郊），即后来的上京。临潢府内分为两城，两城相连为“日”字形。契丹统治者住北部的皇城，汉族人居住南部的汉城，体现了辽太祖“以国制治契丹，以汉制待汉人”的政治制度。辽太祖收留了因河北战乱的大量流民，在草原上均按照中原风格建立城墩来安置汉人。他任用韩延徽、韩知古、康默记与卢文进等有才学的汉人为佐命功臣。辽太祖制定法律，改革习俗，发展农业、商业，创造契丹文化，推动了契丹及北方各民族的发展和进步。饱读中原诗书的耶律阿保机命人用三百多个汉字制作拼音字母，创造出了契丹文字。925年，耶律阿保机率军亲征渤海国（今中国东北地区、朝鲜半岛东北及俄罗斯远东地区的一部分）。926年，耶律阿保机灭渤海国，改名东丹国，命其长子突欲（耶律倍）为东丹王，结束了唐末以来东北地区的分裂局面。926年，耶律阿保机在出征渤海后，返还皇都途中病逝于扶余（今吉林省四平市西），时年五十五岁，谥号大圣大明神烈天皇帝，庙号太祖。他的妻子述律平宣布摄政，以次子耶律德光总揽朝政，屠杀政敌数百人以稳定政权。927年，耶律德光即位，是为辽太宗。

割取幽云

辽太宗耶律德光（902—947）端庄厚重，秉性宽厚。他即位后，将后晋的一整套汉族官制带到辽朝，发展完善了辽朝的政治制度。耶律德光重视农业发展，以增强辽朝的国力。军事上继续父亲耶律阿保机的事业，向南用兵，争霸中原。928年，辽太宗迁渤海居民于东平郡（今山东省泰安市东平县东），废东丹国，升为南京（今辽宁省辽阳市），于南京设中台省。耶律德光想方设法削弱耶律倍东丹国的实力，兄弟二人关系恶化。931 年，割据原渤海国疆域的东丹王耶律倍南逃到后唐，耶律德光统一了契丹。936 年，后唐李从珂讨伐河东节度使石敬瑭，石敬瑭认耶律德光为父以求援。耶律德光喜出望外，遂亲率五万骑兵击败后唐军，助石敬瑭建立后晋。辽朝则不费吹灰之力得到渴望已久的燕云十六州（也称幽云十六州，幽州指北京，云州指大同，幽云十六州大抵包括今河北省、山西省北部和北京市），还有每年大批的布帛输入。938 年，耶律德光改皇都为上京，升幽州为南京幽都府（今北京市城西），原南京（今辽宁省辽阳市）改称东京辽阳府，合称“三京”。

灭晋改辽

耶律德光整顿赋税，奖励耕战，改革官制，发展生产。他继承其父的管理思想，采用“因俗而治”的统治制度，根据不同地域、不同民族的发展水平，制定不同的统治制度进行管理。官分南北，划分南北二面，实行胡汉分治。北面官以契丹旧制治契丹人，南面官以汉制治汉人。辽朝的北南面官制，解决了统治和管理的矛盾。“因俗而治”的方针，适应了当时的经济发展，促进了生产力的提高和社会的稳定。942 年，后晋出帝石重贵即位，对辽拒不称臣。946 年，耶律德光以此为借口，举倾国之师南征。947 年，攻入开封，灭亡后晋。耶律德光在开封登基改汗称帝，改国号为大辽。耶律德光南征时纵容辽兵掳掠，大肆搜刮，致使民间汉人武装反抗此起彼伏，辽朝在中原的统治动荡不安。947 年，刘知远在晋阳（今山西省太原市）称帝，建立后汉。诸镇和后晋许多旧将起兵响应讨伐辽朝，使得耶律德光无法在中原立足。同年，耶律德光不得不罢兵北还，途中病逝于栾城（今河北省石家庄市栾城区），时年四十六岁，谥号孝武惠文皇帝，庙号太宗。耶律德光死后，以契丹葬俗被制成“帝羓

（bā）”。南征诸将拥立耶律阮（辽太祖长孙、辽太宗侄子、东丹王耶律倍之子）于镇州（今河北省石家庄市栾城区北）即位，是为辽世宗。

接连谋反

辽世宗耶律阮（918—951）即位后，辽朝的统治核心并未完全服从辽世宗，造成贵族谋反不断。948 年，耶律天德（辽太宗第三子）、萧翰（诸部酋长，其一妹为耶律阿保机妻，一妹为耶律德光妻，被称为国舅）、耶律刘哥（辽太祖耶律阿保机弟耶律寅底石之子）与耶律盆都两兄弟等谋反，均与耶律阮兵戎相见，耶律天德被镇压屠杀，萧翰、耶律刘哥、耶律盆都等均受到惩罚。949 年，萧翰和公主阿不里（辽太祖长子耶律倍之女）联络明王耶律安端（辽太祖耶律阿保机最小的同母弟）谋叛，被大臣耶律屋质告密，萧翰被杀，阿不里入狱后丧命。耶律安端之子耶律察割非常阴险，他以揭发父亲的罪行骗取耶律阮的信任。耶律阮于是网开一面，将耶律安端贬到外地统领部族军队，将耶律察割留在朝中，没想到为以后埋下了祸患。

火神淀之乱

当年，耶律阮跟随叔父耶律德光出征开封灭后晋时，在混乱不堪、一片狼藉的后晋皇宫，耶律阮看到了比他大十岁、已经四十一岁的宫女甄氏。甄氏原本只是后唐的一名小宫女，在后唐灭亡、后晋建立风雨飘摇的朝代更迭中，长期留在深宫后院，像一棵无人知道的小草，任凭风吹雨打，依然风韵犹存、端庄秀雅。耶律阮不顾身份、年龄、民族的差异，对甄氏一见钟情，将她带回辽朝，宠爱有加。后来，甄氏为耶律阮生下第三子，名耶律只没，被封为宁王。耶律阮即位后，封甄氏为皇后，她成为辽朝历史上唯一的汉人皇后。

因甄氏的汉人身份招来一些贵族的非议，耶律阮不得已又立妃子萧撒葛只为皇后，于是出现了两后并存的局面。951 年，耶律阮应北汉侄皇帝刘崇的请求，援助北汉攻打后周。耶律阮亲征南下，行军至归化州祥古山（今河北省张家口市宣化区境内），晚上驻宿于火神淀（今河北省张家口市宣化区西）。耶律阮祭祀父亲东丹王亡灵后，设宴招待群臣和各部首领，喝得大醉。泰宁王耶律察割（耶律阿保机之侄、耶律安端之子）等乘机在行宫杀死辽世宗和随军同行的甄皇后，耶律阮年仅三十四岁，谥号孝和庄宪皇帝，庙号世宗。耶律察割自立为帝，史称“火神淀之乱”。辽太宗之子耶律璟和耶律屋质等率兵消灭叛军，将耶律察割割肉碎尸，耶律璟即位，是为辽穆宗。

黑山之变

辽穆宗耶律璟（931—969）即位后，减免赋税，礼敬臣下。他虽不好女色，但酗酒如命，不理朝政。辽穆宗对身边近侍极端残忍，滥用酷刑，酗酒荒政，为辽朝最为昏庸无道的暴君。辽穆宗长期晚上喝酒作乐，白天蒙头大睡，时人称其为“睡王”。他在位期间，贵族夺权叛乱频繁，人民反抗不断，社会秩序极不稳定，使辽朝陷入了动荡中衰。969 年，辽穆宗外出打猎，欢饮方醉时，被近侍小哥、盥人花哥、厨子辛古等六人杀害，史称“黑山之变”。时年三十九岁，谥号孝安敬正皇帝，庙号穆宗。辽世宗耶律阮次子耶律贤即位，是为辽景宗。

辽宋争战

辽景宗耶律贤（948—982）即位后，安抚皇室，拨乱反正，网罗人才，关心朝政，招贤纳士，发展农业。他确立了嫡长子继承制，避免了皇位纷争的闹剧再度上演，为以后辽圣宗时的盛世奠定了基础。辽景宗因为幼年时受“火神淀之乱”的惊吓，体弱多病，在位后期多由皇后萧绰主政。979年，宋太宗赵光义亲征北汉，辽朝派数万兵支援北汉，辽军在白马岭（今山西省太原市阳曲县东北石岭关）与宋军交战，被宋军击溃。宋太宗平定北汉后未经休整，即转兵攻辽，试图一举夺取幽州。辽景宗耶律贤得知幽州被困，急令精骑增援，辽军反击，宋军三面受敌，顿时大乱，全线溃退，死者万余人，宋太宗乘驴车逃走，兵败“高梁河战役”。980年，辽景宗发兵十万攻雁门，被北汉归顺北宋的右领军卫大将军杨业打败。982年，耶律贤巡游云州（今山西省大同市），病逝于焦山（今山西省大同市西北）行宫，时年三十五岁，谥号孝成康靖皇帝，庙号景宗。983年，耶律贤年仅十二岁的长子耶律隆绪即位，是为辽圣宗。

太后摄政

辽圣宗耶律隆绪（971—1031）年幼即位后，改国号为大契丹[1]，尊萧绰（燕燕）为皇太后，并由萧太后摄政。三十岁的萧太后摄政二十七年，继承和发展了辽景宗时开始的中兴步伐，开创了辽朝盛世。萧太后父亲萧思温早在970年被害，她孤身一人没有外戚可以依靠，面对诸王宗室二百余人拥兵自重、控制朝廷的局面，萧太后果断重用贤臣，撤换大臣，下令诸王不得相互宴请，无事不得出门，并解除兵权。在她执政期间，励精图治，改革法度，注重农桑，兴修水利，减少赋税，整顿吏治，训练军队，百姓富裕，国势强盛。

伐宋结盟

986年，北宋派兵出雄州道（今河北省保定市雄

[1] 关于辽圣宗改号“大契丹”一事，《辽史》丝毫没有提及，仅见于宋代文献的记载。《续资治通鉴长编》卷二三在太平兴国七年（982）岁末记述说：“契丹主明记卒，谥景宗孝成皇帝。……隆绪封梁王，继立，号天辅皇帝，尊母萧氏为承天太后，改大辽为大契丹。”卷二四太平兴国八年正月戊午朔云：“契丹主隆绪改元统和。”

县）、飞狐道（今河北省张家口市蔚县、保定市涞源县间恒山峡谷）、雁门道（今山西省忻州市代县）伐辽，辽军周密部署，大败北宋的北伐之师，俘获号称“杨无敌”的宋朝名将杨业。杨业绝食三天而死。993年，耶律隆绪发动高丽契丹战争，降服高丽。995年，武清县（今天津市武清区）有一百多人流窜到北宋境内抢劫，耶律隆绪命令将他们诛杀，并将其抢掠财物送还宋朝。至此前后，辽朝迎来四方来朝，回鹘、女真、高丽、夏朝等均派使者向辽朝进贡。1004年，萧太后与辽圣宗亲征，率领二十万大军南下，直逼澶州（今河南省濮阳市）城下，威胁北宋都城东京汴梁（今河南省开封市）。宋真宗也同样御驾亲征，在战事对辽不利的情况下，双方停战，订立“澶渊之盟”。规定两朝各守旧界，辽朝每年从宋朝得到银十万两、绢二十万匹，双方于边境开展互市贸易，辽朝的财政状况得到较大改善。此后一百多年，辽、宋未发生大战，形成辽、宋、夏三朝鼎立的局势。1007年，辽圣宗在奚王牙帐（今内蒙古自治区赤峰市宁城县天义镇和大明镇境内的老哈河北岸）建立新都，号称中京大定府，与原三京合称为“四京”。1009年，皇太后萧绰病逝，辽圣宗开始亲政，辽朝已进入鼎盛时期。1012年，耶律隆绪改南京幽都府为析津府。耶律隆绪基本上延续萧太后执政时的政策，反对严刑，注重吏治，防止贪污，推广汉文化，实行科举，编修佛经，关心民生。但耶律隆绪四方征战，十年征讨高丽，东征西讨，战乱不断，劳民伤财，国势由盛转衰。1031年，耶律隆绪病逝，终年六十一岁，谥号文武大孝宣皇帝，庙号圣宗。其十六岁的长子耶律宗真即位，是为辽兴宗。耶律隆绪临死前，遗命封第二任皇后萧菩萨哥（睿知皇后萧绰之弟萧隗因之女，即齐天皇后）为皇太后，顺圣元妃萧耨（nòu）斤（北府宰相萧阿古只五世孙女）为皇太妃。

囚母收权

辽兴宗耶律宗真（1016—1055）即位后，其生母元妃萧耨斤（即法天太后）私藏遗诏，自立为皇太后，临朝摄政[1]。耶律宗真少年聪慧，体貌魁梧，爱好儒家，通晓音律。齐天皇后萧菩萨哥因生有两子均夭折，自耶律宗真出生便亲自抚养，视如己出。法天太后摄政后，大权独揽，重用娘家人，把辽兴宗的养母齐天皇后萧菩萨哥迫害致死，并欲废黜辽兴宗。1034年，辽兴宗率近卫军一举铲除了萧耨斤及其党羽，软禁萧耨斤于庆州（今内蒙古自治区赤峰市巴林右旗境内），并下旨废为庶人。1044年，辽兴宗升云州为西京大同府（今山西省大同市）。自辽兴宗以后，辽朝始有五京。辽兴宗囚母收权十三年后，才将年近七旬的萧耨斤迎回奉养，但萧耨斤仍毫无悔意，以至到后来辽兴宗辞世，萧耨斤没有一点悲伤，还劝悲泣的儿媳崇圣皇后萧挞里说："汝还年轻，何必哀痛如此！"辽兴宗在位期间，内部矛盾逐渐尖锐，加之对外多次用兵西夏，并对北宋施压，兵戈不息，使得辽朝日益衰落。1055年，耶律宗真病逝，年仅四十岁，谥号神圣孝章皇帝，庙号兴宗。其长子耶律洪基即位，是为辽道宗。

十香词冤案

辽道宗耶律洪基（1032—1101）即位后，先后信用奸臣耶律重元、耶律乙辛等，致使统治集团内部争斗趋于激烈。耶律洪基笃信佛教，广印佛经，建筑寺塔，劳民伤财，致使社会矛盾激化。他本人精通音律，善于书画，爱好诗赋，其汉诗气象磅礴、意境深远，收于《清宁集》中，今已失佚。1075年，耶律乙辛等为了篡权，向耶律洪基进《十香词》，诬告懿德皇后萧观音和伶人赵

[1]《续资治通鉴长编》卷一百一十："隆绪遗命以齐天皇后为皇太后，顺圣元妃为皇太妃。元妃匿之，自为皇太后。"

惟一私通，耶律洪基不加查实，逼令皇后自杀，并将伶人赵惟一、高长命等人诛杀，史称“十香词冤案”。1077 年，耶律乙辛又诬告太子耶律浚图谋篡位，导致太子被错杀。1081 年，耶律洪基方明真相，废黜耶律乙辛及其党羽。1083 年，耶律乙辛企图带私藏武器到宋朝避难，后因事泄被诛。耶律洪基执政期间，长期被辽统治者压迫的女真族开始兴起，辽朝走向衰亡。1101 年，耶律洪基病逝，终年七十岁，谥号仁圣大孝文皇帝，庙号道宗。耶律洪基之孙耶律延禧（耶律濬之子）即位，是为天祚（zuò）帝。

荒于游畋

天祚帝耶律延禧（1075—1128）即位当年，为祖母宣懿皇后萧观音和父亲耶律濬昭雪，对受耶律乙辛陷害的大臣全部平反。耶律乙辛的党羽被诛杀。他在位期间，信用萧奉先、萧德里底等佞臣，游畋（tián）享乐，荒淫奢侈，无所作为，不理国政，导致朝政腐败，人心涣散，内外交困，辽朝已经到了崩溃的边缘。1104 年，应西夏崇宗李乾顺求娶联姻，天祚帝将皇族之女耶律南仙封为成安公主，嫁给李乾顺。

女真反辽

1114 年，女真族的完颜阿骨打［汉名完颜旻（mín）］继任联盟长，举兵反辽，辽朝连续战败。1115 年，完颜阿骨打建立金朝，金军攻陷辽朝重镇黄龙府（今吉林省长春市农安县），耶律延禧亲领大军征讨，结果大败而逃。紧接着上京（今内蒙古自治区赤峰市巴林左旗林东镇南郊）陷落，到处战败。在辽内乱不止的同时，女真借机占领了东京（今辽宁省辽阳市）和沈州（今辽宁省沈阳市）。1121 年，辽统兵副都监耶律余睹等图谋废黜耶律延禧，欲立耶律延禧次子晋王耶律敖鲁斡（wò）为帝，事败降金。1122年，天祚帝流亡驻扎于鸳鸯泊［今河北张家口市张北县西北安固里淖（nào）］，因皇位继承生内乱而残杀无辜的次子晋王耶律敖鲁斡，使得人人自危，贵族寒心，众人思叛。在金军的进攻下，耶律延禧率领五千卫兵逃往云中（今山西省大同市）。金军攻陷云中，他又逃入夹山（今内蒙古自治区土默特左旗北）。

短暂北辽

在天祚帝被金军追逃时，耶律大石与宰相等拥立耶律淳（辽兴宗耶律宗真之孙、兵马大元帅耶律和鲁斡之子）在南京析津府（今北京市城西）称帝，是为辽宣宗，史称北辽。辽宣宗耶律淳（1063—1122）称帝后，降封天祚帝为湘阴王，并派遣使者向金朝奏表，请求将北辽纳为金朝的附属国，没有得到金朝答复。1122年，耶律淳病逝，终年六十岁，谥号孝章皇帝，庙号宣宗。耶律淳死后，其妃萧普贤女摄政，执掌北辽大权，与西夏共同抗金。同年，金军攻陷居庸关（今北京市昌平区境内），萧普贤女投奔天祚帝。天祚帝怨恨耶律淳自行称帝，将萧普贤女杀死，追废耶律淳为庶人，并将其从宗室谱籍中除名。1123年，金军攻破析津府，北辽灭亡。

走向灭亡

此时，辽朝已失去大部分土地，耶律延禧的儿子和家属大多数被杀或被俘。1124年，耶律延禧率残军出夹山，南下武州（今山西省忻州市神池县）试图收复山西州县，再被金军击败。1125年，耶律延禧向西逃窜到应州新城（今山西省朔州市怀仁县西）东六十里处，被金将完颜娄室追上俘获，押解送往金朝上京（今内蒙古自治区赤峰市巴林左旗林东镇南郊），金太祖降封他为海滨王，不久改封为豫王，辽朝灭亡。1128 年，耶律延禧因病客死他乡，时年五十四岁，尊号天祚帝。

残辽续国

辽朝灭亡时，1124 年，耶律阿保机八世孙耶律大石到达可敦城（今蒙古国布尔干省青托罗盖古回鹘城），建立根据地称王。1132 年，耶律大石在叶密立城（今新疆自治区塔城区额敏县西塔尔巴哈台山脚下，亦称“也迷里”）登基称帝，号“菊儿汗”，建立西辽。随后向西域、漠北、中亚等地区扩张，建都虎思斡（wò）鲁朵（也称虎思斡耳朵，今吉尔吉斯斯坦托克玛克东南布拉纳）。1141 年，西辽经过“卡特万（今乌兹别克斯坦撒马尔罕城以北卡特万草原）之战”，以少胜多击败塞尔柱帝国联军后称霸中亚，威名远播至欧洲。1218 年，蒙古灭亡西辽。西辽灭亡后，契丹贵族波剌黑前往波斯的克尔曼（今伊朗），于 1224 年建立小政权起儿漫王朝，又称后西辽，这也是契丹人在历史上建立的最后一个政权，于 1306 年被伊尔汗国兼并。

1211 年，金主卫绍王对境内辽朝遗民契丹人心存疑虑，下令境内各地凡有契丹人居住者，须以二户女真夹一户契丹。耶律阿保机后人契丹皇族耶律留哥当时正是金朝北边千户，听令后大怒，于 1212 年，揭竿而起，正式反金。1213 年，耶律留哥称辽王，史称东辽。1215 年，耶律留哥攻占金朝东京，其弟耶律厮不劝谏耶律留哥称帝，摆脱蒙古控制，耶律留哥没有答应，而归附了蒙古成吉思汗。1216 年年初，耶律厮不背叛耶律留哥，在澄州（今辽宁省鞍山市海城市）称帝，国号辽，史称后辽。后辽被蒙古军攻打，被迫越过鸭绿江进入高丽境内。1219 年，耶律留哥与蒙古、东夏（金朝将领蒲鲜万奴在金朝东北建立，政治中心在咸平府，今辽宁省铁岭市开原市北）联军攻克了后辽老巢高丽江东城，五万余名后辽军投降东辽，后辽灭亡。东辽长期依附蒙古，并受大蒙古国控制。1269 年，忽必烈撤藩，东辽灭亡。

西夏　以战求和

西夏（1038—1227）是中国历史上由党项人李元昊在中国西北部建立的政权，自称邦泥定国或白高大夏国，因其地理位置在西方，史称西夏。李元昊继承父业，被辽朝封为驸马都尉，晋爵西夏公，又封西夏王。1038 年，李元昊正式称帝，建立西夏。1227 年，蒙古军攻打西夏，夏末帝李晛（xiàn）投降被杀，西夏灭亡，历经十帝，历时一百八十九年。西夏前期和辽、北宋，后期与金朝并立。西夏疆域范围在今宁夏回族自治区、甘肃省、青海省东北部、内蒙古自治区西部以及陕西北部地区。金朝灭亡辽朝与北宋后，西夏陆续收复其失地，并且占领黄河前套地区。西夏总体领土扩张不大，版图最后稳固在夏仁宗时，大约有二十二个州。西夏由奴隶制转变为封建领主制，后期进入封建地主制，以农业和畜牧业为主。西夏崇儒尚文，模仿汉制，其官制学自宋朝制度，行政区划大体为州（府）、县两级。农牧并重是西夏社会经济的特色，农业发展较晚，手工业、兵器制造业较为发达。

夏景宗李元昊的祖先占领西北地区，其父李德明奉行“联辽睦宋”之策，经营夏州，开疆拓土，为西夏立国打下坚实基础。李元昊于兴州（今宁夏回族自治区银川市）称帝，建立西夏。他取得同北宋、辽朝作战的胜利后，以战求和，与北宋签订“庆历和议”，同时与辽朝讲和。李元昊生性暴戾，弑母杀叔，强夺人妻，甚至抢纳自己的儿媳，被太子宁令哥割去鼻子而亡。李元昊与没藏皇后之子、不到一岁的夏毅宗李谅祚即位，由其母没藏太后与舅父没藏讹庞专政。夏毅宗长大后，清剿没藏氏，迎娶协助他铲除没藏讹庞的梁氏，并立其为皇后。夏毅宗去世后，其子年仅七岁的夏惠宗李秉常即位，由其母梁太后执政，其舅梁乙埋为国相，梁乙埋之女嫁给李秉常为皇后，梁氏重蹈母党专权覆辙。夏惠宗去世后，其子年仅四岁的夏崇宗李乾顺即位，小梁太后与哥哥梁乙逋再次重演梁氏母党专权的局面。梁乙逋想发动政变除掉妹妹小梁太后，小梁太后先下手为强，诛杀梁氏满门，亲手铲除了自己的娘家。辽道宗遣人至西夏，将小梁太后鸩杀，李乾顺开始亲政。西夏向宋朝请罪，恢复岁赐，向辽朝和亲，左右逢源。金朝灭辽后，西夏依附于金朝。夏仁宗李仁孝即位，以儒治国，发展经济，稳定政治，开创西夏盛世。其子夏桓宗李纯佑即位，附金和宋，安国养民。夏崇宗李乾顺之子越王李仁友去世，李仁友之子李安全因被降封为镇夷郡王而怀恨在心。李安全与夏桓宗的母亲罗太后通奸，合谋发动政变，废黜李纯佑，夏襄宗李安全即位。他昏庸无能，发兵侵金，政权衰落。蒙古铁木真亲征西夏，夏襄宗兵败后附蒙伐金。宗室齐王忠武王李彦宗在凉州（古雍州，今甘肃省武威市）起兵，夏襄宗被废黜，李彦宗之子夏神宗李遵顼（xū）即位。李遵顼是中国历史上仅有的一位状元皇帝，他依然附蒙伐金，却兵败金朝。后因拒绝继续配合蒙古讨伐金朝，被蒙古发兵攻打。李遵顼被迫退位，其次子夏献宗李德旺即位。夏献宗错误判断形势，附金抗蒙，成吉思汗亲率大军强攻西夏，夏献宗请降。其侄、夏神宗李遵顼之孙夏末帝李晛（xiàn）即位，他率领军民展开抗蒙救亡的最后搏斗，兵败投降被杀，西夏灭亡。

联辽睦宋

夏景宗李元昊（1003—1048）银州米脂寨（今陕西省榆林市米

脂县）人，其祖先党项族原居四川松潘高原，唐末党项拓跋首领李思恭因平定黄巢农民起义有功被封为夏州（治今陕西省榆林市靖边县红墩界镇白城子村）定难军节度使，被赐皇姓“李”。982年，辽圣宗授李元昊祖父李继迁（963—1004）为定难节度使、夏银绥宥静五州观察使、特进检校太师，都督夏州诸军事，李思恭的从弟李思忠为李继迁的高祖父。990年，李继迁即位为夏国王，依靠辽朝的支持，李继迁不仅收复了故地，还夺取了西北重镇灵州（今宁夏回族自治区银川市灵武市西南）。1004年，李继迁与吐蕃潘罗支作战，伤重而死，时年四十二岁，后被李元昊追谥号神武皇帝，庙号太祖。李元昊父亲李德明（981—1032）继定难军节度使后，奉行“联辽睦宋”之策，使党项夏州李氏政权在和平的环境中得到迅速发展。1010年，李德明被辽朝封为西夏王。1017年，李德明改怀远镇（今宁夏回族自治区银川市）为兴州，正式定都。他一生辛苦经营，不但保存祖先基业，并且不断扩张势力，为西夏建国奠定了坚实的基础。1029年，李德明向辽朝为李元昊请婚，辽兴宗封宗室之女为兴平公主，嫁给李元昊联姻。1032年，李德明去世，时年五十一岁，后被李元昊追谥光圣皇帝，庙号太宗。李元昊即位后，辽朝封李元昊为驸马都尉，晋爵西夏公，又封西夏王。李元昊在西北四处征战，击败甘州（今甘肃省张掖市）回鹘，完全占领了河西走廊。

称帝立夏

1034年，李元昊母族卫慕氏首领卫慕山喜密谋杀害李元昊，被李元昊察觉，他用药酒毒死母后卫慕氏，山喜一族皆被溺死河中，尽诛卫慕氏族人。1038年，李元昊正式登基，是为夏景宗，升兴州（今宁夏回族自治区银川市）为兴庆府，定为都城，国号大夏，史称西夏。李元昊的称帝，使得北宋朝廷上下极为愤怒，双方关系破裂。1040年至1042年，李元昊向北宋发动了多次进攻，均取得胜利。1044年，辽兴宗亲率骑兵十万进攻西夏，被李元昊打败。但战争也使西夏民穷财尽，怨声载道，矛盾激化。

以战求和

李元昊在取得同北宋、辽朝作战的胜利后，西夏、宋、辽形成三国鼎立的局面。但西夏立刻同辽朝讲和，向北宋献俘。显示了李元昊在对宋、辽关系的处理上，善于把握时机，进退有度，以达到以战求和的目的。宋仁宗同意了李元昊所有的要求，达成协议：西夏向宋称臣并取消帝号，称西夏主；宋朝每年赐给西夏银五万两，绢十三万匹，茶两万斤；另外，每年还要在各种节日赐给西夏银两万二千两，绢两万三千匹，茶一万斤，史称“庆历和议”。

为子所弑

李元昊生性暴戾，多猜疑，好杀虐。李元昊弑母杀叔，他称帝同年将其叔父左厢监军使嵬名山遇父子一族全部处死。1042年，李元昊中北宋离间计，处决了野利皇后的舅舅、西夏重臣野利遇乞全家，然后与野利遇乞的妻子没藏黑云姘居。1047年，没藏黑云生下儿子李谅祚，李元昊便将野利皇后（宁令哥生母）废黜，改立没藏氏为皇后。没藏氏漂亮无比，有西夏艳后之美誉。李元昊执政晚年，暴横淫纵，好大喜功，沉湎酒色，妻妾成群。李元昊残暴而寡情，他的妃子们无一善终。他犹喜强夺他人之妻，甚至将太子宁令哥的妻子没移氏纳为妃子，结果众叛亲离，终招杀身之祸。1048年，李元昊之子宁令哥在没藏皇后之兄、国相没藏讹庞的挑唆下，因夺妻之恨挥刀将其父李元昊的鼻子全部削掉，李元昊痛极血尽而死，时年四十六岁，谥号武烈皇帝，庙号景宗。事发后，国相没藏讹庞不仅没有按承诺收留太子，反而逮捕宁令哥，以弑君罪杀掉了皇太子宁令哥和他的母亲野利皇后。没藏讹庞的阴谋得以实现，其姐没藏皇后之子、自己不到一岁的外甥李谅祚即位，是为夏毅宗。

母党专权

夏毅宗李谅祚（1047—1067）年幼即位，由其母没藏太后与舅父没藏讹庞专政。没藏太后对娘家没藏家族约束较严，加强军备，保境护民，向辽朝称臣，与北宋睦好，防止战争。没藏太后荒淫好色，打猎成瘾，与野利遇乞的财务官李守贵和李元昊的侍卫官宝保吃多已同时私通，造成李守贵与宝保吃多已因争宠反目。1056年，没藏皇太后带领随从前往贺兰山打猎，深夜归宫途中，李守贵将没藏太后和宝保吃多已杀死，事后李守贵全家被没藏讹庞所杀。没藏讹庞又将其女许配给夏毅宗做皇后，继续把持政权。1059年，已经十三岁的夏毅宗渐通世事，参与政事，对没藏讹庞专断朝政深怀不满。没藏讹庞父子密谋欲杀害李谅祚。没藏讹庞儿媳梁氏因与李谅祚有私情而告密，李谅祚反杀没藏讹庞及其家族，杀死妻子没藏氏，结束了没藏氏专权的局面。1061年，夏毅宗开始亲政，迎娶协助他铲除没藏讹庞的梁氏，并立为皇后，任用梁皇后之弟梁乙埋为相。对内实行改革，军政分立，废行蕃礼，改用汉仪。对外实行亲宋政策，一边进攻，一边称臣纳贡，一边重新划定边界，一边争取岁赐金帛，恢复同北宋的贸易。对吐蕃多次征战，扩大疆土。1066年，李谅祚在与北宋作战时身负箭伤。1067年，李谅祚因伤去世，年仅二十一岁，谥号昭英皇帝，庙号毅宗。其子七岁的李秉常即位，是为夏惠宗。

夏惠宗李秉常（1060—1086）年幼即位，由其母梁太后执政，其舅梁乙埋为国相，梁乙埋之女嫁给李秉常为皇后。其间十年，西夏连年向北宋发动战争。1070年，梁太后亲自点集三十万兵马，倾巢大举进攻北宋大顺城（今甘肃省庆阳市华池县东北），后吐蕃、辽朝出兵介入，与北宋议和。1076年，十六岁的李秉常开始亲理朝政，实际上依然是梁太后与梁乙埋姐弟母党专权。1081年，梁太后将李秉常囚禁，引起朝野一片混乱。同年，宋神宗趁机发动五路大军讨伐西夏，仅夺得兰州，最后北宋惨败永乐城（今陕西省榆林市米脂县西），史称“永乐城之战”。西夏因连年战争，国力大减，使得西夏与北宋贸易中断，经济衰退，人民不满。1083年，梁太后与梁乙埋迫于众臣压力，让夏惠宗复位，但依旧没有放下实权。1085年，国相梁乙埋去世，梁乙埋之子梁乙逋继为国相，梁氏姑侄继续把持朝政。1085年，梁太后因病去世，结束了她对西夏长达十八年的干政，时年四十二岁。1086年，软弱无能的李秉常，在无限忧愤中去世，年仅二十七岁，谥号康靖皇帝，庙号惠宗。其子四岁的李乾顺即位，是为夏崇宗。

夏崇宗李乾顺（1083—1139）年幼即位，历史又一次重现了梁氏母党专权的局面。小梁太后与梁乙逋兄妹依仗梁氏家族“一门二后”的威势，专横跋扈，陷害忠良，穷兵黩武，连连发动与北宋和辽朝的战争，使西夏蒙受严重损失。梁乞逋目空一切，不可一世，甚至不把妹妹小梁太后放在眼里，想发动政变除掉妹妹，以便自己独揽大权。1094年，小梁太后先下手为强，逮捕处死哥哥梁乙逋，并诛杀梁氏满门，亲手铲除了自己的娘家。好战的小梁太后，之后带着年幼的儿子一起上战场。1098年，小梁太后同夏崇宗率领三十万大军猛攻北宋平夏城（今宁夏回族自治区固原市），遭遇惨败，史称“平夏城之战”。1099年，辽道宗看出小梁太后擅权专制，不得人心，遂遣人至西夏，鸩杀小梁太后，辽道宗命时年十七岁的李乾顺亲政。

左右逢源

在辽道宗的周旋下，北宋、西夏再度和谈，西夏向宋朝请罪，恢复岁赐。夏崇宗多次向辽请婚无果。1104 年，辽天祚帝封宗室之女南仙为成安公主，嫁给李乾顺。之后，北宋军多次进攻西夏。1119 年，李乾顺在对北宋作战大获全胜的情况下，以辽朝的名义再次向北宋请和。当时，女真族已经建立金朝，南下进攻辽朝，攻克辽朝中京，又进至西京。1122 年，李乾顺与北宋请和后抽出兵力援辽抗金。1125 年，辽朝被金朝灭亡后，李乾顺向金朝上表，表示愿意依附于金朝。金朝与西夏划定疆界，金朝把陕西北部约数千里之地划给西夏，西夏发兵取得北宋诸镇。1137 年，西夏出兵占领南宋西安州（今宁夏回族自治区中卫市海原县西北），南宋西安州通判任得敬投降西夏，并将十七岁的女儿献给李乾顺为妃，李乾顺对任妃非常宠爱。1138 年，李乾顺立任妃为皇后，封任得敬为静州（今宁夏回族自治区银川市永宁县东北）防御使。1139 年，李乾顺去世，时年五十六岁，谥号圣文皇帝，庙号崇宗。其十六岁的皇子李仁孝即位，是为夏仁宗。

西夏盛世

夏仁宗李仁孝（1124—1193）在位时期，对内以儒治国，反对奢侈，重用党项和汉族有学之士为大臣主持国政，设立学校，推广教育，实行科举，选拔人才，尊崇儒学，大修孔庙，建翰林院，编纂历朝实录，重视礼乐，颁行法典，尊尚佛教。但他重文轻武，导致军备废弛，战斗力减弱。对外睦好金朝，以稳定外部环境。1142 年，西夏饥荒严重，又逢地震，夏仁宗赈济抚恤，免租减税，救济灾民，以渡难关。他统治期间为西夏的盛世，金朝、南宋也逢盛世，战争甚少，使得西夏能够安心发展经济，稳定政治。面对西夏党项文化的光辉灿烂和国之强盛，各汗国纷纷朝贡。李仁孝采取附金和宋之策，从金朝割取诸多领地。1149 年，自宋投降的任得敬，因平定叛乱、镇压起义有功，以外戚身份任尚书令、中书令。1150 年，任得敬晋升国相，逐步获取西夏军政大权。随后，任氏势力不断膨胀，任得敬进封为楚王。1170 年，任得敬胁迫夏仁宗分了一半国土归其统治，于西平府（今宁夏回族自治区银川市灵武市）兴建宫殿，建立楚国，但遭到金世宗的拒绝。任得敬便与南宋密谋，准备合攻金朝，推翻夏仁宗。夏仁宗在金朝的帮助下，捕杀任氏兄弟及其族党，任得敬分国失败。1193 年，李仁孝去世，享年七十岁，谥号圣德皇帝，庙号仁宗。其子十七岁的李纯佑即位，是为夏桓宗。

附金和宋

夏桓宗李纯佑（1177—1206）即位后，基本上奉行夏仁宗时的国策，对内安国养民，对外附金和宋。但是，由于蒙古崛起并日渐强大，蒙古为了追杀逃往夏国的乃蛮残部，开始讨伐西夏，夏桓宗却不敢抵抗，被蒙古多次掠夺，损失惨重。西夏皇朝统治阶层开始贪图安逸，腐朽堕落，国势衰落。面对蒙古的严重威胁，西夏内部不思进取，却争权夺利，政局不稳。夏崇宗李乾顺之子越王李仁友，在平定任得敬分国叛乱中立有大功。1196 年，越王李仁友去世，其子李安全上书继承爵位，遭到夏桓宗拒绝，李安全被降封为镇夷郡王，使得李安全怀恨不满，萌生篡位之心。他与夏桓宗的母亲罗太后通奸，以培养势力。1205 年，夏桓宗改兴庆府名为中兴府，力图中兴，却改变不了西夏由盛而衰的命运。1206 年，李安全与罗太后合谋发动政变，废黜李纯佑，不久后李纯佑暴卒，死因不明，年仅三十岁，谥号昭简皇帝，庙号桓宗。李安全即位，是为夏襄宗。

附蒙伐金

夏襄宗李安全（1170—1211）在位时，昏庸无能，妄肆奸心，发兵侵金，破坏睦邻关系，加速了政权的衰退。1209年，铁木真率领蒙古大军亲征，再次入侵西夏，破诸镇直抵中兴府。最后，夏襄宗献出自己的女儿、金银财宝及大批牲畜议和，并且附蒙伐金，蒙古方才退兵。夏襄宗附蒙伐金后，对金朝进行了长达十余年的战争，双方均损失惨重。战争给西夏百姓带来巨大灾难，经济生产受到严重破坏。加上夏襄宗沉湎酒色，不理朝政，导致军队衰弱，政治腐败。1211年，宗室齐王忠武王李彦宗在凉州（古雍州，今甘肃省武威市）起兵，废黜夏襄宗。多行不义必自毙，李安全于一个月后不明不白地死去，时年四十二岁，谥号敬穆皇帝，庙号襄宗。李彦宗扶自己的儿子李遵顼（xū）即位，是为夏神宗。

状元皇帝

夏神宗李遵顼（1163—1226）少年好学，博览群书，于1203年廷试进士取得第一名，成为中国历史上仅有的状元皇帝[1]。他在位时，依然附蒙伐金，在不归路上狂跑。李遵顼在野心和战欲的驱使下，于1211年至1213年连续向金朝出兵，围攻金朝东胜城（今内蒙古自治区呼和浩特市托克托县）、攻破保安州（今陕西省延安市志丹县）、进围庆阳府（今甘肃省庆阳市庆阳县）、破邠（bīn）州（今陕西省咸阳彬州市），占领金朝部分州府。1216年，西夏再度配合蒙古伐金战败，损失巨大。1217年，夏神宗因拒绝配合蒙古讨伐金朝，反被蒙古发兵攻打，西夏中兴府被围，

[1]《西夏书事·卷第三十九》："嘉泰三年、金泰和三年、夏天庆十年三月策士。赐宗室尊顼进士及第。遵顼，齐王彦忠子……。遵顼端重明粹，少力学，长博通群书，工隶篆。延祐廷试进士，唱名第一，令嗣齐王爵。未几，擢大都督府主。"

夏神宗惊慌逃跑，蒙古退兵后，夏神宗才得以返回。西夏连年战争，造成田野荒芜，生灵涂炭，百姓家破人亡，人民流离失所，民怨四起，国力下降。1223 年，在蒙古的威逼下和国内的反对浪潮中，李遵顼被迫退位，传位其次子李德旺，是为夏献宗。李遵顼自称太上皇，也是西夏仅有的太上皇。

附金抗蒙

夏献宗李德旺（1181—1226）即位后，面对濒临灭亡的西夏，已经没有回天之力。他一改前朝政策，决心与金朝修好，附金抗蒙。面对强大的蒙古，金朝已经自身难保，西夏更是穷途末路。1224 年，成吉思汗亲率大军进攻西夏，攻沙州（今甘肃省酒泉敦煌市），破银州（今陕西省榆林市米脂县），西夏伤亡惨重。夏献宗请降，蒙古撤军。1226 年，成吉思汗亲率十万大军再度攻伐西夏，蒙古大军势如破竹，连破黑水城（今内蒙古自治区额济纳旗旗政府所在地达来库布镇东南方向二十五公里）、肃州（今甘肃省酒泉市）、甘州（今甘肃省张掖市甘州区）、西凉府（今甘肃省武威市）、沙州（今甘肃省酒泉市敦煌市），尽屠西夏军民。同年，夏神宗李遵顼病死，终年六十四岁，谥号英文皇帝，庙号神宗。国家危亡时刻，束手无策的李德旺惊忧交加，在万分恐惧中去世，时年四十六岁，谥号孝哀皇帝，庙号献宗。其侄、夏神宗李遵顼之孙南平王李晛（xiàn）即位，是为夏末主。

蒙古灭夏

夏末主李晛（？—1227）即位后，率领军民展开抗蒙救亡的最后搏斗，但已无法抵挡成吉思汗的猛烈进攻。1227 年，蒙古军围攻西夏都城中兴府，李晛坚守半年，城中粮尽，向蒙军请降，提出宽限一个月的请求，以备贡物，迁民户。一个月后，成吉思汗去世，李晛按照成吉思汗遗嘱被杀，西夏灭亡。

西夏灭亡时，部分居民向境外逃亡，他们千里迢迢，长途跋涉到达四川木雅（今四川省甘孜州康定县拆多山以西，雅砻江以东，乾宁县以南，九龙县以北的地区）定居下来，建立了一个小政权，首领叫西吴王，这个小政权直到清朝康熙年间才被彻底消灭。

金朝　金戈铁马

金朝（1115—1234）由女真族完颜阿骨打［完颜旻（mín）］建立，是统治中国北方和东北地区的政权。1115 年，起兵反辽的完颜阿骨打建都会宁府（今黑龙江省哈尔滨市阿城区城南四里白城），建国大金。1234 年，南宋和蒙古南北夹击，金朝灭亡，历经十帝，历时一百一十九年。其疆域西边与西夏、蒙古等接壤，南边以秦岭淮河为界与南宋对峙，西至大散关与南宋为界，东北地区达外兴安岭，东临日本海。金朝鼎盛时期统治疆域包括秦岭淮河以北华北平原、东北地区和今俄罗斯联邦的远东地区。金朝是历史上第一次提出了“中华一统”的朝代，奠定了中国北方的疆域，对于确定后来中国北方的版图起到了奠基性作用。其行政区域采用路（府）、州、县三级管理，设有五京十九路。金朝初期全面采用辽朝的南北面官制，后期全盘采用汉制。金朝的农业、畜牧业均非常发达，商业、手工业也有一定的发展，文化上尊崇儒学，趋向汉化。

金太祖完颜阿骨打起兵反辽，建都会宁府，建立金朝。之后，他发动了金灭辽战争。金太祖四弟金太宗完颜吴乞买（完颜晟）即位，灭亡辽朝，出兵北宋，占领开封，挺进中原，称霸东亚。金太宗之侄金熙宗完颜亶（dǎn）即位。他骄奢淫逸，暴虐杀人，众叛亲离，终被金太祖之孙、完颜宗干第二子完颜亮刺杀。金海陵王完颜亮即位，向金太宗一系子孙开刀，杀人如麻，荒淫好色。他听说南宋高宗赵构有一个倾国倾城的妃子刘氏，于是发兵南宋，却后院起火。其从弟金世宗完颜雍发动“东京政变”称帝，完颜亮因兵变被杀。金世宗完颜雍整治内政，改革吏治，稳定局面，实现“大定之治”。金世宗之后，其孙金章宗完颜璟即位，政治清明，名士辈出，再创“明昌之治”。其叔父金后废帝完颜永济即位，不善用人，忠奸不分。当时，成吉思汗已经建立大蒙古国，征服西夏，发兵金朝。契丹人耶律留哥在今吉林省境起兵附蒙反金，右副元帅胡沙虎兵变反叛，完颜永济被杀。金章宗庶兄金宣宗完颜珣（xún）即位，他懦弱无能，面对蒙军强大攻势，南迁南京汴京（今河南省开封市），却发动金宋战争，先胜后败，四面楚歌。其三子金哀宗完颜守绪即位，力挽危局，停战南宋，和解西夏，全力抗蒙，取得“大昌原（今甘肃省庆阳市宁县太昌原乡）之战”的胜利。蒙古灭西夏后即全力讨伐金朝，汴京城破，一百年多年后靖康之耻重演，汴京的文明又一次被野蛮碾压。最后，金哀宗随行二三百人逃往蔡州（今湖北襄阳枣阳市西南）。蒙宋联军合围金于蔡州，城中粮尽，岌岌可危。金哀宗不愿当亡国之君，传位于东面元帅金末帝完颜承麟。在完颜承麟即位大典中，蔡州城破，金哀宗自缢身亡，完颜承麟死于乱军之中，最后五百多名将士宁死不屈，跳水而亡，金朝灭亡。

反辽建国

金太祖完颜阿骨打（1068—1123）自幼力大无比，心怀大志，勇武善战。1101 年，辽朝天祚帝即位以后，契丹贵族对于女真各部落的欺凌、压榨、勒索越来越重，在女真人民心里已经埋下仇恨的种子。1113 年，完颜阿骨打继兄长乌雅束之后任联盟长，基本上统一了女真诸部落，巩固了部落联盟。1114 年，完颜阿骨打起兵反辽，一举攻克辽边境重镇宁江州城（今吉林省松原市扶余市北伯都纳古城），辽兵溃败，史称“宁江州之战”。宁江州之战，拉开了女真与辽战争的序幕。同年，完颜阿骨打取得“出河店（今黑龙江省大庆市肇源县茂兴镇南昂喇勒古城）之战”这一决定性战役的胜利。他一鼓作气，攻占了辽朝统治的宾州（今黑龙江省哈尔滨市宾县）、咸州（今辽宁省铁岭市开原市东北）等战略要地。1115 年，完颜阿骨打废除部落联盟长的制度而称帝，是为金太祖，建国号金，建都会宁府（今黑龙江省哈尔滨市阿城区城南四里白城）。女真部族世居按出虎水（今黑龙江省哈尔滨市东南阿什河），女真语“按出虎”是“金”的意思，相传其水产金，故以“金”为国号。

灭辽战争

金太祖建国后，以辽五京为目标兵分两路展开了灭辽之战。建国当年，金太祖立即举兵攻占了辽朝重镇黄龙府（今吉林省长春市农安县）。1116 年，占领东京辽阳府（今辽宁省辽阳市）。1120 年，攻陷上京临潢府（今内蒙古自治区赤峰市巴林左旗林东镇南郊），辽朝已经失去一半的土地。同年，北宋与金朝订立“海上之盟”，联合攻打辽朝。1122 年，攻下中京大定府（今内蒙古自治区赤峰市宁城县天义镇和大明镇境内的老哈河北岸）、西京大同府（今山西省大同市），天祚帝逃往夹山（今内蒙古自治区土默特左旗北）。耶律大石与宰相等拥立耶律淳于南京析津府（今北京市城西）称帝，建北辽。1123 年，金军攻破南京析津府，北辽灭亡。至此辽五京全部被金军攻下。1123 年，完颜阿骨打在得胜返回上京途中病逝，时年五十六岁，谥号应乾兴运昭德定功睿神庄孝仁明庄孝大圣武元皇帝，庙号太祖。金太祖四弟完颜吴乞买（完颜晟）即位，是为金太宗。

金太宗完颜晟（1075—1135）即位后，任其弟完颜杲为谙（ān）班勃极烈（官职，国相级别的高级官员），金太祖庶长子完颜宗干知国政，完颜宗翰、完颜宗望总理军事。1124年，金太宗为了联合西夏灭辽，把下寨以北、阴山以南的辽地割给西夏，西夏对金朝称藩。1125年，辽朝天祚帝在逃亡途中被金将完颜娄室追上俘获，被押解送往金朝上京（今内蒙古自治区赤峰市巴林左旗林东镇南郊），金太宗降封他为海滨王，不久改封为豫王，辽朝灭亡。辽朝耶律大石率军西行，于西域建立西辽，后被蒙古灭亡。

挺进中原

辽朝灭亡后，金太宗随之加紧对北宋用兵。1126年，金军以不可阻挡之势直逼开封。宋钦宗献降表投降，开封城被掳掠一空。1127年，发动“靖康之变”，宋徽宗、宋钦宗被掠去金朝，北宋灭亡。同年，北宋康王赵构于南京应天府（今河南省商丘市）称帝，建立南宋。金朝多次派兵讨伐南宋，追击宋高宗赵构。南宋在宋将岳飞、韩世忠与张浚的抗击下，屡次转危为安。最后金朝迫使南宋、西夏、高丽等国臣服，一时称霸东亚。1135年，完颜晟病逝，终年六十一岁，谥号体元应运世德昭功哲惠仁圣文烈皇帝，庙号太宗。完颜亶（金太祖之孙、金太祖嫡长子完颜宗峻之子）即位，是为金熙宗。

暴虐被杀

金熙宗完颜亶（1119—1149）自幼学习汉文经史，汉化程度很深。他在位时，大胆改革，改制礼仪，废除勃极烈制度，改行汉官制度，设三师（太师、太傅、太保）、三省（尚书、中书、门下）。他执政后期喜怒无常，骄奢淫逸，沉湎酒色，暴虐杀人，导致众叛亲离，朝政腐败。面对激烈的女真贵族斗争，金熙宗却罢免都元帅完颜宗翰，削除其兵权。1137 年，金熙宗杀害亲信尚书左丞高庆裔等，完颜宗翰愤郁而死。同年，金熙宗废黜完颜宗翰支持的刘豫伪齐国傀儡政权。当时，完颜宗磐、完颜宗隽、完颜昌等把持朝政，并力主对南宋和议，割让河南、陕西之地，诱使南宋纳贡称臣。1139 年，金熙宗利用完颜宗弼、完颜宗干、完颜希尹等先后将完颜宗磐、完颜宗隽、完颜昌等重臣诛杀，掌握金朝军政大权。金熙宗完全依赖完颜宗干、完颜宗弼辅政，自己贪图安逸享受，整日无忧无虑。1141 年，完颜宗干病逝。同年，皇太子完颜济安去世，皇后裴满氏开始干预朝政。完颜亶开始酗酒，乘醉杀人。先后杀死皇弟完颜元、完颜查剌、皇后裴满氏及妃嫔多人，使得人人自危，朝野震恐。1148 年，完颜宗弼病逝，金熙宗失去了主心骨，在各种危机、矛盾面前不知所措，却喜怒无常，嗜杀成性，不理朝政。1149 年，完颜亶被金太祖之孙、完颜宗干第二子完颜亮、驸马唐括辩等合谋刺死，时年三十二岁，死后被降为东昏王。后恢复谥号武灵，庙号闵宗，后增谥号弘基缵武庄靖孝成皇帝、改庙号为熙宗。完颜亮即位，是为金海陵王。

杀人如麻

金海陵王完颜亮（1122—1161）自幼聪敏好学，崇尚汉文化，能诗善文，文韬武略，然却多行不义。他即位后，担心皇族宗室占据要冲之地发生兵变，第二年便向金太宗一系子孙开刀，大肆杀戮，完颜卞、完颜宗哲、完颜京、完颜宗雅、完颜宗义等七十余人被全部抄斩，久握重兵在外的宿将老臣完颜撒离喝也被杀，完颜宗本、完颜宗美、完颜宗懿、完颜秉德等人尽被诛杀，完颜宗翰子孙三十余人、斜也子孙百余人、谋里也子孙二十余人等众多宗室遭满门除绝。1153 年，他从上京迁都到燕京（今北京市），改燕京为中都。完颜亮自命不凡，荒淫好色，杀人如麻，他曾对大臣们说他的志向："吾有三志，国家大事，皆我所出，一也；帅师伐远，执其君长而问罪于前，二也；无论亲疏，尽得天下绝色而妻之，三也。"完颜亮尽搂美色于怀，且尤为喜欢别人美貌的妻子，无论大臣、宗室，不管谁的妻子，只要被他看上，不分辈分，尽纳后宫，供其淫乐，百般蹂躏，群嬉狂欢，花样百出。

东京政变

1161 年，完颜亮要调集大军伐宋，徒单太后竭力反对。完颜亮几近疯狂，将他的嫡母太后徒单氏及太后侍婢十余人等一并灭杀。同年，完颜亮亲率六十万大军，兵分四路，对南宋发动全面进攻，据说他竟然只是听说江南富庶、美女如云，为了宋高宗赵构天下绝艳、倾国倾城的妃子刘氏。还未曾一睹刘氏面容，却后院起火，祸起萧墙，爆发了耶律撒八、移剌窝斡（wò）等契丹人的反叛，完颜亮的从弟完颜雍趁他南征和中原空虚之机，在东京（今辽宁省辽阳市）称帝，是为金世宗。金世宗下诏罗列了完颜亮的十大罪状，贬其为海陵郡王，史称"东京政变"。消息传到军中，部分将士逃回，拥立完颜雍，军心动摇。完颜亮仍然一意孤行，计划灭了南宋，再回兵攻打金世宗，得以双胜。于是，命令部队在采石矶（今安徽省马鞍山市西南五公里）强行渡江攻伐南宋，不想"采石之战"被宋军打败，战船全被宋军烧毁。完颜亮下了几乎疯狂的命令："三日不能渡江，随军大臣尽行处斩。"从而激起兵变，兵马都统领耶律元宜与其子完颜王祥、武胜都总管徒单守素等联兵反叛，杀死咎由自取的完颜亮，时年四十岁，谥号为炀，所以也称"海陵炀王"。耶律元宜代行左领军副大都督事，率军北还。

大定之治

金世宗完颜雍（1123—1189）即位后，面临政局不稳、内忧外患的局面，他采取宽容大度、不计前怨的政策，为冤案平反，任用前朝旧臣，安抚、笼络女真宗室贵族，很快稳定了局面。完颜雍从小青梅竹马的乌林答氏，曾因完颜亮召见，为了保清白投湖自尽。完颜雍称帝后，追封乌林答氏为昭德皇后，自此一生再也没有立过皇后。1162 年，完颜雍平息了契丹人移剌窝斡（wò）领导的牧民大起义，开始整治内政，改革吏治，注重法治，发展经济。他任人唯贤唯才，完善科举，政绩考核，重视农桑，奖励垦荒，崇尚节俭。完颜雍除了抵御南宋北伐，还出兵威震西夏、高丽，使西夏和高丽臣服。金朝出现政局稳定、财政充足的盛况，史称“大定之治”，完颜雍因此享有“小尧舜”的美誉。1189 年，完颜雍病逝，享年六十七岁，谥号光天兴运文德武功圣明仁孝皇帝，庙号世宗。完颜雍的离世，国人失声痛哭，悲声遍野。其太子完颜允恭早逝，故立金世宗完颜雍之孙、完颜允恭之子完颜璟即位，是为金章宗。

明昌之治

金章宗完颜璟（1168—1208）勤奋聪慧，喜好文学，崇尚儒雅。他即位后，继承祖父金世宗的仁政之治，尊崇儒家思想，大力发展文治，修正礼乐，改革官制，加强法制，重用有识之士，名士辈出，政治清明，文治灿然，史称“明昌之治”。这一时期，金朝最为繁荣兴盛，经济发达，人口增长，府库充实，天下富庶，被史家评价为“宇内小康”。1206 年，南宋权臣韩侂胄发动开禧北伐，宋军收复淮北地区。1207 年，韩侂胄未做好充分准备，贸然进军北伐，遭遇失败。双方开始和谈，在金人的要求下，韩侂胄被杀。1208 年，金、宋双方议和，南宋增岁币银帛各三十万、赔偿银三百万两，金朝始归还南宋失地，史称“嘉定和议”。随着天下太平，金章宗也开始沉湎饮酒作诗，奢侈浪费，官僚膨胀，朝政衰败。为弥补财政亏空，金朝滥发交钞，通货膨胀。1208年，完颜璟病逝，时年四十一岁，谥号宪天光运仁文义武神圣英孝皇帝，庙号章宗。因金章宗的六个儿子都在三岁前夭折，没有后嗣，故由其叔父卫王完颜永济（金世宗完颜雍第七子）即位，是为金后废帝或卫绍王。

蒙金开战

金后废帝完颜永济（？—1213）即位前，金章宗生前曾立遗诏说：“朕尚无子，贾氏、范氏已经怀孕，即将分娩，如果两妃中生下男孩，就马上立为皇帝。”完颜永济为了保住皇位，立即毒杀了贾妃，使范妃堕胎，并逼她削发为尼，清除了李、贾、范三妃等外戚势力。完颜永济为人优柔寡断，缺少安邦治国之才，虽俭约守成，却不善用人，忠奸不分。1206年，成吉思汗建立大蒙古国，蒙古首先出兵进攻臣属金朝的西夏，西夏求援，完颜永济坐视不管，西夏遂向蒙古屈服。1212年，成吉思汗亲征金朝，包围金朝西京大同府。同年，契丹人耶律留哥在今吉林境起兵附蒙反金，建立东辽，在迪吉脑儿（今辽宁省铁岭市昌图县附近）击败金兵。1213年，成吉思汗再次率大军逼近金朝中都燕京（今北京市）。负责防守中都北面的右副元帅胡沙虎反叛，劫持完颜永济出宫，将其鸩杀，降封完颜永济为东海郡侯，后追复为卫王，谥号绍，后世称卫绍王。胡沙虎拥立金章宗的庶兄完颜珣（xún）即位，是为金宣宗。

南迁汴京

金宣宗完颜珣（1163—1223）即位后，任胡沙虎为太师、尚书令兼都元帅，封泽王。同年，元帅右都监术虎高琪因连战失利，担心被杀而将胡沙虎杀死。金宣宗下诏将术虎高琪赦免，并任术虎高琪为左副元帅、拜平章政事。术虎高琪嫉贤妒能，滥权营私，残害忠臣。金宣宗本人懦弱无能，性颇猜忌，他已经无法挽回金朝的命运。同年，蒙古军分三路攻金，几乎攻破河北所有郡县，金朝仅剩中都、真定、大名等十一城。1214 年，金宣宗以重金向蒙古求和，蒙古军停战退驻鱼儿泊（今内蒙古自治区克什克腾旗达来诺尔）。金宣宗离开中都迁都南京汴京（今河南省开封市）。1215 年，蒙古军再次兵临城下，攻陷中都。1216 年，术虎高琪被升任尚书右丞相，力劝金宣宗伐宋，以扩疆土。打不过蒙古军的金宣宗，把矛头指向南宋，于是引起宋、金间连年冲突。1217 年，金宣宗首先发动侵宋战争，宋军从各处开始了激烈的反攻，金军占领的许多城池得而复失。1219 年，金军兵分三路，向南宋发动新一轮全面进攻，金军先胜后败，已经是狼烟遍地，四面楚歌。术虎高琪却作威作福，苟且度日，将所有的精兵均布置在河南，不肯轻易出动一兵一卒援救危急。术虎高琪作法自毙，被金宣宗诛杀。1223 年，完颜珣结束了他内外交困的一生，因病去世，终年六十一岁，谥号继天兴统述道勤仁英武圣孝皇帝，庙号宣宗。完颜珣第三子完颜守绪挫败了兄长完颜守纯的夺位阴谋后即位，是为金哀宗。

力挽危局

金哀宗完颜守绪（1198—1234）即位后，面对危局，励精图治，锐意改革，鼓励生产，尊孔崇儒，团结民心，广开言路，铲除奸佞。他对内大胆起用完颜合达、犯人完颜陈和尚等将领和胥鼎等文武兼备的官员，对外与西夏和南宋停战、和解，不计前嫌，争取一切可以争取的力量抗击蒙古。1226 年，完颜守绪派兵进攻山西，与蒙古军作战，历时一年，收复平阳、太原等重镇。1227 年，蒙古灭西夏后即全力讨伐金朝，受蒙古成吉思汗去世影响，金朝抗蒙战争形势一度好转。1228 年，金朝完颜陈和尚率领金军精锐忠孝军，在金朝西部重地大昌原（今甘肃省庆阳市宁县太昌原乡），取得以骑兵四百大破蒙古军八千的金蒙战争中最杰出的胜利，史称“大昌原之战”。

无力回天

1232 年，蒙金双方经过“三峰山（今河南省许昌市禹州市西南二十里）会战”“钧州（今河南省许昌市禹州市）战役”，金军良将尽死，主力丧失，再没有与蒙古军抗衡的力量。蒙古军包围汴京，金军竭力坚守近一年时间已实属不易。屋漏偏逢连夜雨，天不作美，瘟疫大起，粮食紧张，短短五十天，金朝病死、饿死达九十余万人。无力回天的金哀宗逃离汴京，北渡黄河，后奔归德（今河南省商丘市），汴京守将崔立降蒙，汴梁城破。当年靖康之耻，金军攻破汴梁，掳走宋徽宗、宋钦宗等一大批宗室子民，烧杀淫掠。没想到一百年多年后，当年疯狂的金朝已是苟延残喘，汴梁的文明又一次被野蛮碾压。金哀宗逃到归德后，跟随金哀宗的蒲察官奴发动了“归德政变”，杀死朝廷各级官吏三百多人，杀死官兵、百姓三千人左右。蒙将史天泽一路紧追，攻打归德。1233 年，在归德之战中，蒲察官奴大胜蒙古军。但金哀宗万万没想到被重用的蒲察官奴将他软禁，金哀宗暗杀蒲察官奴后，带着随行仅二三百人逃往蔡州（今湖北襄阳枣阳市西南）。

身死国灭

同年，蒙古军联合宋将孟拱、江海率军合围蔡州。蔡州被围困数月之后，城中粮尽，岌岌可危。1234 年，金哀宗不愿当亡国之君，在他的苦苦哀求下，传位于东面元帅完颜承麟，希望他有幸逃脱，重振社稷。国破身亡前金哀宗说了番自鸣不平的话："我做人主十年，自知无大过恶，死也无恨。所恨的是国家社稷到我而绝，与历来荒淫暴乱之君同样亡国，为此让人愤愤不平！"完颜承麟即位，是为金末帝。在完颜承麟即位大典中，四面杀声震天，蒙宋联军破城。金哀宗自缢身亡，时年三十七岁，庙号哀宗。完颜承麟死于乱军之中，宰相完颜忽斜虎率最后的一千多金兵巷战，坚持到最后，他同上至参政、总师、元师，下至兵丁五百多人皆跳入汝水殉国。至此，立国近一百二十年的金朝灭亡。完颜承麟在位时间不足一个时辰，成为中国历史上在位时间最短的皇帝。

知识典故

1. 一门忠烈

明代民间作家熊大木编著的历史演义小说《杨家将》(又名《北宋志传》《杨家将传》)，生动地描写了北宋名将杨业及其子孙世代前仆后继、英勇抵抗侵略、保卫边疆的故事。《杨家将》以演义、话本、戏剧等形式在中国民间广为流传，使得一门忠烈杨家将战死沙场的英雄事迹，妇孺皆知，家喻户晓，广为流传。小说中杨继业的原型便是北宋名将杨业。杨业（？—986）原名重贵，麟州新秦（今陕西省榆林市神木市）人，后汉麟州刺史杨弘信之子。杨业生于并州（今山西省太原市），善于骑射，忠烈武勇，智勇双全。北汉建立后，他追随北汉刘崇，任保卫指挥使，因屡立战功，迁升建雄军节度使，人称"杨无敌"。979年，宋太宗灭亡北汉后，杨业成为北宋将军，任右领军卫大将军、代州知州、郑州刺史兼任三交驻泊兵马部署，仍镇守代州（今山西省忻州市代县）。980年，辽景宗发兵十万侵犯雁门。杨业领数千骑兵从西陉而出，绕到雁门关北面，往南突袭辽军，与潘美前后夹击，大败辽军，杀死辽国驸马侍中萧咄（duō）李，活捉马步军都指挥使李重海。战后杨业被升为云州观察使，依然兼任郑州、代州刺史。986 年，宋太宗兵分三路北伐辽朝，欲收复燕云十六州。西路由潘美和杨业领军，他们一路英勇作战，很快收复了山西西北襄、朔、云、应四州。宋太宗命令将襄、朔、云、应四州百姓内迁，由潘美和杨业部队负责掩护。然监军王侁（shēn）和潘美不同意杨业避其锋芒的作战部署，一意孤行，杨业只得领军直奔朔州。杨业孤军作战，加上没有王侁和潘美的接应，拼死到最后仅剩一百多人。杨业身负十多处伤，依然杀敌百人，终因寡不敌众，身负重伤，坠马被俘。杨业坚贞不屈，在辽营绝食三天，壮烈而死。宋太宗追赠杨业为太尉、大同军节度使，大将军潘美降职三级，监军王侁免冠、流放金州。杨业有七个儿子，二儿子杨延玉在与辽朝作战中阵亡[1]。朝廷封其长子杨延昭（本名杨延朗）为供奉官、任崇仪副使，四子杨延训同为供奉官，三子杨延浦、五子杨延瑰、六子杨延贵、七子杨延彬同时担任殿直。杨家将第二代代表人物是杨业的长子杨延昭。杨延昭（958—1014）多年随父亲杨业征战，任为先锋，身先士卒，英勇善战。杨业去世后，他担负起抗辽重任。杨延昭继承了父亲杨业的遗风，作风简朴，号令严明，公正无私，与士卒同甘共苦。在与辽兵作战中，杨延昭威震边廷，宋真宗称赞他

[1]《宋史·杨业传》里记载杨业有七子："业力战，自午至暮，果至谷口。望见无人，即拊膺大恸，再率帐下士力战，身被数十创，士卒殆尽，业犹手刃数十百人。马重伤不能进，遂为契丹所擒，其子延玉亦没焉。……业既没，朝廷录其子供奉官延朗为崇仪副使，次子殿直延浦、延训并为供奉官，延瑰、延贵、延彬并为殿直。"北宋真宗朝的《杨文公谈苑》则记载有五子："上闻之，侁、文裕并除名，配隶诸州。厚赙业家，录其五子，诏褒赠业太尉、大同军节度使。业子延朗骁勇，为边将有威名，戎人畏之。"《续资治通鉴》里则记载："帝闻，痛惜，旋削美三任，侁除名，配金州，文裕登州。赠业太尉、大同军节度使，厚赐其家，录其子五人及贵子二人。"一般比较认可杨继业有七个儿子，分别是杨延昭、杨延玉、杨延浦、杨延训、杨延瑰、杨延贵、杨延彬。

“治兵护塞有父风”。辽朝人认为北斗七星中的第六颗主镇幽燕地区，是他们的克星，辽国人把他看作天上的六郎星宿（将星）下凡，故称其为“杨六郎”。杨延昭战功卓著，赢得了百姓的爱戴，延续了杨家将的威名。1014年，杨延昭去世，时年五十七岁。杨延昭之子杨文广（？—1074）在宋英宗时，任成州团练使，龙神卫四厢都指挥使，迁兴州防御使，秦凤路副总管。他带兵指挥对西夏的防御作战，大获全胜，后升任知泾州镇戎军、定州路副总管，迁步军都虞侯。1074年，杨文广病逝。朝廷追赠他为同州观察使。杨业、杨延昭、杨文广祖孙三代，前仆后继，忠心守边，他们的英勇事迹为世代所传扬。

2. 契丹女杰

萧绰（953—1009），字燕燕，契丹族，辽朝北府宰相、尚书令萧思温之女，辽朝政治家、军事家和改革家。萧绰是辽景宗的皇后，她是辽朝三位临朝称制太后中最为著名的皇后。在她摄政期间，辽朝进入了最为鼎盛的时期，萧绰被誉为“契丹女杰”。当年，辽朝宰相萧敌鲁侄子、外戚大臣萧思温，迎娶辽太宗之女燕国公主，拜为驸马都尉，后拜为北院枢密使、兼北府宰相、加尚书令，封为魏王。萧思温有三个女儿，长女萧胡辇嫁给了辽穆宗之弟太平王；次女嫁给辽景宗之弟赵王；969年，辽景宗即位，纳其第三女十六岁的萧绰为贵妃，册封为皇后。萧绰姿容秀丽，娴静端庄，自幼喜爱读书，性格执拗，有正义、敢担当。辽景宗从小患病，身体虚弱，多由皇后萧绰主政。萧绰励精图治，应对自如，从善如流，深得百姓爱戴。979年，宋太宗亲征北汉，平定北汉后，为收复幽云十六州，宋军未做休整，乘胜攻打辽国南京（今北京市西南），守将韩德让与援军三面夹击，经“高粱河战役”大败宋军。982年，辽景宗病逝。983年，辽景宗长子十二岁的辽圣宗耶律贤即位，尊萧绰为皇太后，并由萧太后摄政。三十岁的萧太后摄政二十七年，继承和发展了辽景宗时期开始的中兴步伐，开创了辽朝盛世。传说萧思温当年曾将萧绰许配给辽兴军节度使韩德让，萧绰升任韩德让为南院枢密使，并对他说："我曾许嫁于你，现皇上归天，愿与你相谐旧好。我儿年幼当国，愿你把他当作自己的儿子。"随赐韩德让改姓耶律，称耶律隆运，封晋王，使得他们君臣相得，共造鼎盛。耶律隆运不负众望，与其他大臣通力合作，化解民族矛盾，劝农桑，修武备，加快中兴。萧太后为了与耶律隆运日夜相会，毒死了耶律隆运的妻子，引发了辽朝内部矛盾。986 年，北宋大举北伐进攻辽朝，萧太后临危不惧，带着儿子亲临前线指挥，大败宋北伐之师，俘获号称杨无敌的宋朝名将杨业。1004 年，萧太后与辽圣宗亲征，直逼澶州（今河南省濮阳市），威胁汴梁（今河南省开封市），宋辽订立"澶渊之盟"，辽朝每年从宋朝得到银十万两、绢二十万匹，改善了辽朝的财政状况。1009 年，皇太后萧绰病逝，时年五十七岁，史称"承天太后"。

3. 活字印刷

活字印刷术是一种古代印刷方法，先制成单字的阳文反文字模，然后按照稿件把单字挑选出来，排列在字盘内，涂墨印刷。北宋时期，平民发明家毕昇发明的胶泥活字印刷术，比德国人约翰内斯·古腾堡的铅活字印刷术早约四百年。毕昇（972—1051）出生于北宋淮南路蕲州蕲水县（今湖北省黄冈市浠水县），初为手工印刷铺工人。他在工作实践中，深感雕版印刷的艰难，认真总结前人的经验，在宋仁宗庆历年间发明了活字印刷术，其方法沈括在《梦溪笔谈》中有具体记载。毕昇毫无保留地把自己的发明介绍给师弟们，师弟们惊叹不已，问他怎么想出这么巧妙的办法。毕昇回答说："是我两个儿子教的我。"他介绍说，有一天，两个儿子玩过家家，用泥做成了锅、碗、桌、椅、猪、人，随心所欲地排来排去。毕昇看后深受启发，心想用泥刻成单字印章，不就可以随意排列成文章了？人人都会玩过家家，然只有毕昇能受启发，开启智慧，发明活字印刷。毕昇创造发明的胶泥活字、木活字排版，是印刷史上的一次伟大革命，是中国古代四大发明之一，对中国和世界各国的文化交流做出了伟大贡献。

4. 烛影斧声

976 年，宋太祖赵匡胤（927—976）病重，召其弟晋王赵光义议事，另说当时是召宋太祖第四子赵德芳进宫商议后事，被晋王赵光义（939—997）捷足先登。宋代文莹编著的史料笔记《续湘山野录》记载，赵匡胤酒后困顿，躺下休息。宦官宫女皆被屏退离开，赵光义亲自来照料皇兄。众人在烛光下只远远看见赵匡胤和赵光义说了一些话，然后赵光义离席退避，随后听到玉斧戳雪之声，听见赵匡胤高声说：“好为之，好为之。”另有争议记载，当时听见宋太祖乞求道：“吾母子之命，皆托于官家。”赵光义答道：“共保富贵，无忧也！”天快亮时，赵光义急唤人，叫皇子都来，说赵匡胤已经去世。晋王赵光义即位，史称宋太宗。于是，赵匡胤之死给后人留下了“烛影斧声”的千古之谜。

5. 书中自有黄金屋

北宋第三位皇帝宋真宗赵恒（968—1022）好文学，是一位有名的诗人、书法家。比较著名的作品有《励学篇》《工鸟学》《七绝》《赐丁谓》《赐王钦若除太子太保判杭州十韵》及词作《西江月》等，《全宋诗》录其诗二十二首。赵恒为鼓励读书人应试科举，参政治国，使得宋朝能够广招贤士，治理天下，亲自创作《励学篇》：

富家不用买良田，书中自有千钟粟。
安居不用架高堂，书中自有黄金屋。
出门莫恨无人随，书中车马多如簇。
娶妻莫恨无良媒，书中自有颜如玉。
男儿若遂平生志，五经勤向窗前读。

本文以诗的形式勉励人们勤奋读书，诗中固然有过分追求荣华富贵、功名利禄的封建统治阶级思想，但其生动形象的比喻，千百年来久传不衰。

6. 无楼台相公

寇准（961 或 962—1023）字平仲，华州下邽（今陕西省渭南市临渭区下邽镇）人，北宋名相，政治家、诗人。寇准虽然一生三起三落，但他凭着一身正气、两袖清风的做人、做事原则，宠辱不惊，泰然自若，迎来世人对他的格外尊重。寇准出身于名门望族，其先世曾居太原太谷昌平乡（今山西省晋中市太谷区），后迁至华州下邽。父亲寇湘是五代后晋时状元，任魏王记室参军，因屡建功勋，追赠官职至太师尚书令。寇准天资聪明，勤奋好学，十四岁便写出了不少优秀的诗篇。980 年，十九岁的寇准考中进士，步入仕途。他为人刚直，直言进谏，深受宋太宗赏识。寇准三十一岁时被拜为枢密副使，后升任参知政事，改任同知院事，开始直接参与北宋朝廷的军国大事。一天，寇准与同知枢密院事的温仲舒一起外出，路上碰到一个疯子冲着他喊万岁。判左金吾王宾与知院张逊知道后将此事禀告宋太宗，寇准被免官任青州知府，政治前途毁于一个疯子。次年，寇准再被召回，拜为参知政事。1004 年，宋真宗时寇准与参知政事毕士安一同出任宰相。同年，萧太后与辽圣宗率二十万大军亲征，南下犯宋，直逼澶州（今河南省濮阳市）城下，威胁都城东京汴梁（今河南省开封市），朝野震惊。群臣主张迁都升州（今江苏省南京市），寇准反对南迁，力主宋真宗亲征，从而稳定了军心，使宋辽双方停战，订立“澶渊之盟”，形成辽宋夏三朝鼎立的局势。1006年，因王钦若等人排挤，寇准被免去相职，任陕州（今河南省三门峡市陕州区）知州。1019年，寇准再度被召回恢复宰相职务，但他犯了一个致命的错误，任用奸诈小人丁谓为参知政事。1020年，丁谓勾结刘皇后将寇准排挤去位，罢为太子太傅，封莱国公。又降为太常卿、知相州，徙安州，贬道州司马。1022年，寇准再次被贬谪雷州（广东省湛江雷州市）司户参军。1023年，晚年凄凉的寇准在忧郁中病逝于雷州，终年六十三岁。他临终前忧病交加，卧倒在床写有《病中诗》：

多病将经年，逢迎故不能。
书惟看药录，客只待医僧。
壮志销如雪，幽怀冷似冰。
郡斋风雨后，无睡对青灯。

1053年，宋仁宗下诏，为寇准复爵莱国公，追赠中书令，谥号忠愍（mǐn），故后人多称之为“寇忠愍”“寇莱公”。寇准与白居易、张仁愿并称“渭南三贤”。寇准善诗能文，其七绝诗尤有韵味，有《寇忠愍诗集》三卷传世。寇准有位好友诗人名叫魏野，魏野作诗称赞寇准：“有官居鼎鼐（nài），无地起楼台。”据说寇准初执掌相府时，闲暇时喜欢听歌，茶余饭后时常叫一些歌女唱歌消遣。有一次，一个妙龄歌女楚楚动人，歌声美妙，一时兴起，便赏她一匹绫缎。歌女嫌赏赐太少，一脸不高兴。寇准身边有一个出身寒门的侍妾，名叫蒨（qiàn）桃，她看到此情形，作一首小诗《呈寇公》：

一曲清歌一束绫，美人犹自意嫌轻。
不知织女萤窗下，几度抛梭织得成！

寇准读完诗，非常感动，深受启发。从此一直保持勤俭朴素的优良作风，也才有了这“无楼台相公”的美誉。

7. 奉旨填词

柳永（约987—约1053）原名三变，字景庄，后改名柳永，字耆卿，因排行第七，又称柳七，崇安（今福建省南平市武夷山市）人，生于沂州费县（今山东省临沂市费县），北宋著名词人，婉约派代表人物。柳永出身官宦世家，祖父柳崇，世居河东郡（今山西省运城市一带），曾为沙县县丞。父亲柳宜为南唐监察御史。南唐灭亡后，柳宜任北宋费县县令，后升上书，授全州通判、赞善大夫等职。柳永一直跟随父亲，少时喜学诗词，生性浪漫，游览名胜，迷恋湖光山色，流连于烟花之地，沉醉于听歌买笑的浪漫生活。1008年，踌躇满志的柳永进京师汴京（今河南省开封市）参加科举考试，却悄然落第。极度失望之余，柳永写下了流传千古的《鹤冲天》：

黄金榜上。偶失龙头望。明代暂遗贤，如何向。未遂风云便，争不恣狂荡。何须论得丧。才子词人，自是白衣卿相。

烟花巷陌，依约丹青屏障。幸有意中人，堪寻访。且恁偎红倚翠，风流事，平生畅。青春都一饷。忍把浮名，换了浅斟低唱。

全词里不难看出他名落孙山的忧愁和怀才不遇的心情。1015年，柳永第二次参加礼部考试，再度落第。1018年，长兄柳三复进士及第，柳永第三次同样落榜。1024年，柳永第四次落第，与情人虫娘关系破裂，愤然离开京师。据说宋仁宗听完了《鹤冲天》，非常不悦。柳永本来有一次科举考试，已经榜上有名，宋仁宗却说："此人喜欢花前月下，且去'浅斟低唱'，何要这个'浮名'？我看他还是填词赋曲去吧。"[1]柳永仕途失意和与恋人离别，痛苦交织，深感眼前的暗淡和未来的渺茫。失意和忧愤化作与情人的惜别之作《雨霖铃·寒蝉凄切》：

寒蝉凄切，对长亭晚，骤雨初歇。都门帐饮无绪，留恋处，兰舟催发。执手相看泪眼，竟无语凝噎。念去去，千里烟波，暮霭沉沉楚天阔。

多情自古伤离别，更那堪，冷落清秋节！今宵酒醒何处？杨柳岸，晓风残月。此去经年，应是良辰好景虚设。便纵有千种风情，更与何人说？

全词以冷落凄凉的秋景来衬托他难以割舍的离别之情，触景生情，极度伤感，感人至深。此后柳永自称"奉旨填词柳三变"，开始浪迹天涯，赋曲填词，也真是人生不幸词坛幸。由于他沉溺烟花巷陌，并借此使他的词能够得到广泛传唱，占尽词坛风流。1034年，朝廷对历届科场沉沦之士放宽录取尺度，柳永参考，考中进士，授睦州团练推官，五十岁的柳永暮年及第，喜悦不已。1037年，柳永调任余杭县县令。1039年，柳永任浙江

[1] 吴曾《能改斋漫录》卷十六："仁宗留意儒雅，务本理道，深斥浮艳虚美之文。初，进士柳三变，好为淫冶讴歌之曲，传播四方，尝有《鹤冲天》词云：'忍把浮名，换了浅斟低唱'，及临轩放榜，特落之，曰：'且去浅斟低唱，何要浮名？'景祐元年方及第。后改名永，方得磨勘转官。"

定海晓峰盐监。1043年，调任泗州判官。同年，范仲淹任拜参知政事，颁行庆历新政，柳永改任著作佐郎，授西京灵台山令。1046年，改任著作郎。1049年，改任太常博士。次年，改任屯田员外郎，遂以此致仕，世称“柳屯田”，定居润州（今江苏省镇江市润州区）。1053年，柳永病逝，终年七十岁。柳永一生放荡不羁，晚年贫困潦倒，临终一贫如洗，身无分文。生前较好的歌伎们凑钱替其安葬，又相约每年清明节到坟前祭扫，称之为“吊柳七”。柳永的特殊经历，使他成为两宋词坛上创用词调最多的词人，他一生精力全用在词的创作，词作风格浪漫多情，通俗感人，充满了市民的生活情趣，对宋词的发展有深远影响，作品有《乐章集》传世。柳永曾经为歌伎写了一首《少年游》：

一生赢得是凄凉，追前事、暗心伤。好天良夜，深屏香被。争忍便相忘。

王孙动是经年去，贪迷恋、有何长。万种千般，把伊情分，颠倒尽猜量。

“一生赢得是凄凉”是对歌伎的理解和同情，更是柳永自己的心声，是他一生的写照。

8. 千古清官

包拯（999—1062）字希仁，庐州合肥（今安徽省合肥市肥东县）人，北宋名臣，被誉为“千古清官”，人称“包公”“包青天”。包拯在历朝历代的人民心目中，一直是刚直不阿，为民请愿的形象。1027年，二十八岁的包拯考中进士，开始了他的官场生涯。他被授任为大理评事，先后出任建昌县（今江西省九江市永修县）知县、天长县（今安徽省滁州天长市）知县。1041年，包拯调任端州（今广东省肇庆市）知府。1043年，包拯入京任殿中丞，后升任为监察御史里行，改任监察御史。他任职期间向宋仁宗建议应操练军队，精选将领，充实边备。1045年，包拯领命出使辽朝，回来后建议朝廷要巩固国防，重视守边将领的选择，尤其是代州（今山西省忻州市代县）重地，要随时应对边境突发情况。他后历任三司户部判官及京东、陕西、河北路转运使。1050年，包拯受任为天章阁待制、知谏院。1055年，包拯因担保推荐官员失误获罪，贬官兵部员外郎、知池州（今安徽省池州市）。1056年，复职刑部郎中、知江宁府（今江苏省南京市）。同年，被召任权知开封府，迁升右司郎中。1058年，升任右谏议大夫、御史中丞。1061年，升任枢密副使。1062年，包拯去世，终年六十四岁，追赠礼部尚书，谥号孝肃，后世称其为包孝肃。包拯一生无论在地方做官，还是在京城为臣，均做到克己奉公，廉洁公正，体察民情，兴利除弊，举贤任能，铁面无私，不附权贵。对任何皇亲国戚、权贵大臣，都做到不徇私情，法律面前，人人平等。他多次论述斥责权贵得宠大臣，请求免去一切由内廷施予的特殊恩赐。传有包孝肃公著名家训：

后世子孙仕官，有犯赃滥者，不得放归本家；亡殁之后，不得葬于大茔之中。不从吾志，非吾子孙。

千古清官包青天，不愧为后世肯定与歌颂的政治家、改革家，他为民请命的一生，将永远值得我们怀念。

9. 面涅将军

狄青（1008—1057）字汉臣，汾州西河（今山西省吕梁汾阳市）

人，北宋时期名将。狄青出身贫寒，十六岁时，因其兄与乡人斗殴，狄青代兄受过，被“逮罪入京，窜名赤籍”，面颊刺字，发配军中，开始了他的军旅生涯。他胸怀大志，智勇双全，精通兵法，善于骑射，一身武艺。早期为御马直的一名骑兵，后被选作散置。1032年，宋仁宗时，西夏李元昊反叛，朝廷下诏选择卫士到边疆，狄青凭借战功，被任命为殿侍兼延州指使。因狄青面有刺字，人称“面涅将军”。在宋夏战争中，狄青参战四年，前后指挥、参加二十五场战斗，每次亲自做先锋，披头散发，戴铜面具，冲锋陷阵，身中乱箭多达八次，立下了卓越战功。他因功升任西上阁门副使，后晋升为秦州刺史、泾原路副都总管、经略招讨副使，又加升为捧日天武四厢都指挥使、惠州团练使，最后升为枢密副使，成为唯一从士兵升任全国军事长官的将军。宋仁宗召见他时，看到他脸上刻有黑字，认为不妥，同意他回去将黑字除去。狄青说：“陛下没有嫌弃我出身低，因战功提升我为将军，留着黑字也好，它能让所有的士兵都明白，即使出身低贱的士兵，也一样可以建功立业，升任执政大臣。”宋仁宗之后更加器重狄青，升任他为枢密使。狄青的特殊经历，有力挑战了封建社会只重门第的制度。但是，在北宋特殊的政治环境下，狄青自恃功高，桀骜不驯，袒护士卒，导致宰相文彦博建议宋仁宗罢去狄青枢密使。宋仁宗认为狄青是忠臣，没有同意。文彦博却反驳说：“宋太祖赵匡胤难道不是周世宗的忠臣吗？只因为得到军心，所以发生黄袍加身、陈桥兵变的事。”不久狄青就被朝廷以各种莫须有的理由贬黜，加同中书门下平章事之衔，离京出判陈州（今河南省周口市淮阳区）。1057年，狄青抑郁而终，时年五十岁，一代名将无奈谢幕。宋仁宗追赠其为中书令，赐谥武襄，后为其神道碑额题名为“旌忠元勋”。

10.《梦溪笔谈》

沈括（1031—1095）字存中，号梦溪丈人，杭州钱塘县（今浙江省杭州市）人，北宋官员、科学家。沈括一生在很多方面都取得了骄人的成就，是一个难得的综合性学者，《梦溪笔谈》是他的代表作。沈括出身于仕宦之家，祖父沈曾庆曾任大理寺丞，父亲沈周、伯父沈同均为进士。沈括从小跟随父亲游历南北各地，了解社会，见多识广，具有敏锐的观察力。少年沈括读唐代白居易的诗《大林寺桃花》：

人间四月芳菲尽，山寺桃花始盛开。

长恨春归无觅处，不知转入此中来。

幼小的沈括读完诗就在想："为什么我们这里花都败了，山上的桃花才开始盛开呢？"为了解开这个谜团，沈括便同小伙伴们一起上山实地考察。原来山上的气温比山下低很多，所以花季比山下要晚。可以看出，沈括从小便有这种好奇的兴趣和求索的精神。1051年，父亲沈周去世。1054年，沈括以父荫入仕，任海州沭阳县（今江苏省宿迁市沭阳县）主簿。1063年，他考中进士，任扬州司理参军，负责一州刑狱。1065年，沈括被调入京师，编校昭文馆书籍，参与详订浑天仪，并业余研究天文历法。1068年，沈括升任馆阁校勘，其间阅读了大量的皇家藏书，多方面充实了自己的学问。1071年，他被任为检正中书刑房公事。1074年，沈括调任河北西路察访使，大力改革军政，巩固国防。1075年，沈括返京，任判军器监，负责兵器的铸造与储备，奉命修订"九军战法"。同年，他奉命出使辽朝，以国之道义、民之根本为理由，据理力争，寸土不让，辽廷最终退让，暂时缓解了紧张的宋辽关系。1077年，沈括被贬为起居舍人、集贤院学士、知宣州。1079年，沈括复职龙图阁待制、知审官院。1080年，沈括改知延州，兼任鄜（fū）延路经略安抚使，抵御西夏。1081年，沈括领兵打败西夏，守安疆界立有战功。1082年，沈括升任龙图阁学士。同年，因“永乐城（今陕西省榆林市米脂县西）之战”败于西夏，沈括被贬为筠州团练副使，随州安置。1085年，宋哲宗即位，沈括改任秀州（除海宁外的今嘉兴地区与上海吴淞江以南地区）团练副使，本州安置。1089年，改任朝散郎、守光禄少卿、分司南京。之后，沈括举家搬迁至早年在润州购置的梦溪园（今江苏省镇江市京口区梦溪园巷21号），在此隐居，创作了科学巨著《梦溪笔谈》。沈括的第二任妻子是淮南官吏张蒭（chú）之女张氏，张氏骄蛮凶悍，经常责骂沈括，甚至拳脚相加。有一次，张氏竟将沈括的胡须连皮带肉扯了下来。在张氏的虐待下，沈括定居梦溪园期间大病一场，身体越来越虚弱。1095年，沈括因病去世，享年六十五岁。沈括一生为官，工作之余只要一有机会，便致力于科学研究，成就卓著，被誉为“中国整部科学史中最卓越的人物”。其代表作《梦溪笔谈》共三十卷，内容丰富，包括天文、历法、数学、物理、生物、地理、历史、文学、音乐和绘画等诸多方面。他通过指南针的实验，最早提出物理学中的磁偏角。沈括在书中读到“高奴县（今陕西省延安市城东尹家沟）有洧（wěi）水，可燃”这句话，感到很好奇，便到陕北一带进行了实地考察。考察中沈括发现了一种褐色液体，当地人叫它“石漆”“石脂”，常用来烧火做饭，点灯取暖。沈括弄清楚这种液体的性质和用途，给它取了一个新名字叫“石油”，预言“此物后必大行于世”，并在《梦溪笔谈》中有《戏延州诗》云：

二郎山下雪纷纷，旋卓穹庐学塞人。

化尽素衣冬未老，石烟多似洛阳尘。

《梦溪笔谈》是中国科学技术史上的珍贵遗产，是世界科学技术史上的一部杰出著作，被称为“中国科学史上的里程碑”。1979 年，中国科学院紫金山天文台为了纪念沈括，将 1964 年发现的一颗小行星 2027 命名为“沈括星”。

11. 辽朝五京

辽朝建立后，先后设立了上京临潢府、南京幽都府、东京辽阳府、中京大定府和西京大同府共“五京”，以上京临潢府为首都。918 年，辽太祖建皇都临潢府（今内蒙古自治区赤峰市巴林左旗林东镇南郊），即后来的上京。928 年，辽太宗迁渤海居民于东平郡，废东丹国，升号南京（今辽宁省辽阳市）。938 年，辽朝得后晋所献燕云十六州地，辽太宗改皇都为上京，升幽州为南京幽都府（今北京城西），原南京改称东京辽阳府。1007 年，辽圣宗在奚王牙帐建立新都，号中京大定府（今内蒙古自治区赤峰市宁城县天义镇和大明镇境内的老哈河北岸）。1012 年，耶律隆绪改南京幽都府为析津府。1044 年，辽兴宗升大同军为西京大同府（今山西省大同市）。辽兴宗以后，始有五京。辽以五京为中心，分全国为五道：上京道、东京道、中京道、南京道、西京道。五京不仅是地区行政首府和军事重镇，也是商业贸易中心和交通要地，对于各民族间的经济文化交流起到了重要作用。

12.《清明上河图》

《清明上河图》是中国十大传世名画（中国十大传世名画：《洛神赋图》《清明上河图》《富春山居图》《汉宫春晓图》《百骏图》《步

辇图》《唐宫仕女图》《五牛图》《韩熙载夜宴图》《千里江山图》）之一，为北宋风俗画，由北宋画家张择端所画，描绘了宋朝京都汴京当时的繁荣景象，为我国古代的艺术珍品。张择端的画作大都散佚，只有《清明上河图》完好地保存下来了。张择端（1085—1145）字正道，琅琊东武（今山东省潍坊市诸城市）人，居住于东京（今河南省开封市），北宋绘画大师。宋徽宗时，张择端供职于翰林图画院，擅长画车马、市街、桥梁、城郭、屋宇、林木、人物。对于张择端的身世，史书上没有任何史料记载，有关《清明上河图》及张择端的资料只有八十五个字，是现存于故宫博物院的《清明上河图》“石渠宝笈（jí）三编本”，后面第一个题跋者金朝人张著的跋文。跋文全文：“翰林张择端，字正道，东武人也。幼读书，游学于京师，后习绘事。本工其界画，尤嗜于舟车、市桥郭径，别成家数也。按向氏《评论图画记》云：《西湖争标图》《清明上河图》选入神品。”《清明上河图》宽二十四点八厘米、长五百二十八点七厘米，主题主要是描写北宋都城东京市民的生活状况和汴河上店铺林立、市民熙来攘往的热闹场面，描绘了运载东南粮米财货的漕船通过汴河桥涵紧张繁忙的景象。全图大致分为汴京郊外春光、汴河场景、城内街市三部分。整个作品采用全景式构图，规模宏大，结构严密，构图起伏有序，内容极为丰富，充分表现了作者对社会生活深刻的洞察力和高超的艺术表现能力。近年也有专家认为，《清明上河图》场面热闹、非常繁荣市景的背后，是一幅带有忧患意识的“盛世危图”，张择端通过描绘官兵懒散，税务过重，城防涣散，国门洞开，商贾囤粮，酒患成灾等场景，以画曲谏，提出对诸多社会问题的忧虑。

13. 中兴四将

北宋被金朝攻灭后，康王赵构劫后余生，在风雨飘摇中南渡建立了南宋。南宋建立后，金兵多次挥师南下入侵南宋。宋朝军民进行了顽强抵抗，遏制了金兵南侵，“绍兴和议”付出了巨大的代价，换回了淮河以南半壁江山的统治权，形成宋金南北对峙的局面，这段时间也称为宋室“中兴”。“中兴四将”是指宋室南渡之后，在抗击金兵入侵的战争中，战功最为卓著的四名朝中将领，在保证南宋政权的建立与巩固过程中，屡立战功，地位突出，起过重大作用。他们是张俊、刘光世、韩世忠和岳飞，被誉为“中兴四将”。

张俊（1086—1154），字伯英，凤翔府成纪（今甘肃省天水市）人，南宋名将。张俊十六岁应募从军，从一名普通的弓箭手成长为高级将领。南宋初年，宋高宗多次仓皇出逃，张俊为御营司前军统制，多次率部将进行顽强抵御，功绩卓著。张俊后来协助秦桧推行乞和政策，向宋高宗进谗言，与秦桧合谋制造岳飞谋反的冤案。张俊贪婪好财，大肆兼并土地，年收租米达六十万斛。高宗曾亲临其家，礼遇优厚，死后被追封为循王。

刘光世（1089—1142），字平叔，保安军（今陕西省延安市志丹县）人，南宋抗金名将，镇海节度使刘延庆次子。金兵大举南侵，刘光世与韩世忠等共守江南，屡立战功。他的部队在当时人数众多，成为宋高宗依靠的主力部队之一。刘光世一度畏惧金军，每逢奉诏移驻前线，大多不奉诏而设法退避，后被罢去兵权。刘光世曾让人铸造带有“招纳信宝”字样的金银钱币，每次作战抓到金兵俘虏，都不杀害，发给他们这种钱币，对他们说：“你们想要回家，只要带上这种钱币，沿途我们的部队都会放行。”金兵俘虏回营后，拿出这些钱币给同伴看。同伴们一见动了心，都偷偷到宋营索要此钱，然后拿钱逃回家。一时间，金兵士气涣散，逃走者不计其数。刘光世死后被追封鄜（fū）王。

韩世忠（1090—1151），字良臣，自号清凉居士，延安府绥德军

（今陕西省榆林市绥德县）人，南宋名将、词人。中兴四将中，韩世忠功劳最大。他出身贫寒，十八岁应募从军，英勇善战，胸怀韬略。在抗击西夏、金朝的战争中立下汗马功劳。1130 年，他率领八千孤军，以少胜多，“黄天荡（今江苏省南京市栖霞区栖霞山）之战”击败了金兀术十万人马，创造了宋金战争史上的奇迹。韩世忠为人耿直，不肯依附权臣秦桧，曾为岳飞遭陷害而鸣不平，责问秦桧：“‘莫须有’三字，何以服天下乎？”在宋高宗的庇护下，他才逃过一劫，得以平安度过晚年。史称其为“固将帅中社稷臣也”，后被追封为蕲王。

岳飞（1103—1142），字鹏举，相州汤阴（今河南省安阳市汤阴县）人，南宋抗金名将、军事家、战略家、书法家、诗人。岳飞在中兴四将中年纪最轻，资历最浅。岳飞从二十岁起，曾先后四次从军，参与、指挥大小战斗数百次。岳飞治军严明，赏罚分明，纪律严整，体恤部属。他重视人民抗金力量，缔结了“联结河朔”之谋，主张黄河以北的民间抗金义军和宋军互相配合，以收复失地。金军攻打江南时，岳家军独树一帜，力主抗金，收复建康、襄阳等六郡。岳飞率师北伐，攻取商州、虢州、郑州、洛阳等地。贪图权力的宋高宗赵构根本无意收拾旧山河，而宰相秦桧却一意求和，以十二道“金牌”催令班师。在宋金议和过程中，岳飞遭受秦桧、张俊等人诬陷入狱。后以莫须有的罪名，同长子岳云、部将张宪一同遇害，年仅三十九岁。宋孝宗时，为岳飞平反昭雪，追谥忠武，追封鄂王。岳飞的文才同样卓越，其代表词作《满江红 · 写怀》体现了他的浩然正气和英雄气概：

怒发冲冠，凭栏处、潇潇雨歇。抬望眼，仰天长啸，壮怀激烈。三十功名尘与土，八千里路云和月。莫等闲，白了少年头，空悲切!

靖康耻,犹未雪。臣子恨,何时灭!驾长车,踏破贺兰山缺。壮志饥餐胡虏肉,笑谈渴饮匈奴血。待从头、收拾旧山河,朝天阙。

这篇世代传诵的名篇,慷慨壮烈,成为千古箴铭。

14. 北宋四京

宋朝建立时,延续了五代的旧制,以开封府(今河南省开封市)为东京,以河南府(今河南省洛阳市)为西京。1006 年,宋真宗以赵匡胤曾任后周归德军节度使所领之宋州(今河南省商丘市)为帝业肇基之地,升为应天府。1014 年,升应天府为南京。1042 年,宰相吕夷简以宋真宗于1000 年驻跸大名府(今河北邯郸市大名县东南)亲征契丹为由,奏请大名府为北京。其中,东京为北宋首都,是全国政治、经济和文化中心。

15. 两朝高官

张中彦(约 1092—1166)字才甫,安定州(今甘肃省庆阳市宁县)人,北宋太师、庆国公张达之子,北宋泾原路安抚使、词人张中孚之弟,南宋、金朝将领。他自幼聪明好学,文武兼备,多才多艺。张中彦为局势所左右,既受南宋俸禄,又为金朝效忠,宋金两朝均居高官。所谓宁当太平犬,不为离乱人,在战乱风云变幻,铁马金戈激荡的年代,面临国破家亡,个人的选择,往往身不由己,难以有坚定的立场。但他无论在哪儿任职,都能做到勤政爱民,在乱世中,给治下百姓以一隅乐土,保一方平安,担得起真正的父母官。北宋时张中彦因父荫而少年得志,先后担任泾原副将,知德顺军事。1127 年,金朝灭北宋。1130 年,在金朝大将金睿宗完颜宗辅进军陕西时，张中彦与其兄张中孚、镇戎军知事李彦琦一同投降金朝。张中彦被金朝任命为招抚使，后升任彰武军承宣使，再升本路兵马都总管，后又代替李彦琦为秦凤经略使，驻秦州（今甘肃省天水市）。张中孚任镇洮军节度使兼泾原路经略安抚使，后改任陕西诸路节制使。张中彦到任后，将治所迁移北山，极大增强了秦州的防御能力。1138 年，金朝将河南、陕西地归还南宋，张中彦与其兄张中孚一起回归宋廷，张中彦被留在宋京都临安（今浙江省杭州市），历任龙神卫四厢都指挥使、清远军承宣使、提举佑神观、靖海军节度使。张中孚继续留守关中。1141 年，金朝出兵再次恢复河南、陕西等地统治，张中彦兄弟二人又被金廷提名索回，张中彦先后担任金国静难军节度使、彰化军节度使、凤翔尹、庆阳尹兼泾原路兵马都总管和宁州刺史，最后被任命为吏部尚书，封为宗国公。后来还曾出任南京（今河南省开封市）留守、临洮尹兼熙秦路兵马都总管等职。张中彦见多识广，在船舶、运输、桥梁等方面，都有建树，堪称专家。1166 年，张中彦病逝，享年七十五岁。张中彦一生，在宋朝和金朝都担任高官，在位期间清正廉洁，尽忠职守，竭忠尽智，刚直不阿，心系百姓。他创制架空道路以运输巨木、开通关洛水道、建浮桥、创“鼓子卯”结构制作船模、创制简易的船舶下水滑道等，都表现出他高超的智慧和过人的才能。

16. 冰糖葫芦

南宋时，宋光宗赵惇（dūn）（1147—1200）最宠爱的黄贵妃病了，面黄肌瘦，不思饮食。御医用了许多贵重药品，皆不见成效，已经无药可施。宋光宗见爱妃日见憔悴，整日忧心忡忡，愁眉不展，最后只好张榜求医。一位江湖郎中揭榜进宫，为黄贵妃诊脉后说：“只要用冰糖与红果（即山楂）煎熬，每顿饭前吃五至十枚，连吃半个月保准见好。”黄贵妃按此法吃了半个月酸酸甜甜的山楂，果然病愈。黄贵妃应该是吃多了山珍海味，用山楂消解了积食。后来，这种做法传到民间，老百姓发觉它的味道很爽口，便把它穿起来卖，就成了人见人爱的冰糖葫芦。这是关于冰糖葫芦的最早记载。每个人童年的梦里应该都有冰糖葫芦的情结，吃一串儿冰糖葫芦就像过节，“都说冰糖葫芦儿酸，酸里面它裹着甜。都说冰糖葫芦儿甜，可甜里面它透着酸……”熬冰糖的火候是制作冰糖葫芦的关键，火候不足会粘牙，火候过了则会色黑味苦。就像做人的道理，万事掌握一个度，处事皆有分寸。

17. 金朝贤后

金朝帝后多有母仪天下之能，匡扶君主之才。最为出众的是金世宗昭德皇后和金宣宗明惠皇后，堪称金朝贤后的典范。

昭德皇后是乌林答氏，金世宗完颜雍的皇后，金显宗完颜允恭的母亲。1127 年，完颜雍与乌林答氏两人五岁时订婚。1140 年，二人十八岁时结婚。乌林答氏知书达礼，文采超群，相夫教子，贤良无比，而且有非常强的政治敏感性。金熙宗晚期，肆酒发狂，喜怒无常，遭贬遇害的朝臣无数。官居兵部尚书的完颜雍如履薄冰，寝食难安。完颜雍的父亲当年伐宋时，缴获一条御用白玉带，传于完颜雍。乌林答氏认为白玉带不是王府该有的东西，建议献给皇上。完颜雍认为此物是父亲留下的传家宝，犹豫不决。乌林答氏说：“人若不在，宝传谁家？”完颜雍恍然大悟，遂将玉带献给金熙宗。金熙宗和悼平皇后裴满氏大为欢喜，认为完颜雍忠心耿耿，对他没有产生任何猜忌。1149 年，完颜亮杀金熙宗自立，大开杀戒，排除异己，对完颜雍很不放心，解除其官职，想找借口除之。完颜雍更是心存畏惧，一筹莫展。乌林答氏劝完颜雍“多献珍异，以悦其心”。

完颜雍相继把“辽骨睹犀佩刀”和“吐鹘良玉茶盏”等献给完颜亮。完颜亮认为完颜雍忠心耿耿，胆小怕事，不足为虑，又一场生死危机被化解。乌林答氏性情平和，很少妒忌，主动帮完颜雍选择婢妾，以便多生子嗣。平时不让完颜雍总陪伴她一人，以避专宠之嫌，两人感情甚好。完颜雍任济南尹时，淫乱无度的完颜亮久闻乌林答氏美丽贤惠，征诏乌林答氏前往中都。乌林答氏知道，如果不去，丈夫必遭其害，如果在去中都的途中而死，丈夫既无罪责，自己又可保守贞节。于是，她离开济南奔赴中都燕京（今北京市），途中到良乡离中都还有七十里时，投湖自尽。乌林答氏临终前给完颜雍留下了绝命遗书，史称《上世宗书》。深情地恳求丈夫不要因为她的死而悲伤“作儿女之态”，要“卧薪尝胆”，居官“修德政，肃纲纪，延揽英雄，务悦民心”，等待时机“夺帝位，一怒而安天下”。乌林答氏就这样忍辱负重，随丈夫闯过了一道道政治上的难关，最后用生命捍卫了尊严，维护了大局。1161 年，金世宗完颜雍即位，追册乌林答氏为昭德皇后，单独立庙。金世宗后来在位的二十九年间，一直没有再立皇后，就是为了怀念深明大义的乌林答氏。

明惠皇后（1178—1231）即王云，出身平民，十六七岁时，与妹妹王霓一起进入翼王府，嫁给翼王完颜珣（xún）做妾室（王云、王霓的名字史书并无记载，柏杨称其名），成为翼王府的姐妹花。金宣宗完颜珣即位后，王云被立为元妃，妹妹王霓贵为仁圣皇后。王云其子金哀宗完颜守绪（本名完颜守礼）即位后，下诏尊元妃为皇太后，后被追谥明惠皇后。王云性情端庄严谨，博古通今，智商、情商都很高。1198 年，王云为完颜珣生下第三子完颜守绪。同期进府的四妾室中，偏偏最受宠的王霓没有生育。王云审时度势，把儿子送给妹妹王霓抚养，一来增加妹妹的筹码，二来让儿子能够常见父亲联络感情。1213 年，五十岁的完颜珣即位，蒙金战事持续，后宫斗争加剧。王云却能谋划深远，运筹自如。1214 年，完颜珣原配皇后出家为尼，妹妹王霓被立为皇后，王云晋封为元妃。1215 年，太子完颜守忠发病五天暴亡，完颜珣立嫡长孙完颜铿为皇太孙，不想一岁四个月的皇太孙完颜铿夭折。1216 年，王云之子三皇子遂王完颜守绪被越次立为皇太子，王云成为金宫最大的赢家。1224 年，完颜珣因病去世，完颜珣第三子金哀宗完颜守绪挫败了兄长完颜守纯（生母真妃庞氏）的夺位阴谋后即位，尊皇后王霓、元妃王云都为皇太后，这也是历史上唯一亲姐妹同尊为皇太后。王云教子有方，对完颜守绪管教很严，虽贵为太子，犯了错时仍要痛加责罚，直到正式即位，才免除荆条挨打之苦。由于王霓什么事都靠姐姐王云拿主意，金朝后宫真正的主人就是明惠皇后王云。她宽宏大量，对谋反的真妃庞氏母子不是赶尽杀绝，反而宽以相待。大臣知道金哀宗猜忌荆王完颜守纯，就说荆王图谋不轨，金哀宗没有查证就把二哥缉拿下狱，准备处死。明惠皇后知道后，教导金哀宗："你就这一个兄长，怎么能听信谗言而加害他呢？金章宗皇帝杀害叔伯，导致盛年早亡，皇嗣断绝，这么不明智的做法你为何去效仿呢？立刻赦免你二哥让他来见我，如果他来不了，我以后再不会见你。"完颜守纯遂赦免了荆王，明惠皇后泪流满面安抚荆王，荆王表示自己对皇帝心无芥蒂。由于明惠皇后的政治智慧，宫廷避免了骨肉相残，金哀宗笼络了人心，稳定了政权。之后，她阻止金哀宗想立宠幸宫人为后的做法，令金哀宗放宫人出宫，并对使者交代，出东华门后看到的第一个男人，不管是谁就把这个宫人嫁给他为妻。明惠皇后还曾力劝金哀宗不能沉醉游戏，骑马击球，玩物丧志。1231 年，明惠皇后病逝。临终前她不忘嘱托大臣，她的葬礼要尽量节俭。端庄贤惠的明惠皇后，处理后宫事务得法，管理国事超群，政治眼光非凡，使金朝吏治相对清明，受到后人的尊重。但面对蒙古大军，明惠皇后的智慧和努力，也没能改变金朝灭亡的命运。

18. 三寸金莲

三寸金莲是古代对女人缠足后的小脚的称呼，人们将缠足后的脚称为“莲”，按脚的大小不同，可分铁莲（大于四寸）、银莲（四寸）、金莲（三寸）。古代女人以小脚为美，女性从四五岁开始，将脚部用布条包扎起来，以限制脚部的成长，使女性足部畸形，成年骨骼定型后再将布条解开，这就是俗话说的缠足。中国古代女人缠足的陋习，给女性带来莫大的痛苦。历史上缠足开始的时间有多种说法，当代学者高洪兴经过大量研究著有专业著作《缠足史》（上海文艺出版社，1995 年），考证缠足开始于北宋后期，兴起于南宋，发展于元朝，明清进入鼎盛。据南宋罗大经小说《鹤林玉露》记有：建炎四年（1130）“柔福帝姬至，以足大疑之。颦蹙（pín cù）曰：金人驱迫，跣行万里，岂复故态。上为恻然”。意思是宋朝公主普遍缠足，有人自称是荣福帝姬（公主），因为自己脚大而被怀疑不是公主。也有缠足始于五代之说，源自南唐李后主的舞女窅（yǎo）娘。此后，各代帝王均以喜爱三寸金莲为美，王公大臣纷纷效仿，后逐渐传到民间，平民中的小脚也就多了起来，甚至出现女人脚大难以嫁人的现象。直到清末开始放足运动，太平天国主张男女平权，提倡妇女天足，曾禁止缠足。1901 年，慈禧太后颁懿旨，指出缠足“有伤造物之和”，开启中国解放妇女之先河。

经典智慧

1. 唐宋八大家

唐宋八大家又称“唐宋散文八大家”，是唐朝韩愈、柳宗元和宋朝欧阳修、苏洵、苏轼、苏辙、王安石、曾巩八位散文家的合称。韩愈、柳宗元是唐朝古文运动的代表，欧阳修、苏轼、苏辙、苏洵四人是宋朝古文运动的核心，王安石、曾巩是临川文学的代表。另欧阳修、苏轼、曾巩、王安石四人，被称为宋四家或宋朝古文四家。苏家父子兄弟三人苏洵、苏轼、苏辙，又有“一门三学士”之誉，人称“三苏”。八大家可概括为“韩柳欧王曾三苏”。唐宋八大家是主持唐宋古文运动的中心人物，他们提倡散文，反对骈文，对当时和后世的文坛具有深远的影响。

韩愈（768—824），字退之，河阳（今河南省焦作市孟州市）人，唐朝中期官员，文学家、思想家、哲学家，被后人尊为唐宋八大家之首。韩愈祖籍河北昌黎（今河北省秦皇岛市昌黎县），世称韩昌黎，晚年任吏部侍郎，又称韩吏部，谥号“文”，又称韩文公。他与柳宗元同为唐代古文运动的倡导者，主张学习先秦两汉的散文语言，破骈为散，扩大了文言文的表达功能。韩愈三岁时，其父韩仲卿（时任秘书郎）去世，由兄长韩会抚养成人。792年，韩愈考中进士。之后，参加三次博学宏词科考试，均遭遇失败。796年，他被任节度推官。803年，韩愈晋升监察御史。韩愈看到关中地区大旱，灾民流离失所，京兆尹李实却封锁消息，谎报称关中粮食丰收，愤怒之下上《论天旱人饥状》疏，反遭李实等谗害，被贬为连州阳山县（今广东省清远市阳山县）县令。韩愈才学高深，却屡次遭贬斥，晚年官至吏部侍郎，人称“韩吏部”。824年，韩愈病逝，时年五十七岁。韩愈文章发言真率，无所畏避，慷慨激昂，忧愤甚广。他提出的“文道合一”“气盛言宜”“务去陈言”“文从字顺”等散文的写作理论，对后人有重要的指导意义。他的文章中有不少语句已成为成语流传至今，如“落井下石”“动辄得咎”“杂乱无章”等。他在思想上是中国“道统”观念的确立者，是尊儒反佛的里程碑式人物。

柳宗元（773—819），字子厚，唐代文学家、哲学家、散文家和思想家，祖籍河东（今山西省运城永济市一带），世称“柳河东”“河东先生”，因官终柳州刺史，又称“柳柳州”。柳宗元与韩愈并称为“韩柳”，与刘禹锡并称“刘柳”，与王维、孟浩然、韦应物并称“王孟韦柳”。793 年，柳宗元考中进士。796 年，柳宗元任秘书省校书郎。798 年，柳宗元通过了博学宏词科考试中榜。801 年，柳宗元被任命为蓝田尉，后任监察御史里行。唐顺宗时，柳宗元参加“永贞革新”。805 年，革新失败后，柳宗元被贬为邵州刺史，赴任途中再被贬为永州司马。他开始游历永州山水，潜心钻研哲学、政治、历史、文学等。815 年，柳宗元被改贬为柳州刺史。819 年，柳宗元在柳州病逝，时年四十七岁。柳宗元一生践行了他“励材能，兴功力，致大康于民，垂不灭之声”的政治理想，提出“文者以明道”“辅时及物”的主张和以儒家经典为“取道之源”的原则。柳宗元留有诗文作品达六百余篇，其文的成就大于诗。著有《河东先生集》，代表作有《溪居》《江雪》《渔翁》等。

欧阳修　见经典智慧 4“欧阳修苦读”。

苏洵（1009—1066），字明允，号老泉，眉州（今四川省眉山市）人，北宋文学家，与其子苏轼、苏辙一并以文学著称于世，世称“三苏”，均被列入唐宋八大家。苏洵擅长于散文，尤其擅长政论，议论明畅，笔势雄健，著有《嘉祐集》二十卷及《谥法》三卷，均与《宋史本传》并传于世。1027 年，苏洵与眉山大理寺丞程文应之女程氏结婚。苏洵年轻时终日嬉游，不知有生死之悲。1035 年，二十七岁的苏洵始方觉醒，立下壮志，发奋读书。《三字经》里提到的“二十七，始发愤”的“苏老泉”即苏洵。苏洵发愤虽晚，但用功甚勤。他刻苦研读学问有成后，长期在家教子读书。1057 年，苏洵二子同榜应试进士及第，轰动京师。1060 年，经韩琦推荐，苏洵被任命为秘书省校书郎，后任霸州文安县主簿，后与陈州项城县（今河南省周口市项城市）县令姚辟一同修撰礼书《太常因革礼》。1066 年，苏洵编撰完成《太常因革礼》，尚未完成《易传》就于京师病逝，时年五十八岁。他临终前，命子苏轼述其志写完《易传》。在苏轼晚年曾回忆幼年随父读书的状况，感觉自己深受父亲的影响。当然，假若没有苏洵的发奋读书，也就不可能使苏轼幼年接受好的家教，更不能有年未及冠即“学通经史，属文日数千言”的苏轼。

苏轼 见经典智慧 7“乐天才子”。

苏辙（1039—1112），字子由，眉州（今四川省眉山市）人，北宋时期官员、文学家，唐宋八大家之一，与父苏洵、兄长苏轼齐名，合称“三苏”。1057 年，苏辙与其兄苏轼同登进士。宋神宗时，为制置三司条例司属官。因反对王安石变法，被外放河南推官。宋哲宗时，入朝历任右司谏、御史中丞、尚书右丞、门下侍郎等职。1089 年，苏辙升任吏部尚书。1090 年，苏辙被任命为龙图阁直学士、御史中丞、龙图阁学士。1091 年，苏辙升任中大夫、守尚书右丞。1092 年，朝廷命苏辙代理太尉，升任太中大夫、守门下侍郎，任护军，进爵开国伯，实封食邑二百户。1094 年，苏辙上书反对宋哲宗恢复熙宁新法，被贬知汝州，再贬左朝议大夫、知袁州。他尚未到任，又被降为左朝议大夫、试少府监。1097 年，苏辙又被贬为化州别驾，安置雷州处分。1100 年，宋徽宗即位，苏辙移永州、岳州安置，后任濠州团练副使，再复职太中大夫，提举凤翔上清太平宫。1102 年，宰相蔡京当国，党祸复起，朝廷削苏辙五官，降授朝议大夫。1103 年，苏辙为避祸，独自迁居汝南（今河南省驻马店市汝南县）。1104 年，苏辙到颍川（今河南省许昌市禹州市）定居，终日读书著述、默坐参禅，谢绝宾客，绝口不谈时事。1106 年，苏辙撰成

《颍滨遗老传》《栾城后集序》。次年，著有《论语拾遗》。1108 年，苏辙复任朝议大夫，迁任中大夫。1111 年，他撰成《栾城第三集序》。1112 年，苏辙逝世，享年七十四岁。苏辙生平学问深受其父兄影响，以散文著称，擅长政论和史论，其诗力风格淳朴无华，其书法潇洒自如，工整有序，著有诗文别集《栾城集》等行于世。

王安石　见经典智慧 6“宰相肚里能撑船”。

曾巩（1019—1083），字子固，江西抚州（今江西省抚州市）人，出生于建昌军南丰（今江西省抚州市南丰县），后居临川（今江西抚州市临川区），北宋文学家、史学家、政治家，唐宋八大家之一。曾巩祖父曾致尧、父亲曾易占皆为北宋名臣。曾巩天资聪慧，记忆超群，自幼好学。1037 年，他随父赴京，以文相识王安石，结成挚友，1057 年，曾巩考中进士。1060 年，经欧阳修举荐，先后任馆阁校勘、集贤校理兼判官告院，从事古籍整理工作九年，理校出《战国策》《说苑》《新序》《梁书》《陈书》《唐令》《李太白集》《鲍溶诗集》《列女传》等大量古籍，对历代图书做了很多整理工作，并撰写了大量序文。之后，他任越州通判，知齐、襄、洪、福、明、亳诸州。曾巩任职期间，廉洁奉公，整顿吏治，勤于政事，关心民生疾苦，兴修水利，发展农业，兴办学校，治理环境，深得百姓爱戴。1080 年，宋神宗听取了曾巩对财政的看法，觉得他很有才能，将其留在京城，任职三班院。1082 年，曾巩任中书舍人。1083 年，曾巩病逝于江宁府（今江苏省南京市），终年六十五岁。曾巩是宋代新古文运动的重要骨干，在古文理论方面主张先道后文、文道结合。他积极参与欧阳修诗文革新运动，其文“古雅、平正、冲和”，其散文内容广泛，义理精深，感情醇厚，主题明确，有条不紊。作品有《曾巩集》《元丰类稿》和《隆平集》传世。

2. 大事不糊涂

吕端（935—1000），字易直，幽州安次（今河北省廊坊市安次区）人，后晋兵部侍郎吕琦之子、尚书左丞吕馀庆之弟，北宋初年宰相、诗人。吕端父亲在安次的住宅称为“侍郎房”，简称“郎房”。1897 年，京山铁路设站时，将站名定为“廊坊站”。新中国成立后统一为“廊坊”，这便是廊坊的由来。吕端生于官宦之家，少年聪敏好学，但几次参加进士考试不中。后来靠其父亲的官位荫恩补官，历任国子主簿、太仆寺丞、秘书郎、直弘文馆，又转任著作佐郎、直史馆。960 年，宋太祖建立北宋，吕端调任太常丞、知浚仪县，同判定州。吕端性格沉稳镇静，有胸怀，识大体，有吏治才干，深得宋太宗信任，累拜右谏议大夫、参知政事，后升任户部侍郎、平章事。当时，宋太宗想任用吕端为相，有人反对，认为吕端糊涂。据《宋史 · 吕端传》记载：“太宗曰：‘端小事糊涂，大事不糊涂。’决意相之。”995 年，吕端拜相时，已经六十岁，宋太宗曾后悔自己对吕端重用太晚。当时，个性较强的寇准还是参知政事，吕端担心寇准不服，主动请求宋太宗特准参知政事与宰相一同掌管大权。他对寇准谦虚逊让，和睦相处，看似小事，实则为国家大局。当年北宋擒获了叛臣李继迁的母亲，宋太宗想把她处斩。于是，吕端上朝奏本，用秦、汉项羽欲煮刘邦之父，刘邦说希望项羽能分一杯肉羹给他的故事相劝，他说：“干大事的人都不会顾忌自己的亲人，何况李继迁是狂妄叛逆之徒，今天杀了他母亲，明天能逮住他本人吗？如果不能，就会结下了更大的冤仇，更加坚定他的叛逆之心。”吕端的这种深谋远虑的想法说动了宋太宗，宋太宗遂派专人将李继迁的母亲侍奉在延州（今陕西省延安市），直到病死。后来，李继迁去世，其子李德明念在宋朝对待他祖母的情分，奉行“联辽睦宋”之策。997 年，宋太宗驾崩后，吕端力挫宫廷阴谋，扶立太子赵恒（宋真宗）即位，宋真宗授病重的吕端以太子太保致仕，倍加抚慰。1000 年，吕端病逝，终年六十六岁，追赠司空，谥号“正惠”。

3. 先天下之忧而忧

范仲淹（989—1052），字希文，祖籍邠（bīn）州（今陕西省咸阳彬州市），后移居苏州吴县（今江苏省苏州市相城区望亭镇），北宋杰出的思想家、政治家、文学家。范仲淹先祖是唐朝宰相范履冰，父亲范墉（yōng）早年在吴越为官，宋朝建国后，范墉追随吴越王钱俶归降大宋，任武宁军节度掌书记。范仲淹两岁时，父亲去世，母亲谢氏贫困无依，抱着年幼的范仲淹，改嫁淄州长山（今山东省滨州市邹平市长山镇）人朱文翰，范仲淹改名朱说（yuè）。他幼年家境贫寒，甚至三餐不饱。但寒门出贵子，范仲淹勤奋努力，刻苦研读，二十六岁考中进士。范仲淹起初在朝廷当谏官，正逢郭皇后误伤宋仁宗，宰相吕夷简因与皇后有隙，力主废后。范仲淹看到吕夷简滥用职权，任人唯亲，便向宋仁宗进言认为废后不妥，吕夷简反告范仲淹交结朋党，离间君臣关系。范仲淹被外放睦州（今浙江省杭州市淳安县）知州。直到西夏战争爆发，他才被调往陕西指挥战事。因立战功，调回京城任副宰相。范仲淹等提出十项改革主张，即著名的《答手诏条陈十事》，大部分建议被宋仁宗采纳并颁布实施。由于新政触犯了官僚、贵族的既得利益，遭到很多人的反对和阻挠。1045 年，范仲淹、欧阳修等人相继被排斥出朝廷，新政改革被废止。一年后，范仲淹在岳州（今湖南省岳阳市）为官的老朋友滕子京重修岳阳楼，请范仲淹写篇文章纪念。五十八岁的范仲淹在被贬所在地邓州（今河南省南阳邓州市），挥笔写下了闻名天下的《岳阳楼记》。文中文辞简约，音节和谐，通过描写洞庭湖波澜壮阔的优美景色，以及阴雨和晴朗时带给人的不同感受，揭示了失意时“不以物喜，不以己悲”的仁人胸襟，表达了他“先天下之忧而忧，后天下之乐而乐”的爱国爱民情怀，寄托他“宁鸣而死，不默而生”的人生信条和毕生追求。范仲淹“文能写红一座楼，武能镇住一个国”，他高尚的道德情操，一心为天下的无私境界，对后人影响深远。明朝思想家李贽（zhì）说:“宋亡，范公不亡也。”欧阳修为范仲淹刻墓碑曰:“公少有大志，每以天下为己任。”范仲淹用他的高风亮节和人格魅力，激励着代代后人，赢得了历史的尊重。

4. 欧阳修苦读

欧阳修（1007—1072），字永叔，号醉翁，晚年又号六一居士（六一即藏书一万卷，集录三代以来金石遗文一千卷，琴一张，棋一局，常置酒一壶，醉翁一人），吉州永丰（今江西省吉安市永丰县）人，出生于绵州（今四川省绵阳市），北宋时期政治家、文学家、史学家和诗人。欧阳修的诗、词、散文均为一时之冠，诗文说理畅达，抒情委婉，诗风与散文近似，重气势而能流畅自然。与宋祁合修《新唐书》，并独撰《新五代史》，编撰《集古录》，著有《欧阳文忠公文集》。欧阳修的父亲欧阳观任绵州军事推官，五十六岁老来得子生了欧阳修。1010 年，欧阳观去世，年仅四岁的欧阳修与母亲郑氏相依为命，前往随州（今湖北省随州市）投奔欧阳修的叔父欧阳晔。欧阳晔在随州任推官二十五年，为人正直，廉洁自持，叔父的为人对年幼的欧阳修产生了重要影响。欧阳晔家境并不宽裕，欧阳修的母亲郑氏出身江南名门望族，知书达理，有很好的文化修养。郑氏平时用芦苇秆在沙地上教欧阳修读书写字（即画荻教子），给他诵读许多古人的作品，教他学习写诗。母亲经常到乡里的读书人家借书供他来读，有时借机抄录下来，还没等抄完欧阳修就已能背诵了。

欧阳修十岁时，从大姓李氏家中借到唐代诗人韩愈的《昌黎先生文集》六卷，甚爱其文，手不释卷。他不分昼夜，废寝忘食，勤奋努力，加上叔父欧阳晔的关怀辅导，欧阳修小时候所写的诗歌文章，比大人的作品还有文采。这便是出自《欧阳公事迹》中的“欧阳修苦读”勤学励志的典故。1023年，十七岁的欧阳修应试未中，1026年再试又未考中，两次参加科举都意外落榜。之后，他拜时任武昌刺史胥偃为师。1029年，在恩师胥偃的保举下，欧阳修参加了国子监的解试，在国子学的广文馆试、国学解试中均获第一名，成为监元和解元。在第二年的礼部省试中再获第一，成为省元。1030年，欧阳修参加殿试，以十四名的成绩考中进士，被授任将仕郎，试秘书省校书郎，充任西京（今河南省洛阳市）留守推官。1031年，欧阳修抵达洛阳，在东武县迎娶恩师胥偃之女胥氏[1]。新婚不久胥氏去世，欧阳修再娶名臣薛奎的次女，薛奎的大女婿是王拱辰。王拱辰当年与欧阳修一同参加殿试，看见欧阳修提前做了一件状元袍，考试前一天趁欧阳修不注意把这袍子偷拿了过来，穿在自己的身上。第二天，王拱辰殿试发挥出色，果不其然，高中状元。不久，王拱辰的夫人去世，王拱辰再娶薛奎的三女，继续做薛家的女婿。欧阳修为此写诗调侃说：“旧女婿为新女婿，大姨夫作小姨夫。”1032年，欧阳修春日与友人梅尧臣在洛阳城东旧地同游创作《浪淘沙》：

把酒祝东风，且共从容。垂杨紫陌洛城东。总是当时携手处，游遍芳丛。

聚散苦匆匆，此恨无穷。今年花胜去年红。可惜明年花更好，知与谁同？

[1]《欧阳修年谱》：“天圣九年辛未公年二十五：三月，公至西京……初，胥公许以女妻公，是岁，亲迎于东武。”

词中伤时惜别，抒发了

人生聚散无常的感叹。1034年，欧阳修被召试学士院，授官宣德郎，回京任馆阁校勘，参与编修《崇文总目》。离别洛阳时作有《玉楼春》：

尊前拟把归期说，欲语春容先惨咽。人生自是有情痴，此恨不关风与月。

离歌且莫翻新阕，一曲能教肠寸结。直须看尽洛城花，始共春风容易别。

全词咏叹离别，于伤感中蕴含着平易而深刻的人生哲理。之后，欧阳修因帮改革派范仲淹鸣不平，得罪了宰相吕夷简，被贬为夷陵（今湖北省宜昌市）县令。1040年，欧阳修被召回京师，复任馆阁校勘，编修《崇文总目》，奉命知谏院。后因参加“庆历新政”革新，被贬知滁州（今安徽省滁州市），后又改知扬州、颍州（今安徽省阜阳市）、应天府（今河南省商丘市）等地。在滁州任职期间，欧阳修除了处理政事，常常游览山水。当地有个和尚在滁州琅琊山上修造了一个亭子供游人休息。欧阳修经常坐亭饮酒，自称“醉翁”，给亭子起名“醉翁亭”。此间，他写下了不朽名篇散文集《醉翁亭记》。1049年，欧阳修回朝，先后任翰林学士、史馆修撰等职。1057年，欧阳修担任礼部贡举的主考官，以翰林学士身份主持进士考试，录取苏轼、苏辙、曾巩等人，他提倡平实文风，对北宋文风转变有很大影响。1058年，欧阳修以翰林学士身份兼龙图阁学士、权知开封府。1060年，他被拜为枢密副使。次年任参知政事，后又相继任刑部尚书、兵部尚书等职。1071年，欧阳修以太子少师的身份辞职，隐居颍州（今安徽省阜阳市）。欧阳修晚年表达归情作有《青玉案》：

一年春事都来几，早过了、三之二。绿暗红嫣浑可事。绿杨庭院，暖风帘幕，有个人憔悴。

买花载酒长安市，又争似、家山见桃李。不枉东风吹客泪。相思难表，梦魂无据，惟有归来是。

词作真实表达了作者伤春、怀人、思归的复杂心情。1072 年，欧阳修在家中逝世，享年六十六岁。1074 年，他获赐谥号“文忠”。欧阳修一生桃李满天下，“唐宋八大家”中宋代五人均出自他的门下，他刚毅正直，见义勇为，由他领导的北宋古文运动取得完全成功，结束了骈文从南北朝以来长达六百年的统治地位，欧阳修也成为一代文章宗师，可以说欧阳修奠定了宋代文化盛世的基础。

5. 破瓮救友

司马光（1019—1086），字君实，号迂叟，陕州夏县涑（sù）水乡（今山西省运城市夏县司马营村）人，自称西晋安平献王司马孚后代，世称涑水先生，北宋政治家、史学家、文学家。司马光从小遇事沉着冷静，聪明过人。“破瓮救友”也称“司马光砸缸”，讲的是司马光小时候，有一次跟小伙伴们玩耍，院子里有一口大水缸，有个小伙伴爬到缸沿上玩，不小心掉进水缸里。其他孩子看见出了事，吓得边哭边喊。只有司马光急中生智，搬起一块大石头，使劲砸向水缸，缸破水流，小伙伴得救。司马光砸缸救友的故事，一时震动京都。司马光父亲司马池当年任光州光山县（今河南省信阳市光山县）县令，司马光出生在光山，所以起名光。他自幼好学，深得父亲用心培养，七岁已能背诵《左氏春秋》，并能讲明要义。1038 年，十九岁的司马光参加会试，考中进士，步入仕途，任华州（今陕西省渭南市华州区）判官。同年，他和殿中侍御史张存之女张氏结婚。1039 年，司马光改任苏州判官。1041 年，父亲司马池病逝，司马光和兄长司马旦回到故乡夏县服丧。其间写了许多有价值的文章，如《十哲论》《四豪论》《贾生论》等，颇有见解。1044 年，司马光服丧期满，任武成军判官，又改宣德郎、将作监主簿，权知丰城县事。他任职期间，勤政爱民，成绩斐然。著有著名论文《机权论》《才德论》《廉颇论》《应侯罢武安君兵》《项羽诛韩生》《汉高祖斩丁公》《甘罗》《范雎》《秦坑赵军》等几十篇。1046 年，司马光奉旨回京，担任大理评事、国子直讲。朋友为他饯行时，司马光即席赋诗：

祖帐飘扬堤柳边，北来飞盖复翩翩。

追随不忍轻言别，回首城楼没晚烟！

1051 年，三十三岁的司马光任馆阁校勘，同知太常礼院。1053 年，任殿中丞，修日历，改集贤校理，专任史官。自此，司马光开始了对历史的专心研究。1054 年，司马光离开志趣相投的王安石、石杨休、包拯等人，往郓州任典学，后升任为通判。1055 年，改任并州通判。1058 年，司马光调回京城任开封府推官，后迁为起居舍人，同知谏院。1061 年，司马光上书《论宴饮状》，反对宫中宴饮和赏赐的奢靡之风。1065 年，被任为龙图阁直学士。1066 年，宋英宗专门设立书局，命司马光专修《资治通鉴》。1067 年，宋英宗病死，宋神宗即位，在参知政事欧阳修的极力推荐下，任司马光为翰林学士，后升任御史中丞。1069 年，宋神宗重用王安石为参知政事，主持变法。王安石主张开源，司马光主张节流，二人政见不同。1071 年，他主动请求任职西京留司御史台，退居洛阳，不论政事，以书局自随，继续编撰《通鉴》，时间长达十五年之久。1085 年，年幼的宋哲宗即位，皇太后当政起用司马光知陈州，后升门下侍郎（即副宰相），正式拜为宰相。他反对新政，很快废除了免役法、青苗法，推行了自己的政治主张。1086年，司马光病逝，享年六十八岁，追赠太师、温国公，谥号“文正”，宋哲宗赐碑名为“忠清粹德”。司马光一生孝顺父母，友爱兄弟，忠于君王，取信于人，性情淡泊，不喜奢华，俭朴为官，为人温良谦恭、刚正不阿，堪称儒学教化的典范。司马光在“诚”“勤”“廉”“忠”各方面都非常出色，尤其是“廉”。他的一个老朋友刘蒙因赡养老人、安葬兄弟写信找司马光借五十万钱，司马光却囊中羞涩，回信说：“自己一贯小心谨慎，俭朴为官，一分一毫不敢妄取于人。”刘蒙方知他与一般当大官的不同。他去世后，人们整理他的遗物，除了八张稿纸上写的奏文，枕边一卷《役书》，再没有什么个人财产。他和王安石、岳飞一样，极为罕见地不纳妾、不储伎，婚后三十多年，妻子张氏没有生育，司马光就收养了哥哥的儿子司马康作为养子，与妻子相依为命，直到终老。曾经有一次，张氏背着司马光买了一个美女，悄悄安置在卧室，还安排过一个美貌丫鬟，都被司马光赶走。司马光生平著作甚多，主要有《温国文正司马公文集》《稽古录》《涑水记闻》《潜虚》等。

6. 宰相肚里能撑船

一般形容一个人宽宏大量、大人有大量，倡导为人处世要豁达大度，待人处事要仁慈。相传北宋宰相王安石中年丧妻后续娶了姣娘为妾，姣娘年方十八，出身名门，有闭月羞花之貌，琴棋书画无所不通。王安石身为宰相，整天忙于朝中之事，很少回家。姣娘正值妙龄，独居空房，日久便与府里的年轻仆人私下偷情。王安石并没有入门捉奸，而是用竹竿捅了老鸹窝，老鸹惊叫而飞，屋里的仆人闻声慌忙跳窗而逃。事后王安石装作若无其事，给娇娘吟诗一首：

日出东来还转东，乌鸦不叫竹竿捅。

鲜花搂着棉蚕睡，撇下干姜门外听。

娇娘顿感无地自容，下跪吟诗：

日出东来转正南，你说这话够一年。

大人莫见小人怪，宰相肚里能撑船。

事过不久，王安石赠给姣娘白银千两，让她跟仆人成亲，远离他乡。人们对王安石的“忍”字当头，宽宏大量，深感敬佩。“宰相肚里能撑船”这句话也就成了宽宏大量的代名词。王安石（1021—1086），字介甫，晚年号半山，小字獾郎，封荆国公，世人又称王荆公，江南西路抚州临川县（今江西省抚州市东乡县上池村）人，北宋杰出的政治家、思想家、文学家、改革家，唐宋八大家之一。王安石出生在一个小官吏家庭，其父王益，字损之，曾为临江军判官，一生在南北各地做了几任州县官。王安石自幼聪颖，酷爱读书，受到良好的教育。1042 年，王安石中进士第四名，先后任淮南判官、鄞县知县、舒州通判、常州知州、提点江东刑狱等地方官吏。他任职期间，勤政爱民，治绩斐然，声誉日隆。1067 年，宋神宗初即位，诏王安石知江宁府，旋召为翰林学士。1068 年，王安石提出“治国之道，首先要确定革新方法”，勉励宋神宗效法尧舜，简明法制。1069 年，王安石被提为参知政事，跻身执政之列。宋神宗设立制置三司条例司，并由王安石和陈升之共同掌管，推行变法。1070 年，王安石任同中书门下平章事，位同宰相，开始大规模的改革运动。由于新法触犯了皇室、官僚、豪强的既得利益，招来朝野间一片指责和谩骂。1074 年，宋神宗对变法也产生了怀疑，罢免了王安石的宰相职务，改任观文殿大学士、知江宁府。1075 年，王安石再次拜相。同年，他写成《三经义》，加封为尚书左仆射（yè）兼门下侍郎。王安石复相后得不到更多支持，加上变法派内部分裂严重，新法很难继续推行下去。1076 年，王安石身体有病，爱子王雱（pāng）壮年病逝，王安石辞职离朝隐居，再也没有回朝。1086 年，王安石病死于江宁（今江苏省南京市）钟山，谥号“文”。王安石一生潜心研究经学，著书立说，创立“荆公新学”，促进了宋代疑经变古学风的形成。他用“五行说”阐述宇宙生成，丰富和发展了中国古代朴素唯物主义思想。其哲学命题“新故相除”，把中国古代辩证法推到一个新的高度。在文学上，王安石的散文简洁峻切，短小精悍，论点鲜明，逻辑严密；他的诗“学杜得其瘦硬”，擅长于说理与修辞，晚年诗风含蓄深沉、深婉不迫，以丰神远韵的风格在北宋诗坛自成一家；他的词写物咏怀吊古，意境空阔苍茫，形象淡远纯朴。有《临川集》等著作存世，他被列宁誉为是“十一世纪中国最伟大改革家”。

7. 乐天才子

苏轼（1037—1101），字子瞻、和仲，号铁冠道人、东坡居士，世称苏东坡、苏仙，眉州（今四川省眉山市）人，祖籍河北栾城（今河北省石家庄市栾城区），北宋著名文学家、书法家、画家、散文家、词人、诗人，豪放派代表人物，历史治水名人。苏轼是初唐大臣苏味道之后，与父亲苏洵、弟弟苏辙均以文学著称于世，世称“三苏”，都被列入唐宋八大家。苏轼在诗、词、散文、书、画等方面取得了很高的成就，是中国数千年历史上被公认文学艺术造诣最杰出的大家之一。苏轼是北宋中期文坛领袖，在诗、词、散文、书、画等方面取得很高成就。其散文与韩愈并称“韩潮苏海”，与欧阳修并称“欧苏”，书法与黄庭坚并称“苏黄”，词与辛弃疾并称“苏辛”。他擅长文人画，尤擅墨竹、怪石、枯木等，被称为“中国古代第一全才”。苏轼生性豁达，为人率真，天生乐观，被称为“乐天才子”。欧阳修称赞他“博辩宏伟”“纵横上下，出入驰骤，必造于深微而后止”。1056 年，苏轼首次出川赴京，准备参加朝廷科举考试。1057 年，苏洵带着二十一岁的苏轼和十九岁的苏辙参加殿试。主考官欧阳修非常赏识苏轼的《刑赏忠厚之至论》，却误认为是自己的弟子曾巩所作，为了避嫌，给予第二名的成绩，苏轼和苏辙兄弟双双中第。之后苏轼在凤翔、杭州、密州、徐州、湖州等地任知州。1074 年，苏轼调往密州（今山东省潍坊市诸城市）任知州。1077 年，调徐州任知州。他在任期间黄河泛滥，曹村决口，整个梁山泊被淹。苏轼带领军民修筑东南长堤，修建木质护岸，治水有方，百姓称颂。1079 年，四十三岁的苏轼被调为湖州（今浙江省湖州市）知州。他即给宋神宗写了一封《湖州谢表》，被新党利用，说他愚弄朝廷，妄自尊大。上任刚三个月的苏轼被御史台的吏卒逮捕，解往京师，这就是北宋著名的“乌台诗案”。苏轼下狱一百零三天，险遭杀身之祸。最后有幸被从轻发落，贬为黄州（今湖北省黄冈市）团练副使。苏轼到任后，变得心灰意冷，心情郁闷，曾多次到黄州城外的赤壁山游览，写下了《前赤壁赋》《后赤壁赋》等名作，还有脍炙人口的《念奴娇 · 赤壁怀古》：

大江东去，浪淘尽，千古风流人物。故垒西边，人道是，三国周郎赤壁。乱石穿空，惊涛拍岸，卷起千堆雪。江山如画，一时多少豪杰。

遥想公瑾当年，小乔初嫁了，雄姿英发。羽扇纶巾，谈笑间，樯橹灰飞烟灭。故国神游，多情应笑我，早生华发。人生如梦，一樽还酹江月。

全词抒发了作者对昔日英雄人物的无限敬仰以及词人对自己坎坷人生的感慨之情。1085 年，宋哲宗即位，司马光重新被起用为相，以王安石为首的新党被打压。苏轼被召还朝任礼部郎中，后升翰林学士、知制诰，知礼部贡举。苏轼政治主张既不容于新党，又不见谅于旧党，他对旧党执政暴露出的腐败现象进行抨击而受到排挤，再度被贬为龙图阁学士、知杭州。他在任时，疏浚钱塘江与西湖水间的河道以防洪、通航，在西湖中修筑长堤用以方便交通，杭州人把长堤命名为苏公堤。这时，他写下了著名的《饮湖上初晴后雨》：

水光潋滟晴方好，山色空蒙雨亦奇。
欲把西湖比西子，淡妆浓抹总相宜。

该诗用他的独具慧眼和神来之笔，描写了西湖的美景。1091 年，他又被召回朝，不久因政见不合，再被调往颍州任知州。1092 年，任扬州知州、定州知州。1093 年，高太后去世，宋哲宗执政，新党重新上台。1094 年，苏轼再次被贬至惠州（今广东省惠州市）。此时，他写了一首绝句《纵笔》：

白头萧然满霜风，小阁藤床寄病容。
报道先生春睡美，道人轻打五更钟。

这首诗传到开封，好一个“春睡美”，由于他的乐观自适，使得年过花甲的自己，于 1097 年乘一叶孤舟被流放到十分荒凉的儋

（dān）州（今海南省儋州市）。虽然苏轼在儋州的生活非常艰难，在其子苏过的协助下，他依然在落后的儋州办学堂、介学风，人们一直把苏轼看作儋州文化的开拓者、播种人。在儋州流传下来的东坡村、东坡井、东坡田、东坡路、东坡桥、东坡帽等，表达了当地人民对他的无限缅怀之情。宋徽宗即位后，苏轼相继被调为廉州安置、舒州团练副使、永州安置。1100 年，朝廷颁行大赦，苏轼复任朝奉郎。1101 年，苏轼在北归途中，病逝于常州（今江苏省常州市），享年六十五岁。宋高宗时追赠太师，谥号"文忠"。苏轼一生坎坷，多次被贬，宦海浮沉，奔走四方，但他积极乐观，生活阅历极为丰富，留下了大量的优秀作品。作品有《东坡七集》《东坡易传》《东坡乐府》《潇湘竹石图卷》《古木怪石图卷》等。他还擅长书画，是宋朝著名书法家"宋四家"之一。苏轼在文、诗、词三方面都达到了极高的造诣，文章纵横恣肆，诗题材广阔，清新豪健，独具风格，词突破了艳科的传统格局，堪称宋代文学最高成就的代表。

8. 双井神童

黄庭坚（1045—1105），字鲁直，号山谷道人、涪翁，洪州分宁双井村明月湾（今江西省九江市修水县杭口镇双井村明月湾）人，北宋著名文学家、书法家，江西诗派开山之祖，幼时被大家称为"双井神童"。修水黄氏是个望族大户，在北宋科举中取得过"十龙及第"的骄傲。黄庭坚生于书香之家，父亲黄庶和舅父李常都是诗人。黄庭坚自幼聪明好学，五岁时，已对五经倒背如流。七岁时，小黄庭坚随父游黄袍山，造访张良退隐黄袍山的良山道观和伐桂书院，作了一首《牧童》诗：

骑牛远远过前村，吹笛风斜隔陇闻。

多少长安名利客，机关用尽不如君。

1067年，黄庭坚考中进士，任汝州叶县（今河南省平顶山市）县尉。后参加四京学官考试，担任国子监教授。宋哲宗时，任黄庭坚为校书郎，后出任宣州知州，改知鄂州。因任《神宗实录》检讨官，被章敦、蔡卞与其党羽认为《神宗实录》多有诬陷不实之词，被贬为涪州别驾、黔州安置，移至戎州（今四川省宜宾市）。宋徽宗时，起任黄庭坚为监鄂州税（官名），签书宁国军判官、舒州（今安徽省安庆潜山市）知州。后任太平州（今安徽省马鞍山市当涂县）知州，上任九天就被罢免。因与赵挺之不和被除名，送到宜州（今广西壮族自治区河池市宜州区）管制。1105年，黄庭坚客死宜州，终年六十一岁。黄庭坚一生，历尽沧桑，仕途坎坷，但他淡泊名利，心系苍生，潜心书法、学问。他十分孝顺父母，友爱兄弟。《二十四孝》中的“涤亲溺器”就是讲的大孝子黄庭坚，虽身居高位，侍奉母亲却竭尽孝诚，每天晚上，都亲自为母亲洗涤溺器（便桶），没有一天会忘记儿子应尽的职责。其作品有《豫章黄先生文集》《山谷琴趣外篇》(《山谷词》)，其书法擅长行书、草书，楷书自成一家，独具风格，为“宋四家”之一。黄庭坚曾受朝廷之命书写过一则十六字的碑文，内容取自孟昶的《官箴》:

尔俸尔禄，民膏民脂。
下民易虐，上天难欺。

意思是，官员们所领的俸禄，都是老百姓的血汗。百姓们虽然好欺负，天理却难以容忍。这一碑文被颁发到各州县，刻成石碑，称作“戒石”，立于官署衙门大堂，警示官员们务必清正廉洁，克己爱民。黄庭坚忠孝两全、才艺超众、高风亮节，一直为后人敬仰。

9. 风住尘香花已尽

李清照（1084—1155），号易安居士，齐州济南（今山东省济南市章丘区）人，宋代女词人，婉约词派代表，有“千古第一才女”之称。李清照出身于书香门第，父亲李格非是济南历下人，进士出身，苏轼的学生，官至提点刑狱、礼部员外郎。李清照幼年家庭富裕，父亲藏书丰富，从小在优越的家庭环境中耳濡目染，受到良好的文学熏陶。少年时随父亲生活于汴京，便在词坛上崭露头角，十六岁前后写出了为后世广为传诵的著名词章《如梦令》，轰动整个京师：

> 昨夜雨疏风骤，浓睡不消残酒。试问卷帘人，却道海棠依旧。知否，知否？应是绿肥红瘦。

全词借酒醒后询问花事，表达了她怜花、惜花的细腻情感和对大自然的无限热爱。1101 年，十八岁的李清照与宰相赵挺之第三子、时年二十一岁的太学生赵明诚在汴京成婚。两人志趣相同，婚后共同致力于书画、金石的搜集整理，过着安宁和谐、高雅有趣的幸福生活。然好景不长，因李家卷入朝廷内部激烈的新旧党争，父亲李格非被罢官，李清照被迫还乡，随亲人返还原籍。与丈夫赵明诚的分别时日，她写下了精巧优美的别情佳作《一剪梅》：

> 红藕香残玉簟秋，轻解罗裳，独上兰舟。云中谁寄锦书来？雁字回时，月满西楼。
>
> 花自飘零水自流，一种相思，两处闲愁。此情无计可消除，

才下眉头，却上心头。

同期创作的代表作还有《醉花阴 · 重阳》：

薄雾浓云愁永昼，瑞脑销金兽。佳节又重阳，玉枕纱厨，半夜凉初透。

东篱把酒黄昏后，有暗香盈袖。莫道不销魂，帘卷西风，人比黄花瘦。

全词没有一个字写作者的愁苦和孤独，然而思夫不见的哀凉情感又无处不在。赵挺之复职后，李清照得以返归汴京与赵明诚团聚。1107年，蔡京复相位，无情的政治灾难使赵挺之再被罢免，五日后病卒。李清照只好随赵家回到青州（今山东省潍坊市青州市），开始屏居乡里生活。1117年，在李清照的协助下，赵明诚完成了《金石录》的写作。1127，金兵南侵，汴京沦陷，徽、钦二帝被擒，发生“靖康之变”。1129年，赵明诚出任江宁（今江苏省南京市江宁区）知府时，城中叛乱，赵明诚独自弃城而逃被朝廷革职。李清照为丈夫的临阵脱逃感到羞愧，从此冷淡疏远了赵明诚。二人背井离乡，举家南渡，路经乌江（今安徽省马鞍山市和县东北），李清照面对滔滔江水，想着腐败的朝廷和懦弱的丈夫，心忧天下，随口吟诵了饱含浩然正气的《夏日绝句》：

生当作人杰，死亦为鬼雄。

至今思项羽，不肯过江东。

同年，赵明诚病死于建康。亡国之恨，丧夫之痛，孀居之苦，凝聚心头，李清照写下了震动词坛的名作《声声慢》：

寻寻觅觅，冷冷清清，凄凄惨惨戚戚。乍暖还寒时候，最难将息。三杯两盏淡酒，怎敌他、晚来风急？雁过也，正伤心，却是旧时相识。

满地黄花堆积。憔悴损，如今有谁堪摘？守着窗儿，独自怎生得黑？梧桐更兼细雨，到黄昏、点点滴滴。这次第，怎一个愁字了得！

从此，李清照孤独无依，颠沛流离。1132 年，四十九岁的李清照到达杭州，再嫁张汝舟。谁知张汝舟觊觎的是她的珍贵收藏。李清照得知张汝舟曾经科举舞弊、虚报举数骗取官职后，毅然报官告发了张汝舟，并要求离婚。宋朝规定，妻子告丈夫，即便属实，妻子也要坐牢三年。经翰林学士綦（qí）崇礼等亲友的鼎力相救，李清照被关押九日之后获释。之后，李清照避乱浙江金华（今浙江省金华市），在十分孤独、无限凄凉中度过晚年。1135 年，李清照避难金华时创作了著名的《武陵春》：

风住尘香花已尽，日晚倦梳头。物是人非事事休，欲语泪先流。闻说双溪春尚好，也拟泛轻舟。只恐双溪舴艋（zé měng）舟，载不动许多愁。

该词写出了李清照凄惨的处境，内心深处的苦闷、忧愁和悲痛。“风住尘香花已尽”成了她优雅从容的人生总结。1155 年，被誉为“词国皇后”的李清照，故土难归，极度孤苦，悄然辞世，享年七十二岁。作品有《李易安集》《易安居士文集》《易安词》，已散佚。

后人辑有《漱玉集》《漱玉词》。今有《李清照集》辑本。李清照与东汉蔡文姬、西汉卓文君和东汉班昭被誉为“中国古代四大才女”。

10. 位卑未敢忘忧国

陆游（1125—1210），字务观，号放翁，越州山阴（今浙江省绍兴市）人，南宋文学家、史学家、诗人。他出身名门望族、江南藏书世家。其高祖陆轸（zhěn）是宋真宗时进士，官至吏部郎中。祖父陆佃，师从王安石，精通经学，官至尚书右丞，所著《春秋后传》《尔雅新义》等。父亲陆宰，通诗文、有节操，北宋末年曾任京西路转运副使。陆游出生于北宋灭亡之际，成长在偏安的南宋。在山河破碎、国破家亡的动荡年代，他幼小的心灵滋长了爱国主义情怀和对民族的热爱。陆游自幼聪慧好学，先后师从毛德昭、韩有功、陆彦远等。他十二岁时即诗文出众，后来却仕途不顺，起初以恩荫被授予登仕郎之职。1144年，二十岁的陆游与郑州通判唐闳（hóng）的独生女十七岁的唐琬成婚。唐婉文静灵秀，才华横溢，不善言语，善解人意，是当时有名的才女。两人婚后情深意蜜，琴瑟和鸣，卿卿我我，沉醉于甜蜜的幸福生活。在那个年代，女子无才便是德，唐琬的才艺引起了陆母的不满。况且唐婉婚后一年未孕，陆母担心唐琬把儿子的前程尽毁，陆母遂找人算命，认为二人八字不合，命陆游休了唐琬。婚姻大事，母命难违，陆游万般无奈，只得与娇妻分手，临别时送一盆花给唐婉作留念。唐婉含泪问道：“这是什么花？”陆游低头回答：“是相思红！”唐婉哭着说：“不是相思红，是断肠花！”其实，陆游送给唐婉的是一盆竹节海棠，那红色花瓣上的斑斑白点，便是唐婉的泪痕。休妻后，陆游曾另筑别院安置唐琬，被其母察觉后，命陆游另娶一位温顺本分的王氏为妻。1153年，陆游进京临安（今浙江省杭州市）参加锁厅考试（现任官员及恩荫子弟的进士考试)，主考官陈子茂阅卷后录取陆游第一，排名在秦桧的孙子秦埙之上，秦桧大怒，降罪主考。1154 年，陆游参加礼部考试，秦桧嫉恨陆游，指示主考官不得录取。会试失利后，陆游回到家乡，风景依旧，物是人非，睹物思人，备感凄凉。一天随意漫步到禹迹寺的沈园，偶遇前妻唐婉，唐琬此时已经嫁给都城绍兴府皇家后裔同郡士人赵士程为妻。陆游感慨万千，悲痛欲绝，在墙上题了一首令人心酸的《钗头凤 · 红酥手》:

红酥手，黄縢酒。满城春色宫墙柳。东风恶，欢情薄。一杯愁绪，几年离索。错，错，错!

春如旧，人空瘦。泪痕红浥鲛绡透。桃花落，闲池阁。山盟虽在，锦书难托。莫，莫，莫!

后来，唐婉重游沈园，看见墙上的《钗头凤 · 红酥手》，内心难以平静，于是和了一首催人泪下的《钗头凤 · 世情薄》:

世情薄，人情恶，雨送黄昏花易落。晓风干，泪痕残。欲笺心事，独语斜阑。难，难，难!

人成各，今非昨，病魂常似秋千索。角声寒，夜阑珊。怕人寻问，咽泪装欢。瞒，瞒，瞒!

1155 年，秦桧病逝，陆游任福州宁德县主簿，后调入京师，任敕令所删定官。任职时他不附权贵，直言进谏，甚至建议宋高宗勿贪玩物，严于律己。1161 年，陆游升任大理寺司直兼宗正簿，负责司法工作。1162 年，宋孝宗即位，任命陆游为枢密院编修官，赐进士出身。他因力主抗金，屡遭主和派排斥，加上直言犯上，被贬为镇江府通判。1164 年，陆游再次被贬为建康府通判。1165 年，陆游调任隆兴府通判。有人进言陆游“结交谏官，鼓唱是非，力说张浚用兵”，朝廷即罢免了他的官职。1167 年，陆游在故乡山阴（今浙江省绍兴市）作有著名的《游山西村》：

莫笑农家腊酒浑，丰年留客足鸡豚。
山重水复疑无路，柳暗花明又一村。
箫鼓追随春社近，衣冠简朴古风存。
从今若许闲乘月，拄杖无时夜叩门。

1169 年，陆游再被起用，任为夔（kuí）州（今重庆省奉节县一带）通判，主管学事兼管内劝农事，陆游携家眷赴蜀任职，作有《入蜀记》。1171 年，应四川宣抚使王炎之邀，投身军旅，任职于南郑幕府。陆游草拟驱逐金人、收复中原的战略计划，作《平戎策》，提出“收复中原必须先取长安，取长安必须先取陇右；积蓄粮食、训练士兵，有力量就进攻，没力量就固守”。仅仅八个月后，次年幕府解散，《平戎策》被否，北伐计划落空，陆游感到无比忧伤和失落。1172 年，陆游被任为成都府路安抚司参议官，官职清闲，陆游骑驴入川，颇不得志。1173 年，改任蜀州通判。同年，经四川宣抚使虞允文举荐，陆游又改调嘉州通判。1174 年，虞允文病逝，陆游又调回蜀州通判。陆游作《蜀州大阅》，抨击南宋养兵不用，苟且偷安。同年，又被派到荣州代理州事。1175 年，范成大由桂林调至成都，任四川制置使，举荐陆游为锦城参议。范成大镇守蜀州，陆游为参议官，二人以文会友，成莫逆之交。1176 年，南宋主和势力诋毁陆游“不拘礼法”“燕饮颓放”，陆游再被免职。于是，他在杜甫草堂附近浣花溪畔开辟菜园，躬耕于蜀州。五十二岁的陆游，大病二十多天，回想自己屡遭挫折，壮志难酬，依然热情不减，内心依旧忧国忧民，愤然写下独具灵光的七律《病起忆怀》：

病骨支离纱帽宽，孤臣万里客江干。
位卑未敢忘忧国，事定犹须待阖棺。
天地神灵扶庙社，京华父老望和銮。
出师一表通今古，夜半挑灯更细看。

“位卑未敢忘忧国”这一传世警句，是诗人内心的真实写照，也成了后世志士仁人自警自励的名言。1178 年，陆游诗名日盛，受到宋孝宗召见，先后被任命为福州、江西提举常平茶盐公事。1179 年，陆游被任命为江西常平提举，主管粮仓、水利事宜。恰逢灾年，陆游开仓放粮，给事中赵汝愚弹劾陆游“不自检饬、所为多越于规矩”，陆游愤然辞官，重回山阴闲居。1186 年，他被重新起用任严州（今浙江省杭州市桐庐县、淳安县和建德市）知州。1188 年，陆游再次回京师升任军器少监，掌管兵器制造与修缮。1190 年，陆游升为礼部郎中兼实录院检讨官，再次进言宋光宗广开言路、慎独多思。并劝告宋光宗带头节俭，以尚风化，朝廷最终以“嘲咏风月”为由将其削职罢官。1202 年，陆游被罢官十三年后，奉诏入京，担任同修国史、实录院同修撰一职，主持编修宋孝宗、宋光宗《两朝实录》和《三朝史》，不久兼任秘书监。其间，陆游因赞扬和支持韩侂胄北伐，为其作记题诗。1203 年，国史编撰完成，宋宁宗升任陆游为宝章阁待制，陆游遂以此致仕，长期蛰居山阴。1210 年，陆游辞世，终年八十六岁。陆游一生历经四帝，罢官五次，写出一万多首诗词，心中念念不忘的就是北伐中原，收复故土。他曾写有咏梅词中的绝唱《卜算子 · 咏梅》：

驿外断桥边，寂寞开无主。已是黄昏独自愁，更著风和雨。

无意苦争春，一任群芳妒。零落成泥碾作尘，只有香如故。

全词以梅寄志，表达了他崇高爱国志向和对理想坚贞不渝的品格。陆游临终前留下最后一首感人肺腑的诗《示儿》：

死去元知万事空，但悲不见九州同。

王师北定中原日，家祭无忘告乃翁。

这是他一生政治抱负的总结的结晶，对后世影响深远。陆游是我国历史上诗歌创作最为丰富的诗人，传世有《剑南诗稿》八十五卷，收诗九千余首，有《渭南文集》五十卷，《老学庵笔记》十卷及《南唐书》等。他的书法遒劲奔放，存世墨迹有《苦寒帖》等。陆游的作品，千百年来，震撼着人们的心灵，激励和培养后人的情操。

11. 朱熹理学

朱熹（1130—1200），字元晦、仲晦，号晦庵，别称紫阳，晚称晦翁，谥号“文”，世称朱文公，宋朝著名的理学家、思想家、哲学家、教育家、诗人，闽学派的代表人物，儒学集大成者，世尊称为“朱子”。朱熹祖籍徽州府婺源县（今江西省上饶市婺源县），出生于南剑州尤溪（今福建省三明市尤溪县）。朱熹是“二程”（程颢、程颐）的三传弟子、李侗的学生，与二程合称“程朱学派”。朱熹的理学思想对元、明、清三朝影响很大，成为三朝的官方哲学，是中国教育史上继孔子后的又一人。朱熹的父亲朱松历任著作郎、吏部郎等职，世称吏部郎府君，他对朱熹的教育十分严格。朱熹自幼聪明好学，少有大志。朱熹四岁时，便连环巧问父亲："日何所附？"朱松回答说："附于天。"朱熹又追问道："天何所附？"当时朱松惊讶不已。朱熹五岁便能读懂《孝经》，十岁时就厉志圣贤之学，每天如痴如醉地攻读《大学》《中庸》《论语》《孟子》。1143年，朱松病逝于建瓯（今福建省南平建瓯市），临终前把十四岁的朱熹托付给崇安（今福建省武夷山市）好友刘子羽（朱熹义父），刘子羽对朱熹视如己出，精心培养。1148年，理学学者刘勉之将自己的女儿刘清四许配给朱熹，夫妻二人相濡以沫，相敬如宾。同年，朱熹入京参加科举，中王佐榜第五甲第九十名，准敕（chì）赐同进士出身。1151年，朱熹再次入都铨试中等，授左迪功郎、泉州同安县主簿。1157年，朱熹任期满后，回到同安，不求仕进，拜李侗为师，学习二程"洛学"。他向朝廷上书反和主战、反佛崇儒、力主抗金的主张，没有得到采纳。1169年，朱熹用"敬"和"双修"思想重读程颢、程颐著作，独创"中和新说"，标志着朱熹哲学思想的成熟。同年，朱熹母亲去世，朱熹修建寒泉精舍为母守墓，开始了长达六年之久的寒泉著述时期。南宋陆九渊是理学的重量级人物，比朱熹小九岁。二人治学目标一致，而思想方法和认识途径却大不相同，学术上长期进行争辩。1175年，为了调和朱陆分歧，学者吕祖谦发起，邀请了朱熹和陆九渊、陆九龄兄弟共四五人在信州鹅湖寺（今江西省上饶市铅山县境内）集会，通过讨论"为学之方"，成为至交。这便是中国学术史上有名的"鹅湖之会"。1176年，朱熹四十七岁时，妻子刘氏因病辞世，他痛苦万分，在妻子墓前发誓"生不同时，死同穴"。1178年，宋孝宗时，任朱熹知南康军兼管内劝农事。行前他特意祭拜妻子刘氏墓，并赋诗《唐石雪中知》：

春风欲动客辞家，霖潦纵横路转赊。

行到溪山愁绝处，千林一夜玉成花。

该诗寄托着朱熹对妻子的深情厚意，此后，他终生未娶。朱熹在南康军任期内重修白鹿洞书院，自兼洞主，延请名师，充实图书，置办学田，供养贫穷学子，亲自订立学规即著名的《白鹿洞书院教规》，是世界教育史上最早的教育规章制度之一。1181 年，朱熹任浙东常平茶盐公事，肩负抗灾救荒重任。因劾奏前知台州唐仲友不法行径，任职仅九个月即被免职回家。1182 年，朱熹将《大学章句》《中庸章句》《论语集注》《孟子集注》四书合刊，经学史上第一次出现“四书”之名。1190 年，六十一岁的朱熹奉诏命知漳州。1191 年，朱熹长子朱塾去世，他以治子丧请辞迁居建阳（今福建省南平市建阳区）。1194 年，湖南瑶民蒲来矢起义，朱熹临危受命，出任潭州、荆湖南路安抚。朱熹采取了善后招抚的怀柔政策，招降瑶民起义军首领蒲来矢。朱熹任期，兴学校，广教化，督吏治，敦民风，扩建长沙岳麓山下的岳麓书院，并亲自讲学，使岳麓书院成为南宋全国四大书院之一。同年，朱熹进京任焕章阁待制兼侍讲。因直言进谏，引起宋宁宗和韩侂胄的不满，入朝仅四十六天，被罢免还居建阳考亭（今福建省南平市建阳区潭城街道考亭村）。1196 年，“庆元党禁”发生，朱熹被斥之为“伪学魁首”。朱熹为避祸与门人黄干、蔡沈、黄钟来到新城福山（今江西省抚州市黎川县社苹乡竹山村）双林寺侧的武夷堂讲学。在此期间，应南城县上塘蛤蟆窝村吴伦、吴常兄弟的邀请，到该村讲学时写下了《观书有感二首》。

其一：

半亩方塘一鉴开，天光云影共徘徊。

问渠那得清如许？为有源头活水来。

其二：

昨夜江边春水生，艨艟巨舰一毛轻。
向来枉费推移力，此日中流自在行。

这两首诗是借助事物本身感性的形象，抒发读书体会，揭示深刻的哲理道理。其一，借助池塘水清因有源头活水不断注入，比喻学习要不断接受新生事物，才能保持思想的活跃与进步。其二，借助巨舰无人能推动却能在水中自由航行，比喻艺术创作需要灵感的道理。1200年，朱熹在血雨腥风的"党禁"运动中溘然去世，终年七十一岁。朱熹生前作有一首七言绝句，告诫青年人珍视光阴，努力向学的著名佳作《偶成》：

少年易老学难成，一寸光阴不可轻。
未觉池塘春草梦，阶前梧叶已秋声。

朱熹一生除了短暂的为官从政，大多时间都在讲学和著述，现存朱熹著作共二十五种，六百余卷，总字数在两千万字左右。他在继承前人学说的基础上，建立了庞大细密的客观唯心主义"理学"体系，他的理论成为中国专制社会后期的统治思想。他认为太极是宇宙的根本和本体，太极本身包含了理与气，理在先，气在后。太极之理是一切理的综合，它至善至美，超越时空，是"万善"的道德标准。在人性论上，朱熹主张"存天理，灭人欲"，天理包罗万象，天地万物、人、朝廷、道德等都包含在天理之中，而人欲简单地说就是人体器官的欲望，欲望是有界限的。他认为人有"天命之性"和"气质之性"，前者源于太极之理，是绝对的善；后者则有清浊之分，善恶之别。人们应该通过“居敬”“穷理”来变化气质。朱熹主张以理学治国，但却得不到朝廷的重视和理解，其满腔热情倾注于教育事业，在教学理论和实践上取得重大成就。

12. 男儿到死心如铁

辛弃疾（1140—1206），原字坦夫，后改字幼安，中年后别号稼轩居士，济南府历城县（今山东省济南市历城区遥墙镇四凤闸村）人，南宋官员、将领，豪放派词人，有“词中之龙”之称。他与苏轼合称“苏辛”，与李清照并称“济南二安”，与党怀英一同受学于刘瞻，并称“辛党”。祖上为狄道人，辛弃疾出生时，北方已沦陷于金人，他的祖父辛赞遂仕于金朝。辛赞却人在曹营心在汉，心系宋朝，不忘抗金。辛赞培养辛弃疾尽可能掌握金朝情况，要从小立志雪耻，恢复中原。1161 年，金主完颜亮大举南侵，金朝后方的汉族人民不堪忍受屈辱与痛苦，奋起反抗。济州耿京领导农民起义，二十二岁的辛弃疾率领两千余人投奔耿京。因辛弃疾智谋过人，在军中担任掌书记。1162 年，他奉耿京之命南下与南宋朝廷联络。宋高宗得知情况后非常高兴，给辛弃疾等两百多人封官。辛弃疾返回时，张安国叛变谋杀了耿京，义军溃散。辛弃疾率领五十多人袭击了几万人的敌营擒拿了叛徒张安国，交南宋朝廷处决。从此，年轻有为的辛弃疾回归南宋，宋高宗任命他为江阴签判。辛弃疾上书《美芹十论》《九议》等，分析宋金形势，提出强兵富国的具体规划和抗金北伐的建议，但已经不愿意再打仗的朝廷却反应冷淡，不予重视。宋孝宗时，先后派辛弃疾到江西、湖北、湖南等地担任转运使、安抚使等职。1174 年，辛弃疾看到强敌压境，国势日衰，而南宋朝廷却不思一统，偏安江左，贪图享乐，歌舞升平，粉饰太平。他心急如焚，欲补天穹，却无路请缨。眼里看着正月十五的繁华盛夜，内心感慨万千，以一个柔情郎的形象写下了惹人怦然心动的《青玉案·元夕》：

东风夜放花千树，更吹落，星如雨。宝马雕车香满路。凤箫声动，玉壶光转，一夜鱼龙舞。

蛾儿雪柳黄金缕，笑语盈盈暗香去。众里寻他千百度，蓦然回首，那人却在，灯火阑珊处。

其实，辛弃疾描写了一个不随波逐流、自甘淡泊的女性形象，寄托站在灯火阑珊处的正是孤芳自赏的辛弃疾，一个人站在热闹人群之外，冷眼观世界，表达了作者不与官场、世俗同流合污的内心境界。1180年，四十一岁的辛弃疾任知隆兴府（今江西省南昌市）兼江西安抚使。同年受弹劾，官职被罢，他回到上饶，开始了他中年以后的闲居生活。其间除了两年出任福建提点刑狱和福建安抚使外，其余二十多年时间都在乡闲居。闲居期间曾在博山道（今江西省上饶市广丰区西南三十里）中一山壁上题了一首词《丑奴儿·书博山道中壁》：

少年不识愁滋味，爱上层楼。爱上层楼，为赋新词强说愁。

而今识尽愁滋味，欲说还休。欲说还休，却道天凉好个秋。

词中无法诉说的悲凉、忧愁，无奈言它道“秋”，表达了作者受压抑、遭排挤、报国无门的痛苦之情。辛弃疾目睹了宋朝官场上的黑暗，面对污浊不堪、不思进取的时政，内心深深感到厌恶，而将他自己的愤世情怀比为菊花的品格，在他的名作《鹧鸪天·寻菊花无有戏作》中刻画得淋漓尽致：

掩鼻人间臭腐场，古来惟有酒偏香。自从来住云烟畔，直到而今歌舞忙。

呼老伴，共秋光。黄花何处避重阳？要知烂熳开时节，直待西风一夜霜。

1189年，南宋文学家、思想家陈亮自浙江东阳来江西上饶看望辛弃疾，两人高歌痛饮，同游鹅湖山（今江西省上饶市铅山县东北），纵谈天下大事。别后辛弃疾写下充满豪情壮志的《贺新郎》：

老大那堪说。似而今，元龙臭味，孟公瓜葛。我病君来高歌饮，惊散楼头飞雪。笑富贵千钧如发。硬语盘空谁来听？记当时，只有西窗月。重进酒，换鸣瑟。

事无两样人心别。问渠侬：神州毕竟，几番离合？汗血盐车无人顾，千里空收骏骨。正目断关河路绝。我最怜君中宵舞，道“男儿到死心如铁”。看试手，补天裂。

作者引用了陈亮的话“男儿到死心如铁”，这一响彻云霄的呐喊，正是辛弃疾和陈亮坚持抗金、志在统一的爱国精神的最好写照。1203年，已经六十四岁的辛弃疾知绍兴府兼浙东安抚使，后任镇江知府。1205年，辛弃疾任职镇江知府时，曾登临北固亭（又称北固楼，坐落于今江苏镇江市北固山），感叹一生报国无门的失望，凭高望远，抚今追昔，写下了传唱千古之作《永遇乐 · 京口北固亭怀古》：

千古江山，英雄无觅，孙仲谋处。舞榭歌台，风流总被，雨打风吹去。斜阳草树，寻常巷陌，人道寄奴曾住。想当年，金戈铁马，气吞万里如虎。

元嘉草草，封狼居胥，赢得仓皇北顾。四十三年，望中犹记，烽火扬州路。可堪回首，佛狸祠下，一片神鸦社鼓。凭谁问，廉颇老矣，尚能饭否？

1206年，执笔能安天下，上马可定乾坤的辛弃疾，一生英雄梦难成，抱憾病逝，终年六十七岁。辛弃疾一生不忘恢复中原的信念，虽壮志未酬，但他把满腔热情和对国家兴亡、民族命运的关切、忧虑，全部寄寓于词作之中，他的爱国精神数百年来一直激励着后人。他的作品现存词六百多首，有词集《稼轩长短句》等传世。

13. 国脉微如缕

《贺新郎 · 国脉微如缕》是南宋词人刘克庄创作的一首词。刘克庄（1187—1269），初名灼，字潜夫，号后村，福建莆田县（今福建省莆田市）人，南宋豪放派词人，江湖诗派诗人。刘克庄出身世族，祖父刘夙、父亲刘弥正皆进士出身。刘克庄自幼受到良好的家风影响与教育，酷爱读书，精通诗词，文学才华出众。宋理宗因刘克庄的才华，赐其同进士出身，任秘书少监，官居工部尚书。1224年，宋理宗时他开始出任建阳县（今福建省南平市建阳区）知县，刘克庄任职期大部分闲居莆田，深入社会最基层，体恤民情，专心为政，督办遗留案件，兴学施教，名声远扬。1227年，史弥远发起“江湖诗祸”，《江湖集》被劈版禁毁，诗人被谪贬流放，刘克庄虽幸免于难，却闲废十年。自此，他游历河山，阅览民间，体验生活。1235年，刘克庄再度复出，任枢密院编修官兼吏部侍右郎官。然刘克庄过于率直、倔强的性格，上奏揭露史弥远的罪行，被外放先后出任过漳州知州、袁州知州、江西提举常平公事、广东提举常平公事、广东转运使、吏部侍右郎宫、江东提举常平公事、将作监、直华文阁等职务。1243年，蒙古军攻四川，破大安军，围攻寿春府（今安徽省淮南市寿县），刘克庄感到国势垂危，希望朝廷能够广招贤才和英雄豪杰，共赴国难，写下《贺新郎 · 国脉微如缕》：

国脉微如缕。问长缨、何时入手，缚将戎主。未必人间无好汉，谁与宽些尺度。试看取、当年韩五。岂有谷城公付授，也不干、曾遇骊山母。谈笑起，两河路。

少时棋柝曾联句。叹而今、登楼揽镜，事机频误。闻说北风吹面急，边上冲梯屡舞。君莫道、投鞭虚语。自古一贤能制难，有金汤、便可无张许。快投笔，莫题柱。

词中一个“缕”字，极形象地表明国家的命脉已经衰微不堪。作品以韩世忠为例，提出在大敌当前应重用人才，不要幻想倚靠天险，而应依靠英雄豪杰。全词凝练有力，意气风发，催人奋进。直至1246年，刘克庄被召回临安（今浙江省杭州市临安区），改任太府寺少卿。后刚直不阿的刘克庄再被罢职。1251年，起复回朝，再次被召入朝任秘书监、兼太常少卿、直学士院、崇政殿说书、史馆同修撰、起居舍人。由于他与任人唯亲、奸佞专权的朝政格格不入，再次纵论国内外形势批评朝政，以恃才傲物为由被罢免，主管明道宫之职回乡闲居八年。1260年，贾似道还朝为相，向宋理宗推荐刘克庄，得以回京复职，拜秘书监、起居郎，兼中书舍人，拜兵部侍郎，直学士院。他劝谏宋理宗不要沉迷酒色，要居安思危。1264年，他因病还乡。1269年，刘克庄病逝，享年八十三岁。刘克庄一生多数时间被贬朝外，了解社情民风，作品内容丰富。他的《后村诗话》和一些论诗文章有独到的见解，他是最早的《千家诗》编选者。他的诗作属江湖诗派，多论时政，反映民生，作品收录于《后村先生大全集》。

14. 宋末三杰

南宋末年，在强大的元军面前，南宋输了江山，在无限悲壮中却不失气节，将士们不屈不挠，拼死抵抗，义无反顾，英勇献身，直到生命的最后。南宋朝廷中带领军民抗击元朝入侵的三位将领张世杰、陆秀夫和文天祥，被后人称为“宋末三杰”。

张世杰（？—1279）是涿州范阳县（今河北省涿州市）人，宋末抗元名将，时任太傅，枢密副使，封越国公。早年张世杰随南宋名将吕文德征战四方，后升任保康军承宣使，带兵抵抗元军入侵。1276年，元军攻破南宋都城临安（今浙江省杭州市），俘虏了谢太后、宋恭帝和百官，押送到北方。破城之前，张世杰与陆秀夫等人护送宋恭帝的异母兄益王赵昰（shì）和弟卫王赵昺（bǐng）两个幼子逃出临安，先后拥立南宋二帝，组织小朝廷抵抗元军南下。同年，群臣在福州拥立赵昰即位，是为宋端宗。其间元军多次派人招降，张世杰果断拒绝，誓不降元。1278年，宋端宗赵昰去世，卫王赵昺被立即位，史称宋末帝。赵昺拜张世杰为少傅、枢密副使，封为越国公。在元军的步步紧逼下，无力回天的宋廷被迫转移到崖山。1279年，元军围攻崖山，张世杰领兵与之激战二十二天，拼死到最后，最终兵败“崖山海战”，同杨太妃一同于平章山下（约今广东省阳江市西南的海陵岛对开海面）跳海而亡。

陆秀夫（1238—1279），字君实，楚州盐城（今江苏省盐城市建湖县建阳镇）人，南宋左丞相，抗元名臣。陆秀夫二十岁时与文天祥同登进士榜，后跟随李庭芝镇守淮南。1276 年，都城临安（今浙江省杭州市）被破，他同张世杰护送益王、卫王南逃抗元。1278 年，被封为左丞相。1279 年，元军围攻宋廷驻地崖山，宋军兵败“崖山海战”。陆秀夫驱妻、子投海后，自己怀揣玉玺，背负年仅八岁的赵昺在崖山壮烈投海，终年四十二岁。

文天祥（1236—1283），初名云孙，字宋瑞，一字履善，自号文山、浮休道人，江西吉州庐陵（今江西省吉安市青原区富田镇）人，宋末政治家、文学家、诗人、抗元名臣和民族英雄。1256 年，文天祥考中进士，中状元。1259 年，补授承事郎、签书宁海军节度判官。1270 年，任军器监、兼权直学士院。因草拟诏书有讽权相贾似道语，被罢官。1275 年，元军沿长江东下，文天祥倾所有家财为军资，招勤王兵达五万余人，率兵赶到已经是元军兵临城下的临安（今浙江省杭州市），积极主战抗元。宋恭帝任他为浙西、江东制置使兼知平江府，再升任右丞相兼枢密使。1276 年，作为使臣到元军中讲和谈判，文天祥在皋亭山（今浙江省杭州市城东北）针锋相对，面斥元朝丞相伯颜，伯颜发怒拘捕了文天祥，他在押解北上途中逃归。文天祥赴南剑州（今福建省南平市），聚兵抗元。1277 年，终因势单力薄，败退广东。1278 年，在五坡岭（今广东汕尾市海丰县北）被元军俘获。1279 年，元军将其押赴崖山，令其招降张世杰，文天祥坚决不从。后被解至元大都（今北京市），元世祖忽必烈亲自劝降，许以中书宰相之职。文天祥大义凛然，宁死不屈。1283 年，文天祥于大都英勇就义，终年四十八岁。他生前著有《文山先生全集》《指南录》《指南后录》《正气歌》等。1279 年，文天祥被俘后，被押在船上过零丁洋（今广东珠江口外）时，作诗《过零丁洋》以明心志：

辛苦遭逢起一经，干戈寥落四周星。
山河破碎风飘絮，身世浮沉雨打萍。
惶恐滩头说惶恐，零丁洋里叹零丁。
人生自古谁无死？留取丹心照汗青。

文天祥的《过零丁洋》表现了他气贯长虹、视死如归的伟大精神。文天祥舍生取义的人生观，弘扬了中华民族的传统美德，激励和感召古往今来无数的中华儿女为正义事业英勇献身。他的浩然正气，万古流芳。

15. 北方文雄

元好问（1190—1257），字裕之，号遗山，世称遗山先生，太原秀容（今山西省忻州市）人，金末至大蒙古国时期著名文学家、历史学家。元好问是宋金对峙时期北方文学的主要代表、文坛盟主，是金元之交时期文学上承前启后的文章大宗，被尊为“北方文雄”“一代文宗”。他是北魏太武帝拓跋焘的后代，父亲元德明屡试不第，在家教书，著有《东岩集》。元好问出生后七个月过继给叔父元格为子。元格任陵川县（今山西省晋城市陵川县）县令等职，视元好问为己出，悉心教导。元好问自幼聪慧，有神童之誉。他诗、文、词、曲各体皆工，其中诗作成就最高。1205 年，十六岁的元好问赴并州赶考，途中碰到一个捕雁人捕杀了一只雁，另一只逃脱的雁悲鸣不止，然后投地而死。元好问看后非常感动，从猎人手里买下了那只殉情的雁，把它葬在汾河边上，立碑刻下“雁丘”二字，并写成传世之作《摸鱼儿 · 雁丘词》：

问世间，情是何物，直教生死相许？天南地北双飞客，老翅几回寒暑。欢乐趣，离别苦，就中更有痴儿女。君应有语：渺万里层云，千山暮雪，只影向谁去?

横汾路，寂寞当年箫鼓，荒烟依旧平楚。招魂楚些何嗟及，山鬼暗啼风雨。天也妒，未信与，莺儿燕子俱黄土。千秋万古，为留待骚人，狂歌痛饮，来访雁丘处。

一句“问世间，情是何物，直教生死相许？”的慨叹，曾引发古今多少心灵的共鸣，惹得多少痴男情女为之泪湿衣襟。1207 年，十八岁的元好问，迎娶了出身书香门第的张氏为妻，张氏贤惠淑良，二人感情深厚。1208 年，婚后第一次离家赴考，元好问悦目长安春色，有感而发写成《点绛唇 · 长安中作》:

醉里春归，绿窗犹唱留春住。问春何处，花落莺无语。

渺渺吟怀，漠漠烟中树。西楼暮，一帘疏雨，梦里寻春去。

这首词表现的传统伤春主题，那种恰到好处的淡淡惆怅，令人回味无穷。1214 年，蒙古兵围攻金朝，金兵节节败退，秀容失陷，太原被围。元好问携老母、妻子颠沛流离，逃往河南。1221 年，三十二岁的元好问曾多次举考不顺，终于考中进士，却因被诬为“元氏党人”，没有选任。之后，他迁居洛阳，安心创作大量的诗文作品。元好问虽有志于世，却无力回天，1222 年，作述怀之作《临江仙 · 自洛阳往孟津道中作》:

今古北邙山下路，黄尘老尽英雄。人生长恨水长东。幽怀谁共语，远目送归鸿。

盖世功名将底用，从前错怨天公。浩歌一曲酒千钟。男儿行处是，未要论穷通。

全词壮阔而悲凉的意境，表达了理想与现实的差距，希望与失望的落差。另有代表作反映他仕途的不得志、孤独在外念家思归作品《鹧鸪天 · 候馆灯昏雨送凉》:

候馆灯昏雨送凉，小楼人静月侵床。多情却被无情恼，今夜还如昨夜长。

金屋暖，玉炉香。春风都属富家郎。西园何恨相思树，辛苦梅花候海棠。

这是一首难得的佳作，整首词在无限的忧愁中，刻画了美好爱情中的离愁别绪，自我宽慰中充满忧郁之情。1224 年，元好问以考试优异考中科举，被任为权国史院编修，留官汴京。1226 年，元好问任河南省镇平县县令。次年，改官河南省内乡县县令。元好问任职内乡时，为官清正，勤于政务，催民农桑，劳抚流亡，不负皇命，乐于助民，调任内乡时，百姓攀辕卧辙，挽留不舍。他有诗为证《偶记内乡》:

桑条沾润麦沟青，轧轧耕车闹晓晴。
老眼不随花柳转，一犁春事最关情。

诗中能看出他亲民的本色，可以看出在战乱年代，由他治理的内乡呈现庄稼葱绿，农事繁荣欣欣向荣的景象。1231 年，元好问调任南阳县县令，在位时锐意改革，成绩斐然。不久，元好问入京调任尚书省令史，后升任左司都事，转任尚书省左司员外郎，官至翰林知制诰。1234 年，蒙古灭了金朝，元好问随金朝大批官员被俘，并被押往山东聊城看管，两年后转押到冠氏城（今山东省聊城市冠县）。这期间，因管制放松，他痛心金国的沦亡，创作了许多优秀作品。1238 年，元好问结束了被关押的生活，回到故乡秀容（今山西省忻州市），闭门读书，一心创作，完成编辑金史《壬辰杂编》和金国已故君臣诗词总集《中州集》。《中州集》内容包括金朝两位皇帝及诸大臣以及布衣百姓的诗词二千一百一十六首（其中诗二千零一首，词一百一十五首），并为每位作者共二百五十余人写了小传，填补了中国文学史上的空白。1257 年，元好问在游学中病逝，享年六十八岁。他著有《遗山集》等传世，有诗歌一千三百六十首，词三百七十七首，散曲六首，散文二百五十余篇。元好问毕生清正廉洁，忠君爱民，体恤百姓，为官一任造福一方的优秀品质和家国情怀，成为后世从政为民的典范。

第七章 大元帝国

北云漠风

元朝　漠北风云

元朝（1271—1368）是中国历史上首个由少数民族建立的大一统王朝，由蒙古族元世祖忽必烈创建，建都大都（今北京市）。1271年，忽必烈改大蒙古国国号为大元，建立元朝。1368年，朱元璋建立明朝，元朝灭亡，历经十一帝，历时九十七年。元朝的前身为大蒙古国，如果从1206年成吉思汗建立蒙古政权开始算起，历经十五帝，历时一百六十二年。元朝的统一，结束了三百七十多年众多政权对峙的混乱局面，多民族国家的巩固和发展上升到新的高度。元朝时，蒙古族和汉族加强了与其他民族间的相互联系，吸收、融合了许多民族文化，为全国社会经济的发展创造了有利条件。元朝的农业、畜牧业、手工业、商业、对外贸易、文化艺术、科学技术获得空前发展，城市繁荣，疆域超越历代。元朝的行政区划：中央机关由中书省直接统领六部，是最高行政部门，负责总理全国政务；腹里（元朝对中书省直辖地区的通称，把大都附近的这片地区叫作腹里，今北京市、天津市、河北省、山西省、山东省以及河南省的黄河以北地区和内蒙古自治区的一部分）为一级行政区，由中书省直辖，管辖京师周边地区；枢密院为最高军事管理机关；御史台为最高监察机关；宣政院统领宗教事务、管辖西藏、青海等地区。地方行政分行中书省，下设路、府、州、县四级行政区划。元朝经过三次西征后，其疆域东起日本海、东海，西抵黑海、地中海地区，南到南海，西南包括今中国西藏自治区、云南省，北到西伯利亚，西北至今中国新疆维吾尔自治区，东北至鄂霍次克海（太平洋西北部的边缘海）。

元太祖孛儿只斤·铁木真统一了蒙古部落，建立了蒙古帝国。之后，他先后灭掉西辽、西夏，发兵金朝。元太祖第三子元太宗窝阔台即位，联合南宋彻底灭金，集中兵力再攻南宋。窝阔台命成吉思汗长子术赤长之子拔都率军西征，一度逼近东欧腹地。元太宗长子元定宗贵由即位，沉溺酒色，朝野混乱，在位两年就病逝。成吉思汗第四子孛儿只斤·拖雷之子元宪宗蒙哥即位，命其弟忽必烈南征，灭亡大理国（今中国云南省、贵州省西南部，以及缅甸、老挝、越南北部部分地区），命其弟旭烈兀率大军十万西征，攻占巴格达、叙利亚阿尤布王朝、大马士革和阿勒颇。同时，元军兵分三路大举进攻南宋，占领南宋多处领地。忽必烈、阿里不哥兄弟争位，同时称汗，爆发五年内战，阿里不哥兵败被擒。忽必烈推行“行汉法”主张，导致四大汗国先后独立。忽必烈改国号为大元，改中都（今北京市）为大都。经过“崖山海战”，元朝灭亡南宋，开始四面远征。先后进攻日本、占城（今越南南部）、安南（越南北部）和缅甸蒲甘王朝，劳民伤财，国力不足。其子真金之子元成宗铁穆耳即位，平定“海都之乱”，持盈守成，但朝政衰败。真金次子答剌麻八剌的次子爱育黎拔力八达在大都发动政变，爱育黎拔力八达之兄元武宗孛儿只斤·海山即位。海山进行短暂改革，收效甚微。其弟元仁宗爱育黎拔力八达即位，整顿朝政，推行汉化，恢复科举，即“延祐复科”。其太子元英宗硕德八剌即位，推行“至治改革”，国势回升，但内部矛盾激化。元朝上演了一幕幕宫廷内部权力相争的亲情反目、同室操戈、兄弟相残的悲剧，阴谋与谎言的背后是获取权力的欲望和善良人性的丢失。“南坡之变”发生，元英宗遇刺身亡。真金长孙泰定帝也孙铁木儿即位，他将政变乱党全部清剿，守成维稳，巩固政权。但天不作美，自然灾害频发，元末农民起义爆发，雪上加霜。其长子年仅九岁的天顺帝阿速吉八即位，元武宗次子元文宗图帖睦尔也自立为帝。一国两君，二帝争雄，在“两都之战”中，元文宗获胜。元武宗长子元明宗和世瑓（là）也宣布即位，开始明文之争，和世瑓在位仅八个月，便被其弟图帖睦尔毒死。“天历之变”元文宗复位，然丞相专权，朝政腐败。元文宗自悔当年谋害兄长，遗诏元明宗年仅七岁的次子元宁宗懿璘（lín）质班即位。元宁宗在位仅四十三天便因病去世，元明宗长子元惠宗妥懽（huān）帖睦尔即位，又称元顺帝。他勤于政事，锐意图治，实施“至正新政”，然而当时的大元灾害连连，通货膨胀，天灾人祸，天下大乱。农民起义风起云涌，参加郭子兴起义军的朱元璋做强做大。而元朝宫廷内乱不止，残杀不断。朱元璋定都应天府（今江苏省南京市）称帝，开启大明王朝。在明军的攻势下，元惠宗逃往上都（今内蒙古自治区锡林郭勒盟正蓝旗境内），建立北元，元朝灭亡。北元末任大汗坤帖木儿被吉尔吉斯部首领鬼力赤杀害，鬼力赤改国号为蒙古，明朝称为鞑靼（dá dá），北元灭亡。

一统建蒙

元太祖孛儿只斤・铁木真（1162—1227），蒙古族人，是世界史上杰出的军事家、政治家。蒙古族的直系祖先是和鲜卑、契丹人属同一语系的东胡室韦族各部落，最早生活在大兴安岭北段，额尔古纳河以东地区，后迁至蒙古高原，以游牧、畜牧为主。蒙古高原地区的众多蒙古部落原为金朝的臣属，随着金朝的衰落，蒙古部落逐渐壮大起来，逐渐脱离金朝政权的统治。铁木真的父亲是蒙古乞颜部首领也速该，母亲是出身弘吉剌部的诃额仑。1170年，也速该被仇人在酒里下毒毒杀。乞颜部内部反对也速该的势力蜂起，诃额伦夫人和她的孩子们被迫迁走。诃额仑夫人受尽磨难，把铁木真和他的兄弟们抚养成人。铁木真联合父亲的旧部和答阑部首领札木合重组了部族，他于1189年被推举为蒙古乞颜部可汗。1204年，蒙古诸部领袖铁木真经过长期战争，统一了蒙古高原各蒙古部落。1206年，铁木真被各部落推举为“成吉思汗”（意为“拥有海洋四方的可汗”），于漠北斡（wò）难河（今鄂嫩河，也称鄂伦河、鄂诺河或敖嫩河，位于蒙古国和俄罗斯境内的河流，属黑龙江水系，发源于蒙古国小肯特山东麓）源头建立政权，成立蒙古帝国，国号大蒙古国。从此，蒙古草原结束了长期混战的局面。

灭夏攻金

铁木真采取“先弱后强”的战略，将矛头对准西夏和金朝。1207年，开始出兵西夏。1209年，蒙古军再次大举进攻西夏都城中兴府（今宁夏回族自治区银川市），迫使夏襄宗李安全献女求和，同意附蒙攻金，年年纳贡。1211年，蒙古军大举进攻金朝，经过“野狐岭（今河北省张家口市万全区）之战”，金军伤亡二十余万，史称“金人精锐尽没于此”。蒙古军直逼金朝中都（今北京市）城下，得胜而归。从此，金军再没有能力抵抗蒙古铁骑。1212年，铁木真乘胜攻取金朝宣德（今河北省张家口市宣化区）、德兴（今河北省家口市涿鹿县）、西京（今山西省大同市）、东京（今辽宁省辽阳市），大掠而还。1213年，铁木真率大军逼近金朝中都（今北京市）。1215年，蒙古军再次兵临城下，攻陷中都。1217年，蒙古军渡过黄河，再侵西夏，夏神宗李遵顼（xū）兵败外逃。之后，铁木真多次发动对外战争扩张疆域，征服西达中亚、东欧的黑海海滨地区。1218年，蒙古灭亡耶律阿保机的八世孙耶律大石在可敦城（今蒙古国布尔干省青托罗盖古回鹘城）建立的西辽。1219年，中亚花剌子模讹答剌城的海尔汗杀死了蒙古国的四百九十九名和平商人，其国王摩诃末又杀死了成吉思汗派去的使臣。成吉思汗亲率二十万大军第一次西征，攻打中亚花剌子模，一直进攻到东欧的伏尔加河流域。同年，成吉思汗颁布了《成吉思汗法典》，建立了一套以贵族民主为基础的蒙古贵族共和政体制度，是世界上第一部具有宪法意义、包含宪政内容的成文法典（第一部宪法性质的法典是1215年英国的《自由大宪章》）。1225年，成吉思汗攻灭花剌子模后班师返回漠北。1226年，成吉思汗率十万大军发动大规模灭夏之战。1227年，夏末帝李睍（xiàn）投降，蒙古国灭西夏。同年，成吉思汗在对西夏的远征中于六盘山下清水县（今甘肃省天水市清水县）病逝，之后被密葬，终年六十六岁[1]，谥号法天启运圣武皇帝，庙号太祖。成吉思汗在临终前遗命由第三子窝阔台即位。根据蒙古的库里勒台制（部落议事会制度），窝阔台即位要等库里勒台的最后决定。王位空缺两年，由成吉思汗四子孛儿只斤·拖雷监摄国政。1229年，蒙古宗王和重要大臣举行大会，争议四十天后，窝阔台继承汗位，是为元太宗。成吉思汗一生征战四方，统一蒙古，建立帝国，创造蒙文，颁布法典，是真正的民族英雄，也是中华伟人，更是世界巨人。

灭金伐宋

元太宗孛儿只斤·窝阔台（1186—1241）性格温和，行事稳重，擅长处理政务。他执政时，对内严守成吉思汗所制定的法令，重用耶律楚材等人，进一步健全了蒙古的法律制度和政治

[1] 清末民初史学家、教育家屠寄的元史二种第二册《蒙兀儿史记》记载成吉思汗终年为七十一岁。但《新元史》卷三《太祖纪下》记载："秋七月，帝驻跸清水县之西江。壬午，帝疾甚。己丑，崩于灵州。帝临崩，渭左右曰：'金精兵在潼关，南据连山，北限大河，难以遽（jù）破。若假途于宋，金，宋之世仇也，必许我，则由唐、邓直捣大梁。金虽撤潼关之兵以自救，然千里赴援，士马俱疲，吾破之必矣。'言乞而崩，年七十有三。"《蒙古帝国史》记载："成吉思汗的生卒时间为1162年5月31日—1227年8月25日。"《中国通史》（第七册）记载："1171年成吉思汗9岁，1227年7月12日病逝。"推算应为六十六岁。

制度。对外按照成吉思汗规划的灭金战略立即发动了对金朝的连续进攻。1232年，蒙军攻打金朝取得“三峰山（今河南省禹州市西南二十里）会战”“钧州（今河南省禹州市）战役”的胜利，包围汴京。1234年，蒙古联合南宋彻底灭金。1235年，窝阔台定都哈拉和林（今乌兰巴托西南），兵分两路进攻南宋，攻陷枣阳，西掠襄阳、邓州等地。连续七年的蒙宋战争，南宋荆襄、四川、两淮的许多地方遭到蹂躏，蒙古军掠夺了大量的财物。

拔都西征

同年，窝阔台命成吉思汗长子、术赤长之子拔都等第二代蒙古王子率十五万大军发起蒙古第二次西征，史称“拔都西征”。1241年，西征大军攻占并掠杀东欧北部与中部，队伍一度逼近东欧腹地。蒙古灭金之后，窝阔台便指派朝中大将率军征伐，自己已不愿再受亲征之苦，开始奢华享乐。他认为：“人世一半是为了享乐，一半是为了英名。”于是，他整天沉湎酒色，彻夜不休，射猎狂欢，纵欲无度，荒怠朝政。1241年，窝阔台终因游猎饮酒过度，自食其果，导致中风而死，时年五十六岁，谥号英文皇帝，庙号太宗。其长子贵由当时尚在西征途中，由皇后乃马真·脱列哥那监国。乃马真监国五年，为了给儿子贵由创造继承汗位的条件，她滥行赏赐宗室和大臣，法制废弛，以取得大家的拥护。1246年，库里勒台大会召开确定贵由即位，是为元定宗。

短命统治

元定宗孛儿只斤·贵由（1206—1248）即位后，其母乃马真还政于元定宗。贵由面对矛盾重重、日趋腐败的朝政，不仅没有勤于朝政，整顿吏治，反而大开府库，更加滥赏，昼夜沉溺酒色，使得朝野上下离心离德，混乱不堪。当年，在推举贵由为大汗时，术赤长之子拔都以病为由拒不参加大会，贵由以此为由于1248年西征讨伐拔都。没想到行至横相乙儿（今新疆维吾尔自治区塔城地区额敏县附近）时，体弱多病的贵由因病去世，时年四十三岁，谥号简平皇帝，庙号定宗。由海迷失皇后抱幼子失列门临朝称制。在她统治三年期间，诸王争权，海迷失另外两个儿子忽察、脑忽另建府邸与其母对抗，以致形成一国三主的局面。宗王们擅自颁降令旨，朝廷纷争激烈，且连遭大旱，民不聊生，朝政更加混乱。1251年，举行忽里台大会，确定成吉思汗四子孛儿只斤·拖雷之子蒙哥即位，是为元宪宗。

攻灭大理

元宪宗孛儿只斤·蒙哥（1208—1259）即位后，将海迷失拘禁。后来，海迷失暗中策动窝阔台系的宗王，施巫术暗害蒙哥。1252年，海迷失加害蒙哥事情败露，蒙哥下令将海迷失皇后投河溺死。自此，汗位便由窝阔台家族转移到了拖雷家族。蒙哥推行中央集权制，在汉地、中亚与伊朗等直辖地设置行中书省，分遣拖雷系诸王分守各地，令其弟忽必烈总领漠南汉地大总督以管理汉地。同年，蒙哥命其弟忽必烈南征大理国（今中国云南省、贵州省西南部，以及缅甸、老挝、越南北部部分地区）。1254年，忽必烈攻克大理城（今云南省大理市），国王段兴智投降，大理国灭亡。段兴智投降后被蒙哥任命为大理总管，子孙世袭，云贵高原并入大蒙古国版图。

西征攻宋

1253年，蒙哥命其弟旭烈兀率十万大军西征，史称“蒙古第三次西征”。1258年，西征军攻占伊斯兰哈里发的最后领地美索不达米亚的巴格达。1259年，蒙古军灭叙利亚阿尤布王朝。1260年，蒙古军占领大马士革和阿勒颇。在蒙古军西征的同时，1258年蒙哥与其弟忽必烈、大将兀良合台分三路大举进攻南宋，攻克四川北部、河南汝南等地。1259年，蒙古军在进攻合州（今重庆市合川区）钓鱼城时，蒙哥因病去世，时年五十二岁，谥号桓肃皇帝，庙号宪宗。元宪宗蒙哥突然暴毙，临终前没来得及留下遗诏确定继承人，导致忽必烈与阿里不哥（拖雷第七子、元宪宗蒙哥之弟、元世祖忽必烈之弟）为争夺汗位爆发内战。1260年，旭烈兀在西征过程中听说蒙哥去世和忽必烈与其弟阿里不哥争夺帝位的消息，随即停止西征，留于西亚，称帝一方，并宣布支持忽必烈，后来被忽必烈封为“伊儿汗”，西亚的伊儿汗国从此建立。同年，阿里不哥在哈拉和林（今蒙古国乌兰巴托西南）被蒙古本土贵族推举为大蒙古国大汗。一个月后，忽必烈在精兵的拥立下于开平府（今内蒙古自治区锡林郭勒盟正蓝旗境内，多伦县西北闪电河畔）自立为大汗，并设立中书省，总管国家政务。

汗国独立

元世祖孛儿只斤·忽必烈（1215—1294）即汗位后，与阿里不哥展开激烈内战，历时达五年之久。1261年，忽必烈占领哈拉和林后再次发兵进攻，于昔木土脑儿（今蒙古国苏赫巴托省南部）打败阿里不哥军。1263年，忽必烈升开平（今内蒙古自治区锡林郭勒盟正蓝旗境内，多伦县西北闪电河畔）为上都，作为纳钵（即行在，国君的行营）。1264年，阿里不哥投降，被忽必烈幽禁（1266年去世）。忽必烈发明了“钞”，即纸币，颁布法令公布用纸币来计算主要商品的价值。他推行“行汉法”主张，使得许多蒙古贵族不满，其他几个蒙古汗国纷纷对立，内战和新政造成四大汗国先后独立，导致蒙古帝国分裂，直到后来元成宗时期才承认元朝为宗主国。蒙古四大汗国金帐汗国、察合台汗国、窝阔台汗国和伊儿汗国先后各自为政。早在 1243 年，成吉思汗长子术赤的次子拔都结束西征后建立钦察汗国，覆盖了今俄罗斯西部、东欧大部分、高加索地区部分等；1222 年，由成吉思汗次子察合台依其领地扩建建立察合台汗国，最盛时其疆域东至吐鲁番、罗布泊，西及阿母河，北到塔尔巴哈台山，南越兴都库什山，包括阿尔泰至河中地区（河中地区特指阿姆河与锡尔河之间的大片地区）；1251 年，窝阔台汗之孙、孛儿只斤 · 合失之子海都建立窝阔台汗国，疆域包括原乃蛮部的领地和原西辽的部分领土，即额尔齐斯河上游和巴尔喀什湖以东地区；1256 年，成吉思汗第四子拖雷之子旭烈兀在西亚建立伊儿汗国，鼎盛时期其领土东起阿姆河和印度河，西面包括小亚细亚大部分地区，南抵波斯湾，北至高加索山。

定都建元

1271 年，忽必烈颁布《建国号诏》，正式建国号为大元。忽必烈成为元朝开国皇帝，是为元世祖，但四大汗国没有承认其宗主国身份。1272 年，忽必烈将中都（今北京市）改为大都，宣布在此建都，原上都哈拉和林（今蒙古国乌兰巴托西南）改为陪都，哈拉和林失去都城地位，仅置宣慰司都元帅府。1273 年，大都宫殿建成，元朝正式定都大都（今北京市）。自此以后，明、清两代，北京一直是国家的首都。

灭宋远征

1273 年，元军开始大举伐宋，经过“襄樊之战”攻下樊城，襄阳守帅吕文焕出降。1274 年，南宋沿长江诸帅皆不战而降。1275

年，南宋太师贾似道被迫督诸路精兵抵御元军，宋军在“丁家洲（今安徽省铜陵市北）之战”中大败于元军。1276年，元军攻占南宋都城临安（今浙江省杭州市），年幼的宋恭宗出降，正式退位。之后，南宋大臣文天祥、张世杰和陆秀夫等在东南沿海先后立益王赵昰（shì）和卫王赵昺（bǐng）为帝，继续抗战。1279年，金朝降将张弘范指挥元军在“崖山海战”战胜南宋最后的抵抗势力，陆秀夫背着八岁的幼帝赵昺投海殉国，宋军全军覆没，南宋灭亡。元朝完成了全国的大统一，结束了各民族政权长期并存的分裂和战乱局面，推动了统一的多民族国家的巩固和发展。之后，元朝又开始四面远征。1281年，元军兵分两路进攻日本，“弘安之役”因遭遇飓风而战败。1282年，元军从广州渡海出兵占城（今越南南部），连战数年。1284年至1285年，元朝发兵安南（越南北部），因暴雨不止、瘟疫流行，被迫退师。1283年与1285年，元军两次从云南出兵缅甸蒲甘王朝。1287年，元军攻入蒲甘，迫使缅甸同意岁贡后退兵回朝。元朝连年战争，劳民伤财，造成国力不足。忽必烈大力推行民族等级政策，开始增加税收，起征田赋，大办铁冶，追征欠钱，变更钞法等，使得民族压迫严重。由于吏治腐败，专注搜刮，横征暴敛，人民负担日益加重，百姓生活苦不堪言，全国起义此起彼伏，发生大小起义两百余起。到1289年，起义增至四百余起。前后爆发了广州欧南喜、黎德和福建黄华、钟明亮等人领导的几次规模较大的起义。忽必烈晚年痛失爱妻察必和宠子真金，痛不欲生，加上对外作战失利，国内形势不稳，阶级矛盾尖锐，这些都让忽必烈心灰意冷而沉湎于暴饮暴食，身体肥胖，健康每况愈下。1294年，忽必烈病逝，终年八十岁，谥号圣德神功文武皇帝，庙号世祖。因元世祖曾赐真金的三子铁穆耳“皇太子宝”，并且让他镇守和林，在其母阔阔真与大臣伯颜等人的支持下，铁穆耳即位，是为元成宗。

持盈守成

元成宗孛儿只斤·铁穆耳（1265—1307）即位后，奉行“持盈守成”的政策，对内仍然任用中书右丞相完泽、平章布忽木等执政，给官员增加俸禄，同时整顿吏治，约束权贵，减免赋税，新编律令。对外停止战争，全力整顿军政，社会矛盾暂时有所缓和。但他滥增赏赐，冗员冗费，效率低下，导致国库空虚，入不敷出，物价飞涨，通货膨胀。1301年，元成宗平定西北孛儿只斤·海都（窝阔台汗之孙、孛儿只斤·合失之子）之乱，海都几次战败，死于退军途中，元朝基本维持稳定。同年，元成宗发兵征讨八百媳妇（今泰国北部兰纳王国），损兵折将，损失惨重，酿成云南、贵州各族人民的起义。

朝政衰败

1303年，元成宗与察合台汗国大汗笃哇及窝阔台汗国海都之子察八儿讲和，使西北长期动乱局面有所改观。元成宗晚年长期患病，皇后卜鲁罕和色目人大臣主政，官僚与皇后卜鲁罕内外勾结，贪污成风，淆乱朝政，朝政日渐衰败。1307年，铁穆耳病逝，时年四十三岁，谥号钦明广孝皇帝，庙号成宗。因元成宗无子嗣，皇位暂时空缺，由正宫皇后伯岳吾·卜鲁罕摄政，她打算让元成宗的堂弟安西王阿难答即位。真金次子答剌麻八剌的次子爱育黎拔力八达在大都发动政变，除掉了元成宗皇后卜鲁罕及她试图拥立的安西王阿难答。爱育黎拔力八达之兄怀宁王孛儿只斤·海山自漠北率军南下，抵达上都。海山会聚宗戚大臣举行忽里台大会，海山即位，是为元武宗。

短暂改革

元武宗孛儿只斤·海山（1281—1311）在位时间只有短短四年，为了解决时政各方面的顽疾，他大胆进行改革，以巩固统治地位。元武宗在政治上实行“溥从宽大”的方针，封官晋爵，增加赏赐，实行考课。经济上为了摆脱财政危机，他下令重设尚书省，改革钞法，颁发“至大银钞”，导致至大元钞大为贬值。1309 年，元廷与察合台汗国瓜分了窝阔台汗国，窝阔台汗国从此灭亡。1311 年，海山终因沉耽淫乐，酗酒过度，病重去世，时年三十一岁，谥号仁惠宣孝皇帝，庙号武宗。其弟爱育黎拔力八达即位，是为元仁宗。

延祐复科

元仁宗孛儿只斤·爱育黎拔力八达（1285—1320）即位后，立即下令废除尚书省，处死、流放尚书省官员多人，并废止元武宗的改革措施。此后，元朝再未设尚书省，这也是尚书省在中国历史上最后一次出现。元仁宗力图改变元武宗时造成的财政枯竭、政制混乱的局面，推行以儒治国政策，倚重汉人文臣，推行汉化，裁减冗员，加强中央集权，整顿朝政。1314 年，提倡汉化的元仁宗恢复科举取士，史称“延祐复科”。1320 年，爱育黎拔力八达病逝，时年三十六岁，谥号圣文钦孝皇帝，庙号仁宗。皇太子硕德八剌即位，是为元英宗。

至治改革

元英宗孛儿只斤·硕德八剌（1303—1323）即位后，元朝开始上演一幕幕宫廷亲情反目、同室操戈、兄弟相残的悲剧。元英宗自幼受儒学熏陶，即位后继承了其父元仁宗以儒治国政策，进行改革，实施新政，加强中央集权，裁减冗官，加强监督。1322 年，元英宗推行“津助赋役法[1]”，以减轻人民的差役负担。新政使得元朝国势大有起色，但也触及了蒙古保守贵族的利益，引起了贵族们的不满，双方矛盾尖锐。元英宗势单力薄，地位岌岌可危。皇太后答己（元武宗和元英宗的生母）与宠臣右丞相铁木迭儿乘机相互勾结，分割君权，在朝中肆行威福，敛财聚货，中饱私囊，陷害忠良。元英宗为了巩固自己的政治地位，任拜住（名相安童之孙）为中书左丞相，开始对答己的党羽进行清剿，右丞相铁木迭儿称病不朝。同年，铁木迭儿终因老病惊恐死于家中。1323 年，元英宗下令编成并颁布元帝国正式法典《大元通制》，史称“至治改革”。《大元通制》共二千五百三十九条，虽不是很全面的法典，但也是元朝法律成熟的标志，它采用了以金朝《泰和律》的法典结构，反映了蒙古人的习俗和元代特有的制度特征。

南坡之变

1323 年，元英宗与左丞相拜住自上都（今内蒙古自治区锡林郭勒盟正蓝旗东）北返大都（今北京市），途中驻营于南坡店（上都西南三十里）。成吉思汗建国功臣月赤察儿之子淇阳王铁木迭儿的义子御史大夫铁失等发动宫廷政变，将元英宗及丞相拜住等人刺杀，年仅二十一岁的年轻皇帝就这样遇刺身亡，史称“南坡之变”。硕德八剌谥号睿圣文孝皇帝，庙号英宗。元英宗被刺杀后，铁失一党奉玺迎镇守和林的晋王、甘麻剌的长子、真金的长孙也孙铁木儿于漠北龙居河（今蒙古国克鲁伦河）即位，是为泰定帝。

[1]《元史》卷二十八《英宗纪》二记载，“使应役之人更掌之，收其岁入以助役费，官不得与”。郑元祐论元末助役田，“二十年间，田贸易主屡迁，而役悉仍旧，殊为民病”。助役田被当役户作为私产变卖，表明“津助赋役法”确曾在各地推行。推行“津助赋役法”：即在各地确定一部分田亩，亦即“凡民田百亩，令以三亩入官，为受役者之助”。这样将农民的徭役负担控制在 3% 以内，无疑是当时一项非常惠民的政策。

平叛守成

泰定帝孛儿只斤·也孙铁木儿（1293—1328）即位后，任命参与政变的铁木迭儿为中书右丞相、铁失为知枢密院事，以稳住谋杀元英宗的铁失等一干逆党。铁失一党自恃大功在身，肆意妄为，威权愈甚。一个月后，泰定帝将铁木迭儿、铁失等逆党全部诛杀。随后，也孙铁木儿率兵南下到达大都，再次对铁失余党进行了清洗，巩固了他的统治地位。泰定帝在位五年间，政治上未有太大变动，以守成和维稳为基本目标，国家大体稳定。

雪上加霜

一心求稳的泰定帝却生不逢时，天不作美，元朝各地天灾不断，饥荒频发。泰定帝即位当年，蒙古发生雪灾；1324 年，特大冰雹大如鸡子；1325 年，同州（今陕西省大荔县）地震，江淮水涝、旱灾；1327 年，宁夏、和宁（哈拉和林）地震；1327 年，洛阳蝗灾，四川地震，宁夏再次地震；1328 年，宁夏第三次地震。无情的天灾，没能阻挡起义的爆发，湖广、云南、四川等行省的少数民族多次起义反抗，使得多灾的元朝雪上加霜。1325 年，河南息州（今河南省息县）人赵丑厮、郭菩萨以“弥勒佛当有天下”为口号反元，是元末农民起义的先声，元朝已不能自主地进入多事之秋。1328 年，也孙铁木儿病逝，年仅三十六岁。因也孙铁木儿被视为“自立”的非法君主，没有得到汉文谥号、庙号，史称泰定帝。泰定帝死后大都因皇位之争发生政变，腥风血雨，称帝此起彼伏，变化无常。丞相倒剌沙于上都（今内蒙古自治区锡林郭勒盟正蓝旗东）拥立泰定帝长子、皇太子、年仅九岁的阿速吉八为帝，是为天顺帝。

两都之战

天顺帝孛儿只斤・阿速吉八（1320—1328）即位的同时，元武宗的旧部重臣燕铁木儿与河南行省丞相伯颜则分别秘密向漠北和江南遣使，准备迎接周王和世㻋（là）（元武宗长子、元文宗之兄）与其弟怀王图帖睦尔（元武宗次子）即位。结果图帖睦尔先至大都，自立为帝，是为元文宗。

元文宗孛儿只斤・图帖睦尔（1304—1332）称帝后，元朝一国两君，二帝争雄，与天顺帝双方爆发了两个月短暂的内战，称为"两都之战"。最后上都陷落，元文宗取得胜利，天顺帝阿速吉八即位后四十二天与丞相倒剌沙皆被诛杀，阿速吉八因被视为非法君主，无汉文谥号、庙号，史称天顺帝。1329 年，和世㻋抵达哈拉和林后，也宣布即位，是为元明宗。

明文之争

元明宗孛儿只斤・和世㻋（1300—1329）即位后，开始了明文之争。元文宗表面上表示愿意放弃帝位，假意逊位，奉兄为帝，实为借刀杀人。他随派佥书枢密院事燕帖木儿（中书平章事床兀儿之子）迎元明宗到大都即位，两人遂相会于中都旺忽察都（今河北省张家口市张北县境内），元文宗图帖睦尔将其兄元明宗和世㻋毒死。和世㻋在位仅八个月，时年三十岁，谥号翼献景孝皇帝，庙号明宗。

天历之变

元文宗复位后，改元天历，史称"天历之变"。元文宗为表示感谢，任燕帖木儿为中书右丞相，加封太平王，将泰定帝的后妃通通送给燕帖木儿为妻妾，并将元明宗长子孛儿只斤・妥懽帖睦尔流放到静江（今广西壮族自治区桂林市）。元文宗的汉文化修养超过之前所有的元朝皇帝，他精书法、擅绘画、好围棋。他在位时，大兴文治，复位当年就设立了奎章阁学士院，掌进讲经史之书，令所有勋贵大臣的子孙都要到奎章阁学习，考察历代治乱。他下令编纂《元经世大典》[1]，两年后修成，成为元朝一部重要的记述典章制度的巨著。然而，丞相燕帖木儿自恃有功，专权独断，导致朝政更加腐败，国势更加衰落。国内多处爆发农民起义，大动乱正在酝酿之中，元朝已走向衰亡之路。1332 年，图帖睦尔病逝，年仅三十岁，谥号圣明元孝皇帝，庙号文宗。元文宗死前自悔谋害兄长之事，吐露真情，没让自己的儿子燕帖古思即位，遗诏传位于明宗之子以自赎罪。遗诏立元明宗次子年仅七岁的懿璘（lín）质班即位，是为元宁宗。

至正新政

元宁宗孛儿只斤・懿璘质班（1326—1332）年幼即位，文宗皇后卜答失里成为元王朝的实际统治者。懿璘质班却仅在位四十三天便因病去世，谥号冲圣嗣孝皇帝，庙号宁宗。丞相燕帖木儿也相继去世，文宗皇后卜答失里从静江（今广西壮族自治区桂林市）把元明宗的长子妥懽（huān）帖睦尔召回即位，是为元惠宗，又称元顺帝。

元惠宗孛儿只斤・妥懽帖睦尔（1320—1370）是元朝第十五位皇帝，也是元朝作为全国统一政权的最后一位皇帝。他在位时，勤于政事，锐意改革，励精图治。元惠宗任用脱脱为中书右丞相，采取了一系列改革措施，减免赋税、开放马禁、削减盐额、加强廉政、恢复科举、整饬吏治、完善法制，以挽

[1] 元代官修《元经世大典》亦称《皇朝经世大典》，撰者赵世延、虞集等。全书八百八十卷、目录十二卷，附公牍、纂修通议各一卷。分帝号、帝训、帝制、帝系、治典、赋典、礼典、政典、宪典、工典十门，记载元代的典章制度。至顺二年（1331）修成。

救统治危机，元朝一度呈现回光返照的气象，史称“至正新政”。1344 年，丞相脱脱因多病而隐退，元惠宗后任用阿鲁图、别儿怯不花、朵儿只、贺惟一（太平）等人为相，能力大不如脱脱。元惠宗依然信心十足，全力以赴地想改变整个局面。他颁行《至正条格》法典[1]，定荐举守令法，派遣二十四名官员巡视宣抚全国各地。然无可救药的元王朝的腐败已经根深蒂固，各种举措收效甚微。

天灾人祸

1344 年以后，元朝进入了灾害多发期，腹里、河南行省最为严重。黄河决口，饥荒连连，瘟疫暴发，人民流离失所，饥民拥向大都，死伤无数。元惠宗命官府加以赈济，并颁诏罪己。1349 年，元惠宗重新起用脱脱为中书右丞相，试图力挽狂澜。脱脱采取变钞、起用贾鲁治理河道两项举措，却为元朝自掘了坟墓。贾鲁治理黄河，动用大量民夫，百姓极为不满，时人讥讽说：“丞相造假钞，舍人做强盗。贾鲁要开河，搅得天下闹。”农民失去土地沦为奴婢，官府横征暴敛杂税繁多，全国税额比元初增加二十倍。

天下大乱

政治腐败，税赋沉重，天灾不断，诸多因素交织，最终官逼民反，天下大乱。1351 年，爆发了明教、弥勒教、白莲教等民间宗教联合发动、由治河民工韩山童、刘福通等领导的“红巾军（起义军头裹红巾，故称‘红

[1] 元朝孔齐著《至正直记》卷 1“国朝文典”条记载：“大元国朝文典，有《和林志》《至元新格》《国朝典章》《大元通制》《至正条格》《皇朝经世大典》《大一统志》《平宋录》《大元一统纪略》《元真使交录》《国朝文类》《皇元风雅》《国初国信使交通书》《后妃名臣录》《名臣事略》《钱唐遗事》《十八史略》《后至元事》《风宪宏纲》《成宪纲要》。”《至正条格》是元朝阿吉剌所著的律法，是元代法律之一，内容包括了元惠宗至正四年（1344）之前元朝历代帝王发布的关于法律方面的一系列圣旨条画、律令格例及司法部门所判案例的汇编。

巾军’；起义军多为白莲教徒烧香拜佛，又称‘香军’）起义”，揭开了元末农民轰轰烈烈大起义的序幕。起义一开始，韩山童便被捕杀，刘福通带领韩山童之子韩林儿杀出重围，占领颍州（今安徽省阜阳市）。红巾军声势浩大，各地人民纷纷加入，淮南、浙西、长江东南、湖南北部、闽、蜀等地的城池很快相继沦陷，南方长江流域也纷纷打着红巾军的旗号起事。1351年，徐寿辉在湖北起事，一举攻取了罗田、蕲州和黄州，并在蕲水（今湖北省黄冈市浠水县）称王，国号“天完”（“大”上加“一”为“天”，“元”上加“宀”是“完”，“天完”表示压倒“大元”，另说国号“宋”）。“天完”本想压倒“大元”，没过两年却败亡了。1352年，郭子兴集结数千人在濠州（今安徽省凤阳县）举事，朱元璋加入郭子兴的队伍任九夫长。1353年，张士诚与其弟张士德、张士信率盐丁起兵，攻下泰州、兴化、高邮等地。1354年，张士诚在高邮（今江苏省扬州市高邮市）称王，国号周。1355年，刘福通于安徽亳州（今安徽省亳州市）立韩林儿为小明王，建国号大宋。这一年，郭子兴病逝，朱元璋继承了他的势力开始做强做大。丞相脱脱亲自南下督师组织元军镇压起义，却遭人进谗言诬陷，元惠宗听信谗言削去脱脱兵权。1355年，一代贤相脱脱在流放云南途中被哈麻矫旨杀害。他所统率的百万大军，一时四散，元朝官军再无能力组织起来镇压起义，元廷只能依靠各地地主武装平叛。

宫廷内乱

面对困局，元惠宗彻底堕落，完全成了昏庸不堪的亡国之君。他逐渐怠政，奢靡享乐，声色犬马，沉溺密宗，修炼所谓“男女双修之术”，淫乐无度，花天酒地，嫔妃成群，长夜饮宴，战备松弛，朝政则交给皇太子爱猷（yóu）识理达腊处理。1358年，元朝陪都上都（今内蒙古自治区锡林郭勒盟正蓝旗境内）被红巾军攻破，宫阙被焚。1359年，大都发生饥荒，饿死数十万人，中原大地民不聊生，元廷内斗演变升级。奇皇后与皇太子爱猷识理达腊渐萌异心，企图让元惠宗禅位。他们勾结起来残害忠良，杀死左丞相贺惟一，赶走直言进谏的陈祖仁、李国凤等大臣，逐渐控制了朝廷。元朝将领孛罗铁木儿被太子削官，元惠宗后复命他为中书平章，兼知枢密院事，守御大同。1363年，张士诚在平江路（今江苏省苏州市）自立为吴王，史称东吴。1364年，孛罗贴木儿打着“清君侧”的名义，攻入大都，皇太子逃到太原的扩廓帖木儿大营中，元朝一度呈现两个朝廷的局面。孛罗贴木儿秽乱后宫，酗酒杀人，无恶不作。这一年，朱元璋在应天府（今江苏省南京市）称吴王，史称西吴。1365年，元惠宗命人将孛罗贴木儿暗杀。同年，扩廓帖木儿护送皇太子还京，元惠宗任命老臣伯撒里为右丞相，扩廓帖木儿为左丞相，宫廷内斗告一段落。而后，元惠宗再封扩廓帖木儿为河南王，南下肃清江淮，不料却引发了扩廓帖木儿与李思齐、张良弼等诸多军阀在河南、山西、陕西等地混战的局面。元惠宗怀疑扩廓帖木儿有异志，命太子爱猷识理达腊总领兵，讨伐扩廓帖木儿，极大损耗了元朝的有生力量。

明兴元灭

在元朝内乱期间，朱元璋先后将陈友谅、张士诚、方国珍等群雄削平，坐大于南方。1367年，朱元璋以高歌猛进、势不可当之势，发动“驱逐胡虏，恢复中华”的北伐战争。1368年，朱元璋称帝，国号大明，定都应天府（今江苏省南京市），开启大明王朝。同年，明将徐达率军攻入大都，元惠宗与皇太子、后妃及一百多名大臣逃往上都（今内蒙古自治区锡林郭勒盟正蓝旗境内），随迁都上都，仍以大元为国号，因地处塞北，故称北元。明人称大元皇帝为“元君、元主”，称其为“残元”“故元”“胡元”。自此，元朝结束了对全国的统治，退出中原，元朝灭亡。

北元兴亡

1369 年，元惠宗又弃上都率领北元朝廷逃奔应昌府（今内蒙古自治区赤峰市克什腾旗达里诺尔西南的达尔罕苏木）。1370 年，元惠宗妥懽帖睦尔于应昌府病逝，时年五十一岁，庙号惠宗。后明太祖朱元璋以元惠宗“知顺天命，退避而去”，给予了“顺帝”的尊号。其太子爱猷识理答腊在和林（今蒙古国乌兰巴托西南）即北元皇帝位，称必力克图汗，是为元昭宗。

元昭宗孛儿只斤·爱猷识理答腊（1339—1378）主政北元，积极组织力量同明军作战，一度取得胜利，争取了短暂喘息的机会。朱元璋采用尺进寸取的策略，在屡征北元的同时，对主动投降和战争中被俘的大批北元贵族、官吏和军民，都给予优厚的待遇并予安置，北元诸王将士相继归附。1378 年，爱猷识理答腊去世，时年四十岁，庙号昭宗。其子孛儿只斤·脱古思帖木儿即北元皇帝位，称乌萨哈尔汗，因为年号为天元，又称天元帝。

天元帝孛儿只斤·脱古思帖木儿（1342—1388）继续组织力量与明朝做最后的对抗。之前，元朝辽阳行省平章刘益投降明朝，明朝占领辽宁南部。然而，其余东北地区仍由元朝太尉纳哈出控制，纳哈出屯兵二十万于金山（即勃勃图山，今辽宁省铁岭市昌图县金山堡以北至辽河南岸的吉林省四平市双辽市东北一带），多次拒绝明朝的招抚，与明军对峙了十多年。明太祖派汤和领兵平定四川的明玉珍后，于 1381 年攻入云南。1382 年，梁王孛儿只斤·把匝剌瓦尔密逃离昆明自杀，明军平定了云南地区。1387 年，明朝再次北伐，出兵纳哈出占领的金山，经过多次对攻，纳哈出投降，明朝占领东北地区。天元帝率部游牧到喀尔喀河、贝尔湖、克鲁伦河一带，北元“小朝廷”移居捕鱼儿海（又称清水泊，今呼伦贝尔草原的西南部边缘中蒙边境的贝尔湖）。1388 年，明朝第六次北伐，明军横跨戈壁至捕鱼儿海，经过彻底终结元朝的最后决战“捕鱼儿海之战”，俘虏北元八万余人，天元帝和他的长子天保奴出逃，幼子地保奴及故太子必里秃妃并公主等一百二十余人被明军俘虏，成为阶下囚的各类达官贵人共有二千九百九十九人。同年，天元帝脱古思帖木儿及长子天保奴被阿里不哥后裔也速迭尔杀害，北元不再使用年号及大元国号，也速迭儿继承汗位。

孛儿只斤·也速迭儿（1358—1391）弑君称汗后，势力曾一度大增，雄踞漠北。自此，北元政治中心西移到原阿里不哥后裔的势力范围内，原脱古思帖木儿的部众大部分被强迁到西蒙古卫拉特地区。1391 年，也速迭儿去世，其子恩克继承汗位。孛儿只斤·恩克（？—1394）在位四年后去世，天元帝次子额勒伯克继承汗位。孛儿只斤·额勒伯克（1361—1399）在位时，昏庸不仁，于 1399 年杀害其弟哈尔古楚克都古楞特穆尔鸿台吉，夺取已怀孕的弟媳鄂勒哲依图鸿郭斡妣吉。同年，分布在叶尼塞河上游沿岸的吉尔吉斯部首领鬼力赤，否认额勒伯克的宗主权，打败并杀死额勒伯克，额勒伯克长子孛儿只斤·坤帖木儿继承汗位。孛儿只斤·坤帖木儿（1377—1402）在位三年，于 1402 年被鬼力赤杀害，鬼力赤取得了统治各部的霸权，改国号为蒙古，明朝称为鞑靼（dá dá），自此，北元彻底灭亡。

知识典故

1. 一代天骄

元太祖孛儿只斤·铁木真（1162—1227）是蒙古族乞颜部人，尊号“成吉思汗”，大蒙古国可汗，世界史上杰出的政治家、军事家。成吉思汗的父亲孛儿只斤·也速该（1134—1170）是蒙古族乞颜部军事首领。有一天，也速该在斡（wò）难河放鹰，遇到篾尔乞惕人也客赤列都从斡勒忽讷部落娶妻归来，也速该看见新娘容貌出众，美丽动人，根据当时的“抢亲”传统，也速该同他的兄弟捏坤太子和答里台斡惕赤斤赶跑了新郎赤列都，抢回了新娘诃额仑，也就是成吉思汗的母亲诃额仑夫人。1170 年，铁木真九岁时，也速该到弘吉剌部特薛禅（其十岁的女儿孛儿帖后成为铁木真的妻子）家给铁木真相亲，归来途中，参加喜宴。也速该因曾杀死塔塔尔首领铁木真兀格，被铁木真兀格之子扎邻木合在马奶酒里下毒，命丧喜宴。也速该临终时对铁木真遗言：“将来有朝一日为我报仇，消灭塔塔尔部落，只要高于车轮的男人要一律杀掉。”随后，乞颜部内部反对也速该的势力蜂起，诃额伦夫人和她幼小的孩子们遭到了抛弃，被迫迁走。跌入苦难深渊的诃额仑夫人，凭借顽强的毅力和超人的才干，在艰难的环境中，把铁木真和他的兄弟们抚养成人，培养成才。1179 年，在铁木真十八岁时，昔日仇敌蔑儿乞部的脱黑脱阿部长抢走了铁木真的妻子孛儿帖，铁木真悍然开战，打败蔑儿乞人，夺回妻子孛儿帖。年轻的铁木真不断努力，他联合了父亲的旧部和札答阑部首领札木合重组了部族。1189 年，铁木真被推举为蒙古乞颜部可汗。札木合联合塔塔儿、泰赤兀等十三部向铁木真发动了“十三翼之战”，这是铁木真一生所经历的六十余场战争中唯一败仗。铁木真曾说过：“在我的力量还不足的时候，我就得忍让，违心地忍让！”他在超常忍耐、运用智慧、英勇征战中，一步步壮大，开始向杀害父祖的敌人寻仇。1204年，铁木真统一了蒙古高原各蒙古部落。1206年，铁木真被各部落推举为“成吉思汗”，于漠北建立政权，国号“大蒙古国”。成吉思汗一生，致力于征服。成吉思汗一共有四十多位后妃，同时册立数位皇后。在所有后妃当中，孛儿帖、忽兰、也遂和也速干（也遂的亲妹妹）四位最受铁木真的宠爱，其中原配孛儿帖皇后地位最高。立国后，铁木真开始了大规模的对外扩征，征服西达中亚、东欧的黑海海滨地区，对西夏和金朝分别发动战争。1218年，灭西辽；1219年，灭花剌子模；1227年，灭西夏。1227年，成吉思汗在对西夏的远征中，于六盘山下清水县（今甘肃省天水市清水县）病逝，时年六十六岁，庙号太祖。他临终前还留下了利用宋金世仇，联宋灭金的计策。成吉思汗战马上的一生，缔造的蒙古帝国，为元朝的建立和国家的一统奠定了坚实的基础，在世界上享有很高的评价，在中国历史上位列千古一帝，他的功绩对后世有深远的影响。

2. 涮羊肉传说

驰名全国、老少皆宜的老北京涮羊肉，传说与忽必烈有关。元世祖忽必烈（1215—1294）率军南下远征，经过多次战斗，人困马乏，饥饿难耐。忽必烈突然想起家乡的菜肴清炖羊肉，于是吩咐厨师烧火宰羊，准备清炖羊肉。这时，探马突然来报，敌军大队人马追赶而来，离此仅有十里。清炖羊肉当然来不及了，厨子情急之下把羊肉切成薄片，放在沸水锅里轻烫一下，就捞出来，放点配料，给忽必烈端去。忽必烈吃完后披挂上阵，生擒敌将，得胜凯旋。庆功酒宴上，忽必烈特别点了战前吃的那道羊肉片。厨师精选了优质羊肉，配上了多种作料，将帅们吃后赞不绝口。忽必烈很高兴，给这道新菜赐名“涮羊肉”。从此，涮羊肉成了宫廷佳肴，直到光绪年间，涮羊肉才逐渐走向民间。

3.“神人”郭太史

郭守敬（1231—1316），字若思，邢州邢台县（今河北省邢台市）人，元朝著名的天文学家、数学家、水利工程专家，是13世纪世界杰出的科学家之一。郭守敬官至太史令、昭文馆大学士、知太史院事，世称“郭太史”。郭守敬家学渊源，其祖父郭荣学识渊博，通晓经书，熟知天文、算学、水利。在郭荣的影响、教育下，聪明好学的郭守敬对科学产生了浓厚的兴趣，早年师从刘秉忠、张文谦，科学研究的水平和能力得到全面提升。1262年，受左丞张文谦推荐，郭守敬向元世祖忽必烈面陈六条治水措施，即被任命为提举诸路河渠，后升任副河渠使、工部郎中、知太史院事、太史令等职。他先后修浚西夏（今宁夏回族自治区一带）境内的唐来、汉延等古渠，修订版《大明历》，编撰新历法《授时历》。《授时历》成为当时世界上最先进的一种历法，算出一年有三百六十五点二四二四五天，同地球绕太阳一周的时间仅相差二十六秒。郭守敬主持并实施开辟了大都的白浮堰，开凿了由通州到大都积水潭（今北京市什刹海）大运河最北的通惠河修建工程，利用闸坝、斗门等巧妙地解决了水源、地形、地貌、水位、水量等问题。郭守敬还改制、发明了简仪（一种测量天体位置的仪器）、高表（观测日影长度的设备）等十二种仪器。他发明的景符、仰仪等天文仪器，反复运用了针孔成像原理，是光学史上比较突出的成就。他曾提出以海平面作为基准，比较大都（今北京市）和汴梁（今河南省开封市）两地地形高低之差，这是地理学上“海拔”的创始。1316年，郭守敬去世，享年八十六岁。他的一生在天文、历法、水利和数学等方面都取得了卓越的成就。

1970年，国际天文学会以郭守敬的名字为月球上的一座环形山命名为“郭守敬环形山”。1977年，国际小行星中心将小行星2012命名为“郭守敬小行星”。中科院国家天文台也将国家重大科技基础设施LAMOST望远镜命名为“郭守敬天文望远镜”。元成宗铁穆耳称赞郭守敬:“郭太史神人也。”郭守敬的科学精神、科学思想、科学方法闪耀着人类智慧的光芒，他的科学成果影响了整个人类。

4. 元曲四大家

元曲四大家指关汉卿、白朴、郑光祖、马致远四位元代杂剧作家。他们代表了元代不同时期、不同流派杂剧创作的成就，因此被称为“元曲四大家”。

关汉卿（约1234—1300），字汉卿，号已斋（又作一斋、已斋叟），解州（今山西省运城市盐湖区解州镇）人，出生于金末，元杂剧奠基人，元曲四大家之首。关汉卿出身医户家庭，从小受到良好的家庭教育。元朝统一全国以后，按照关汉卿行医世家的出身，他编入太医院当职。可他对医术不感兴趣，酷爱编写剧本。他在大都任职期间，写了一个《伊尹扶汤》的剧本，排演后在宫廷献演，得到了皇帝和官员们的称赞，关汉卿由此声名大振。之后，关汉卿将黑暗的社会现实写入剧本，进行无情的控诉，以他的多才多艺，成为当时戏剧界的领袖。他一生创作了六十七个剧本和诸多散曲和套曲，流传下来的有十八个剧本和一百多首散曲。《窦娥冤》《救风尘》《单刀会》是其最为著名的代表作。《窦娥冤》全剧四折，描写了民女窦娥从小丧母，父亲因进京赶考缺少盘缠费，将她卖给蔡婆婆家做童养媳。窦娥被无赖张驴儿陷害，被昏官毒打，屈打成招，判处死刑。临刑前，满腔悲愤的窦娥许下三桩誓愿：血溅白练，六月飞雪，大旱三年。果然，窦娥的冤屈感天动地，三桩誓愿一一实现。

关汉卿看到元朝统治阶级穷奢极欲，贪赃枉法，无所不为。他了解到劳动人民过着悲惨的日子，尤其是看到受到歧视的汉人和南人，冤案多如牛毛，他用作品《窦娥冤》生动刻画了窦娥有苦无处诉的悲惨处境，控诉了贪官草菅人命的黑暗现实，具有震撼人心的艺术力量。《窦娥冤》作为中国十大悲剧之一的传统剧目，被后人称为中国悲剧之最。

白朴（1226—1306），原名恒，字仁甫，后改名朴，字太素，号兰谷，汴梁（今河南省开封市）人，终身未仕。白朴出身官僚士大夫家庭，父亲白华于1215年考中进士，官至枢密院判。白家与元好问父子为世交，两家子弟，常以诗文相往来，交往甚密。白朴出生后不久，金朝汴梁已在蒙古军的重重包围之下。1232年，白华只身随金哀宗渡河而上，北走归德（今河南省商丘市），留下家人于汴京。汴梁被蒙古军破城，蒙古军杀戮、掠夺，加上城中瘟疫，白朴母子走失。年幼的白朴和姐姐幸好被元好问收留，得以幸存。元好问携带白朴姐弟流寓聊城，后寄居于冠氏县（今山东省冠县）县令赵天锡幕府。元好问视白朴姐弟如亲生，关怀备至，悉心培养，使他幼年时受到了良好的教育。1237年，白华投于元朝，依附于世守真定（今河北省石家庄市正定县）的蒙古将领史天泽门下。同年，元好问路经真定，将白朴姐弟送归白华，使失散数年的父子得以团聚。白朴认真写作诗赋，学问见长。他谢绝了史天泽的推荐出仕，弃家南游，先到汉口，再入九江。1280年，白朴定居金陵（今江苏省南京市）。在金陵时创作有《天净沙》（越调）共四首散曲，分咏春夏秋冬四季：

《天净沙·春》：春山暖日和风，阑干楼阁帘栊，杨柳秋千院中。啼莺舞燕，小桥流水飞红。

《天净沙·夏》：云收雨过波添，楼高水冷瓜甜，绿树阴垂画檐。纱厨藤簟，玉人罗扇轻缣（jiān）。

《天净沙·秋》：孤村落日残霞，轻烟老树寒鸦，一点飞鸿影下。青山绿水，白草红叶黄花。

《天净沙·冬》：一声画角谯门，半庭新月黄昏，雪里山前水滨。竹篱茅舍，淡烟衰草孤村。

作品用笔精深，风格独具，采撷不同的景物，描绘了不同季节的绝妙四季图，流露出作者对回归自然的热爱。此后，白朴在江南杭州、扬州一带游历，直到八十一岁时，还重游扬州。而后，便没有了踪迹。白朴的作品寄情于山水之间，控诉统治者的黑暗，宣泄对世事不平的怨恨，更有对怆凉人生的感慨。白朴创作有十六部剧本，现仅存《唐明皇秋夜梧桐雨》（简称《梧桐雨》）、《董秀英花月东墙记》（简称《东墙记》）、《裴少俊墙头马上》（简称《墙头马上》）三部著作全本。词作有一百余首，散曲小令三十七首，套曲四套，收入《天籁集》。《墙头马上》是白朴最出色的作品，与施惠的《拜月亭记》、王实甫的《西厢记》、郑光祖的《倩女离魂》合称为“元代四大爱情剧”。《墙头马上》描写了裴少俊与李千金的爱情故事，歌颂了人们对婚姻自由的追求和人格尊严的维护。唐代尚书裴行俭之子裴少俊奉父命由长安去洛阳买花，途中和李世杰之女李千金隔墙以诗赠答。当晚私约后园，二人私奔到长安定居。李千金在裴家后院躲藏了七年，育有一儿一女。后终被裴少俊父亲发现，父亲强令裴少俊休妻。李千金无奈回到洛阳，父母已亡故。裴少俊考中进士后，正式与李千金完婚。李千金掌握自己命运，尊重女性，捍卫尊严，对爱情和婚姻的渴望与追求，表现了她敢于对封建道德和封建伦理的抗争与挑战。

郑光祖（1264—?），字德辉，平阳襄陵（今山西省临汾市襄汾县）人，元代著名杂剧家、散曲家。郑光祖从小受到戏剧艺术的熏陶，一生从事于杂剧的创作，享有盛誉。郑光祖早年习儒为业，后来补授杭州路为吏。他为人直爽，不善官场逢迎，主要生活在江南，成为南方戏剧圈中的巨擘（bò），名闻天下。杭州的美丽风景，江南的伶人歌女，触发着他的灵感。他的作品通过众多伶人的传播，在民间产生了广泛的影响，伶人都尊称他为“郑老先生”。郑光祖与苏杭一带的伶人有着紧密的联系，死后由伶人火葬于杭州的灵隐寺。郑光祖创作杂剧十八部，现存《周公摄政》《王粲登楼》《翰林风月》《倩女离魂》等八部，《倩女离魂》最为著名。散曲，有小令六首、套数两套流传。郑光祖一生为艺术默默耕耘，艺术成果盛传至今，而他的身世记载甚少，无声无息默默离开人世。《倩女离魂》描写了秀才王文举与倩女的爱情神话故事，两人指腹为婚，王文举却不幸父母早亡，倩女母亲想毁婚约，借口王文举必须得了进士之后才能成婚。然倩女却十分忠实于爱情，在王文举赴京应试柳亭相别之后，倩女的魂魄便游离原身，追随王文举一起奔赴京城，而王文举一直以为倩女本人同他一起赴京。因此，他状元及第三年后，从京城启程赴官，准备先回家探望岳母。王文举偕同倩女魂魄来到了倩女身边，魂魄与身体合一，一对恩爱夫妻得到团圆。作品刻画了倩女追求婚姻自主，忠贞爱情的美好形象和坚强性格，冲破封建礼教禁锢，实现理想自由，表现了她对封建礼教的反抗和鄙视。

马致远（约1250—约1324），号东篱，大都（今北京市）人，元代戏曲家。马致远出身书香门第，二十岁之前生活在大都。他自幼接受儒家教育，饱读诗书，勤学六艺，遵循礼乐。1270年，马致远离开大都，开始了漂泊生涯。1273年，孛儿只斤 · 真金被立为太子，马致远为了求取功名，向太子真金献诗并因此为官。1285年，太子真金去世，马致远离京任江浙行省务官。中年后，马致远的音乐思想经历了由儒入道的转变。他专门从事杂剧与散曲创作，作品内容丰富，艺术技巧高，但也流露出明显的道家归隐思想。1295 年至 1297 年，他参加了“元贞书会”。晚年隐居于杭州，专心创作。归隐后有名作《天净沙 · 秋思》：

> 枯藤老树昏鸦，小桥流水人家，古道西风瘦马。夕阳西下，断肠人在天涯。

这首小令很短，总共只有五句二十八个字，全曲无一“秋”字，却描绘出一幅凄凉动人的秋郊夕照图，表达了作者的凄苦心境。这首小令被称赞为秋思之祖。约 1324 年，马致远因病去世。他的散曲作品辑有《东篱乐府》，集内有小令一百零四首；套曲二十二套，其中完整套曲有十五套。《全元曲》第三卷中收有马致远的杂剧七部，以《汉宫秋》最著名。马致远根据自己所处的时代背景，在《汉宫秋》中改变了历史的大环境，把当时汉强番弱的历史背景，改为汉弱番强、匈奴大兵压境的历史情形。在剧中将西汉宫廷画工毛延寿改写为一个大贪官，因向王昭君索要重金未果，而点破美人图。当汉元帝发现王昭君的美貌向毛延寿兴师问罪时，毛延寿又携带王昭君画像叛逃，并把画像献给匈奴王。单于得知王昭君的美貌，大兵压境前来逼婚。剧中这样描写道：“这些大臣平日里舞蹈扬尘，山呼万岁”，“关键时刻，却似箭穿了喉咙，没一个敢咳嗽！”单于得到王昭君后大喜，率兵北去。王昭君不舍故国，在汉番交界的黑龙江投江而死。单于为避免汉朝寻事，将毛延寿送还汉朝。汉元帝将毛延寿斩首以祭奠王昭君。剧中王昭君自请出塞，在民族面临危难的时候，她为国家牺牲自己的爱情和生命，最后不肯入番，投江而死，可歌可泣！

5. 天涯织女

电视剧《天涯织女》中女主角黄巧儿的原型，是有着“衣被天下”美誉的黄道婆。黄道婆（1245—1330），又名黄婆、黄母，原松江府乌泥泾镇（今上海市徐汇区龙华乡东湾村）人，宋末元初著名的棉纺织家、技术改革家。黄道婆幼年时父母双亡，大家都不知道她的名字，村上人都叫她黄小姑。黄小姑十二岁时被卖作童养媳，深受公婆虐待，生活苦不堪言。当时，婆婆欲把她卖给地保以供朝廷招雇官妓，黄小姑借机逃走，后流落崖州（今海南省三亚市崖州区）。在崖州她嫁于宋氏，随夫姓叫宋五嫂。丈夫病逝后，她在城西广度寺出家当道人，称黄道婆。在崖州生活的三十多年间，她从当地黎族民间学到了一整套棉纺织加工技术，并加以改进，总结出“错纱、配色、综线、挈花”的纺织新技术。1295年左右，五十多岁的黄道婆从崖州回到家乡乌泥泾镇（今上海市徐汇区龙华乡平桥、东湾、西湾自然村一带）。她看到家乡的棉纺织技术十分落后，便决定帮助乡亲们。首先，向大家传授纺织技艺；其次，指导大家革新棉纺织工具，制造擀、弹、纺、织等专用机具，生产出各种花纹的棉织品；然后，推广棉花种植，使百姓大众普遍受惠，连年受益。在当地至今流传着这样的民谣：

> 黄婆婆，黄婆婆！
> 教我纱，教我布，
> 二只筒子二匹布。

1330年，黄道婆去世，享年八十六岁。当地人民为了感恩和纪念，建祠祭祀，为她树碑立传，尊奉她为“织女星”“先棉神”。黄道婆对促进长江流域棉纺织业和棉花种植业的迅速发展起了非常重要的作用，受到后人深切的怀念和敬仰。

6. 书画双绝

赵孟頫（1254—1322），字子昂，号松雪道人，又号水晶宫道人、鸥波，中年曾署名孟俯，吴兴（今浙江省湖州市）人，元代杰出的书法家和画家。赵孟頫是宋太祖赵匡胤十一世孙、秦王赵德芳嫡派子孙。南宋时，赵孟頫家族世代为官，父亲赵与訔（yín）官至中奉大夫、户部侍郎兼知临安府浙西安抚使，善诗文，富收藏。赵孟頫自幼聪敏，过目不忘，下笔成文，运笔如风。他一家皆善书，夫人管道升聪敏过人，能书善词，绘画精于墨竹、梅、兰，笔意精绝；两个儿子赵雍、赵奕并以书画知名。南宋时，赵孟頫因其家世代为官亦入补官爵，并通过吏部选拔官员的考试，调任真州司户参军。1286 年，元朝行台侍御史程钜夫奉诏搜访隐居于江南的宋代遗臣，赵孟頫被程钜夫举荐，受元世祖、元武宗、元仁宗、元英宗四朝礼敬，历任兵部郎中、集贤直学士、济南路总管府事、江浙等处儒学提举、翰林侍读学士、荣禄大夫等职。1192 年，赵孟頫向元世祖请调外任，以集贤学士出知济南。他曾在家乡住了一段时间，创作有描写家乡山水景物的七言律诗《溪上》：

溪上东风吹柳花，溪头春水净无沙。
白鸥自信无机事，玄鸟犹知有岁华。
锦缆牙樯非昨梦，凤笙龙管是谁家？
令人苦忆东陵子，拟问田园学种瓜。

全诗描写故乡自然风光的美景，感慨岁月的流逝和世事的多变，表现了作者想脱离官场、回归自然的隐逸思想。赵孟頫晚年借病乞归，逐渐隐退。1322 年，赵孟頫病逝，终年六十九岁，追封魏国公，谥号“文敏”，故称“赵文敏”。赵孟頫在书法上有着“笔山墨海”的功底，博众家之长形成自己特有的秀丽娟美的“赵体”。他与颜真卿、柳公权、欧阳询并称“楷书四大家”。他的绘画更是一绝，尤其擅长画马，开创了元代新画风，对后世的绘画有巨大的影响，著名绘画作品有《秋郊游饮马图》《鹊华秋色图》。因此，赵孟頫被誉为“书画双绝”，著作有《松雪斋文集》十卷等。

7.《马可 · 波罗游记》

《马可 · 波罗游记》（又名《马可 · 波罗行纪》《东方见闻录》）是 13 世纪意大利商人马可 · 波罗记述他经行地中海、欧亚大陆和游历中国的长篇游记。马可 · 波罗（1254—1324）出生于威尼斯一个富裕的商人家庭，意大利旅行家、商人，他的父亲尼科洛和叔叔马泰奥都是威尼斯商人。1271 年，十七岁的马可 · 波罗跟随父亲和叔叔前往中国，历时近四年时间，于 1275 年到达元朝上都，与元世祖忽必烈建立了友谊。聪明的马可 · 波罗很快就学会了蒙古语和汉语，在中国生活了十七年，走遍了中国的大好河山，感知了中国的辽阔与富有。他的足迹遍及新疆、甘肃、内蒙古、山西、陕西、四川、云南、山东、江苏、浙江、福建及北京等地，还出使过越南、缅甸、苏门答腊。他每到一处，都认真、详细地考察当地的风俗、地理、人情、发达的工商业和繁华热闹的市集。1292 年，马可 · 波罗和父亲、叔叔受忽必烈大汗委托，护送蒙古公主阔阔真从泉州出海到波斯成婚，并借此回国。1295 年，他们终于回到了阔别二十多年的故国。他们从东方带回的无数奇珍异宝，使他们一夜之间成了威尼斯的巨富。1298 年，马可 · 波罗参加了威尼斯与热那亚的战争，不幸被俘。在狱中他遇到了作家鲁思蒂谦，由马可 · 波罗口述，鲁思蒂谦记录，便有了闻名世界的《马可 · 波罗游记》。《马可 · 波罗游记》讲述了令西方世界震惊的一个美丽神话，激起了欧洲人对中国文明的向往，这部游记有“世界一大奇书”之称，它向欧洲打开了神秘的东方之门。马可 · 波罗成为向西方介绍中国的第一人。马可波罗在牢狱中度过了他的余生，1324 年去世，终年七十一岁。

8.《西厢记》

《西厢记》的作者王实甫（1260—1336），名德信，大都（今北京市）人，祖籍定兴（今河北省保定市定兴县），元代著名杂剧作家。王实甫曾任职县官，后升任陕西行台监察御史，因与上司关系不和，弃官辞职，从事杂剧创作。其作品全面继承了唐诗宋词精美的语言艺术，吸收了元代民间生动活泼的口头用语，创造了文采璀璨的元曲词汇，成为中国戏曲史上“文采派”的杰出代表。王实甫非常熟悉元朝官妓聚居的教坊、行院，尤其擅长写儿女风情的戏作。著有杂剧十四部，现存《西厢记》《丽春堂》《破窑记》等。《西厢记》五本二十一折，是他的代表作，更是元代杂剧中最优秀的作品之一，描写了一个传统才子佳人的爱情故事。唐朝崔相国死后，夫人郑氏带着小女崔莺莺和侍女红娘等送丈夫灵柩回乡，路经河中府普救寺小住。洛阳书生张生（名珙）赴长安赶考，与同窗好友白马将军同游普救寺，相遇崔莺莺，两人一见钟情，心生爱恋。恰遇叛将孙飞虎率兵围寺，强索莺莺为压寨夫人。崔母情急之下亲口许婚张生，张生依靠好友白马将军退敌化解危难。谁知事后崔母食言赖婚，另将崔莺莺许配给郑尚书的大儿子郑恒。在丫鬟红娘的帮助下，张生与崔莺莺幽会西厢，私订终身。崔母却又以门第为由，令张生赶考。张生考中状元，不想郑恒却借机编造谎言，说张生已在京另娶卫尚书千金，老夫人再次食言，逼崔莺莺嫁于郑恒。后张生及时赶回，揭穿郑恒阴谋，郑恒终因抢亲不成仓促撞树而亡。张生与崔莺莺二人喜结连理，有情人终成眷属。《西厢记》的语言描写非常优美，在长亭送别情节中描写的《端正好》:

碧云天，黄花地，西风紧，北雁南飞。
晓来谁染霜林醉？总是离人泪。

充满美感的诗句，借景述情，衬托离人悲伤，文采斐然，极具诗情画意，堪称华彩词章。全剧情节起伏跌宕，环环相扣，引人入胜，作者以高超的写作技巧，让观众得到了艺术享受。作品歌颂了崔莺莺和张生的纯真爱情和二人挣脱封建礼教桎梏的反抗精神，是我国古典戏曲中一颗璀璨的明星，被称为“杂剧之冠”。

9. 元四家

元四家指元代山水画的四位代表画家，指黄公望、王蒙、倪瓒和吴镇。元四家均是江浙一带人，擅长水墨山水并兼攻竹石，他们的山水画代表了中国山水画史上的一个高峰。其作品特点注重笔墨技巧，讲究意境神韵，提高了山水画的美学价值，对后世的绘画，尤其是对明清山水画产生了巨大影响。

黄公望（1269—1354）是元朝江浙行省常熟县（今江苏省常熟市）人，原名陆坚，十岁左右过继给永嘉郡平阳县（今浙江省平阳县）九十岁的黄氏为子，取意“黄公望子久矣”，改名为黄公望，字子久，元朝著名山水画画家。1294 年，黄公望被新任的浙西廉访使徐琰辟为书吏，任浙西宪吏之职。1295年到1310年，黄公望有缘近赏赵孟頫画艺并得到指点。1311年，张闾任江浙行省平章，府驻杭州，提携旧识黄公望并辟为书吏。1312年，黄公望随行张闾返京，到大都在御史台下属的察院当掾（yuàn）吏。1315年，黄公望因张闾"贪刻用事"引发民乱牵连入狱。出狱后改名"一峰"，入全真教当了道士，称"大痴道人"。与张三丰、莫月、冷谦等道友交往，隐居常熟小山头（今江苏省常熟市虞山西麓）开始绘画。后隐居杭州，专心于山水画创作。他的山水之作峰峦浑厚，草木华滋，形成自己气清质实、骨苍神腴的艺术风格。1347年，他开始创作《富春山居图》，用了七年时间完成。《富春山居图》高三十三厘米，横长三百九十六点六厘米，是黄公望水墨山水画中的杰作，但后来被烧成两段，后人分别名之为《剩山图》和《无用师卷》。现《无用师卷》藏于台湾省台北故宫博物院，《剩山图》藏于浙江博物馆。1354年，黄公望去世，享年八十六岁。

吴镇（1280—1354），字中圭，号梅花道人，浙江嘉兴（今浙江省嘉兴市）人，元代著名画家、书法家、诗人。吴镇年少好剑术，博学多识，性情孤傲。成年后与其兄吴瑱（zhèn）同时受业于毗（pí）陵（今江苏省常州市武进区）柳天骥学习易经，讲天人性命之学，贯通儒、释、道三教。吴镇十八九岁开始学画，年轻时游历杭州、吴兴，饱览太湖风光。他善作墨竹，尤其喜欢作渔父图，作品水墨圆浑苍润，笔法凝练坚实，并为其作品作诗草书题款，史称"诗书画三绝"。吴镇一生清贫，隐居乡里不仕，曾在村塾中教书，在杭州以卖卜为生。吴镇非常喜爱梅花，家室四周遍植梅树，取斋名"梅花庵"。常与友人聚会于精严寺僧舍，心仪佛门，自称"梅沙弥"。传世作品有《嘉禾八景图》《渔父图》《双桧平远图》《洞庭渔隐图》《芦花寒雁图》等。1354年，吴镇去世，终年七十五岁。

倪瓒（1301—1374），字泰宇，别字元镇，别号云林子、荆蛮民、幻霞子，净名居士、朱阳馆主，江苏无锡（今江苏省无锡市）人，元末明初著名画家、诗人。倪瓒的祖父为本乡大地主，富甲一方，赀（zī）雄乡里。倪瓒弟兄三人，父亲早亡，其同父异母长兄倪昭奎是当时道教上层人物，曾宣受常州路道录、提点杭州路开元宫事，赐号元素神应崇道法师，为主持提点。二哥（同胞）倪子瑛，在道教上层地位也很高。倪瓒从小得长兄抚养，家中富有，无忧无虑，生活极为舒适。1328 年，长兄倪昭奎突然病故，母亲邵氏和老师王仁辅接连相继去世，使倪瓒悲伤不已，家庭经济状况也日渐窘困。之后的二十多年时间，他开始信仰全真教，广泛交际，友人多为和尚、道士或诗人、画家。1363 年，妻子蒋氏病故，倪瓒受到很大的打击。长子早丧，次子不孝，生活越觉孤苦无依，内心烦恼苦闷，无所适从，散尽家财，浪迹太湖。倪瓒一生清高孤傲，洁身自好，博学好古，不问政治，浸习于诗文书画之中，一生未仕。他擅画山水和墨竹，早年画风清润，晚年平淡天真，寥寥数笔，逸气横生。倪瓒本人爱洁成癖，家中厕所都置于空中楼阁，用香木搭建，中间用洁白鹅毛覆盖，称为高层香厕。院里种的梧桐树，安排下人每日早晚挑水擦洗干净，好端端的梧桐树，被每天洗澡折磨而死。倪瓒太过洁癖，很少近女色。有一次，他看中了一个叫赵买儿的歌姬，带回别墅留宿，结果洗了又洗，洗了一通宵澡，天已大亮，只好作罢。1373 年，倪瓒去世，终年七十四岁。他的书法、诗文均有造诣，存世作品有《渔庄秋霁图》《六君子图》《容膝斋图》和《清閟阁集》。

王蒙（1308—1385），字叔明，号黄鹤山樵、香光居士，吴兴（今浙江省湖州市）人，因隐居黄鹤山，自号黄鹤山樵，元朝著名画家。王蒙是赵孟頫的外孙，他的山水画受到赵孟頫的直接培养，后来学习王维、董源、巨然等，画风别具特色，用墨厚重，构图繁密，景色深秀，意境幽远，自成风格。1368年，朱元璋推翻元朝，建立大明帝国，王蒙出任泰安（今山东省泰安市）知州。1380年，王蒙因“胡惟庸案”牵连，被捕入狱。1385年，受尽折磨的王蒙死于狱中，终年七十八岁。王蒙的画代表由元入明的启蒙画派，对明清及近代山水画影响甚大。代表作品有《青卞隐居图》《夏日山居图》《春山读书图》《夏山高隐图》等。

10. 图绘天下

朱思本（1273—？），字本初，号贞一，临川（今江西省抚州市）人，元代地理学家。其祖父以科举入仕，南宋末年任淮阴县县令，宋亡后，隐居南昌西山。他的父亲恰逢宋灭元立，朝代更替之际，因不满于元朝统治，淡泊名利，坚决不仕元朝而家道中落。朱思本自幼受家庭影响，得到良好的教育。他勤奋好学，博览群书，虽外道内儒，却也不仕入道。1287年，年仅十四岁的朱思本到信州（今江西省上饶市）龙虎山学道。至1297年十余年间，朱思本潜心学道，以其综合文化素养在龙虎山具有很高的地位。1299年，朱思本应召至大都（今北京市），协助已被封为玄教大宗师、同知集贤院事的张留孙管理道教。临行前他写有这样的诗句：

胡为舍此去，乃与尘俗萦，
人生有行役，岂必皆蝇营。

短短的诗句，表现了他不做蝇营偷生和无意追求权势的心志。然这次任职却给了他考察、游历半壁河山的机会，他借此了解了“山川风俗，民生休戚，时政得失，雨潮风雹，昆虫鳞介之变，草木之异”。朱思本多次奉命代皇帝祭祀嵩山、衡山、庐山、武当山等，登会稽山，泛洞庭湖，纵游荆襄，流览淮泗，遍历河北、山西、山东、河南、江苏、安徽、浙江、江西、湖北、湖南等十余省，他的足迹遍及今华北、华东、中南地区，考察了各地山脉水系、土壤气候和物产交通。根据考察记录，结合《水经注》《通典》《元和郡县志》《元丰九域志》《大元一统志》等有关地理的历史资料，从1311年到1320年十年之间，他历尽艰苦，执着追求，通过实地考察，广泛吸收地理学的研究，采用“计里画方”（将若干天横竖线构成相互垂直的方格直接绘入图）的绘图方法，图绘天下，终于绘制完成了长广七尺、有科学价值的《舆地图》，已将南海诸岛标绘为中国领土。该图刊于龙虎山上清院，是中国制图史上的杰作，可惜原图已佚。之后，朱思本离开大都到江西玉隆宫，再次隐居浙江余姚山中，约于元顺帝元统、至元年间病逝。朱思本等人绘制的南海诸岛及其海域的南海地图，为维护我国南海疆域主权，提供了历史的、真实的、科学的依据，有诗文集《贞一斋杂著》传世。明代罗洪先据其图绘制了《广舆图》，保存了《舆地图》的概貌。

11. 丹溪先生

朱丹溪（1281—1358），名震亨，字彦修，义乌赤岸（今浙江省金华市义乌市赤岸镇）人，元代最著名的医学家。他所居的赤岸村，后改为丹溪村，所以人们尊称他为“丹溪先生”“丹溪翁”。朱丹溪对祖国医学贡献卓著，后人将他和刘完素、张从正、李东垣四人誉为“金元四大医家”。朱丹溪的堂曾祖朱杓、堂祖父朱麒均精通医学，医德高尚，对朱丹溪影响很大。1295年，朱丹溪父亲病逝，母亲戚氏一人千辛万苦抚养朱丹溪和两个弟弟。他的童年经历了艰辛磨难，得到了母亲的精心培养。朱丹溪先学习儒学，但两次科举未中，后开始专心学习医学和理学。他将理学结合于医学，推动了医学理论的发展。他一生济世救人，为百姓治病，成为融诸家之长于一体的一代名医。1358 年，朱丹溪去世，终年七十八岁。他毕生力倡“阳常有余，阴常不足”之说，创阴虚相火病机学说，申明人体阴气、元精之重要，形成了系统的保养阴精的学术思想，被后世称为“滋阴派”的创始人，在中国医学史上占有重要地位。著有《格致余论》《局方发挥》《丹溪心法》《金匮钩玄》《素问纠略》《本草衍义补遗》《伤寒论辨》和《外科精要发挥》等。

12.《琵琶记》

高明（约 1305—约 1371），字则诚，号菜根道人，浙江瑞安（今浙江省瑞安市）人，元代戏曲家，著有古典名剧《琵琶记》。瑞安属古永嘉郡，永嘉亦称东嘉，故后人称他为高东嘉。高明的长辈、兄弟均能诗善文，受家庭的影响形成他好学的习惯和高尚的思想品格。1345 年，元顺帝时高明考中进士，在浙江处州、杭州等地都做过几任小官，官拜处州录事、江浙行省丞相府掾（yuàn）、福建行省都事等职。他为官清明练达，曾审理四明冤狱，郡中称为神明。高明关心民间疾苦，不屈权势，受到治下百姓爱戴，期满离任时，百姓曾为他立碑纪念。元末方国珍起兵，强迫高明担任幕僚，方国珍投降后，高明辞官隐居。1356 年后，高明归隐宁波南乡栎社（今浙江省宁波市鄞州区石碶街道栎社村）以词曲自娱。在此期间，他完成了著名的《琵琶记》。高明擅长书法、诗、词曲，著有《柔克斋集》二十卷（已佚）、《琵琶记》《闵子骞单衣记》戏文一部（已佚），诗四十九首，词一首。其中南戏《琵琶记》号称为“南曲正宗”，为最早流传海外之传奇，被誉为“传奇之祖”。《琵琶记》全剧共四十二出，结构完整巧妙，语言典雅生动，叙写了汉代书生蔡伯喈（jiē）

与赵五娘悲欢离合的爱情故事。陈留人蔡伯喈被父亲逼迫赴京赶考，中状元后，牛丞相奉旨招婿。他辞婚、辞官不成，被迫入赘相府。家乡陈留遭逢荒年，蔡伯喈妻子赵五娘历尽艰辛，任劳任怨，侍奉公婆。她让公婆吃米，自咽糟糠，无奈公婆死于饥荒。赵五娘剪发典卖安葬公婆后，身背琵琶，沿路弹唱乞食，奔赴京城寻夫。蔡伯喈知情后悲痛至极，即刻上表辞官。牛丞相同意后，蔡伯喈遂携赵氏、牛氏同归故里，夫妻团圆，庐墓守孝。《琵琶记》中有名言警句为后人传颂："十年寒窗无人问，一举成名天下知。""我本将心向明月，奈何明月照沟渠。"诗文中还有大家熟知的名言："将相本无种，男儿当自强""福无双到犹难舍，祸不单行却是真""光阴似箭催人老，日月如移越少年。"

13. 鲁班天子

元朝作为全国统一政权的最后一位皇帝元顺帝妥懽帖睦尔（1320—1370），在位时间长达三十六年。他虽然没有能够励精图治、化解困局而扭转亡国的命运，但在建筑工艺、机械工程等方面可谓心灵手巧，是一位难得的天才。当年在建造宫殿时，元顺帝自己设计图纸，并亲自削木构宫，让工匠们照他设计的图纸施工。他曾亲自绘制龙船样本，在宫苑中建造了一艘设计精巧、造型独特、体形巨大、与众不同的龙船。龙船首尾长一百二十尺，宽二十尺，船头上雕有龙头，栩栩如生，船身雕刻层层龙鳞，龙尾设计生动形象。龙身与殿宇用五彩金装，船上设施极其奢华。元顺帝经常乘龙舟在宫苑湖内游玩，游玩时选十六名宫女，称为十六天魔，让她们身披璎珞，头戴象牙佛冠，载歌载舞。元顺帝还自制五云车，同样精巧绝伦。他制作用来计量时间的宫漏，精确报时，分毫不差。宫漏中暗藏储水和提水的装置巧妙无比，宫漏上配有日月宫，宫前有六个仙人，每天子午时刻，仙人自动走过仙桥，走到三圣殿之后，再回到原位。宫漏上的构造与装饰堪称一绝。因此，大都人都称元顺帝为“鲁班天子”。明军攻入大都时，明太祖朱元璋看了元顺帝自制的宫漏说：“废万几之务，而用心于此，所谓作无益、害有益也。使移此心以治天下，岂至亡灭？”随令手下将宫漏捣毁。

经典智慧

1. 巧计赛马

成吉思汗铁木真，很小的时候就表现出过人的才智。1174年，成吉思汗的父亲也速该统治的孛儿只斤部落打了胜仗，为了庆祝胜利，特意安排了一场赛马。但比赛规则为最后到终点的马获胜，选手们个个举步不前，几乎原地不动，比赛难以进行。也速该传旨：“谁有办法不改变比赛规则，能尽快结束比赛，给予重赏。”众人皆无计可施。年仅十二岁的铁木真跑到骑士前面做了一番安排后，重新开始比赛。骑士们争先恐后纵马奔向终点，依然是最后跑到终点的马得胜。原来，铁木真让骑手们相互换马，巧妙打破了比赛的僵局。俗话说“三岁看小，七岁看老”，成吉思汗小小年纪便有如此智慧，必然预兆了他人生的伟大事业。

2. 治天下匠

耶律楚材（1190—1244），字晋卿，汉化契丹族人，号玉泉老人、湛然居士，蒙古帝国时期的政治家。他出身契丹贵族家庭，是辽太祖耶律阿保机的九世孙、东丹王耶律倍八世孙、金朝尚书右丞耶律履之子。耶律楚材两岁时，父亲耶律履去世，他随母杨氏定居义州弘政（今辽宁省锦州市义县），受到母亲的精心培养和全面教育。他从小受儒家思想熏陶，学习汉籍，精通汉文，十二岁时入闾山显州书院，十三岁时学习诗书，年纪轻轻就已“博及群书，旁通天文、地理、律历、术数及释老医卜之说，下笔为文，若宿构著”。耶律楚材身材高大，满面胡须。1206 年，金章宗时他通过应试任开州同知。1214 年，金宣宗南迁至汴京，耶律楚材留在中都燕京，任命为左右司员外郎。1215 年，蒙古军攻占燕京，成吉思汗得知耶律楚材才华横溢、满腹经纶，遂派人向他询问治国大计，并任命他为辅臣。当时，西夏人常八斤善于造弓，很受成吉思汗器重，他嫉妒地说:“国家正在用兵之时，像耶律楚材这样的读书人有什么用？”耶律楚材回答说:“造弓尚且需要弓匠，治理天下难道不用‘治天下匠’吗？”1226 年，耶律楚材随成吉思汗出征西夏，谏言禁止州郡官吏擅自野蛮杀戮，使贪暴之风稍敛。经过耶律楚材的劝阻，成吉思汗部队减少了屠城策略，救了很多人的命。成吉思汗生前对儿子窝阔台说:“耶律楚材是老天爷赐给我家的，以后国家大事要交给他去治理。”1227 年，窝阔台即位后，耶律楚材倡立朝仪，劝导窝阔台哥哥察哈台带头行跪拜礼，蒙古国从此才有了尊汗的下拜礼。1231 年，耶律楚材被任中书令（宰相）。在他的建议下，设立州郡长官，进行军民分治；反对改汉地为牧场，建立赋税制度，设置燕京等十路征收课税所；尤其是改变蒙古军队攻下城池野蛮杀戮的陋习。1234 年，蒙军攻打金朝都城汴京，计划攻下汴京后全面屠城。耶律楚材对窝阔台建议说:“我们打了几十年仗，争夺的就是土地和人民，如果我们只得到土地而没有人民，要地何用？尤其是边境城中集中了大量的能工巧匠各类人才，全部杀了岂不可惜？我们又能得到什么？”窝阔台遂采纳了他的建议，除了金朝皇族，其余人一律免死，使得城中避难的一百四十七万人得以幸存。耶律楚材建议改变对王室功臣的“裂土分民”政策，采用立课税、统税权的办法，实行

“五户丝”制，化解了分权的矛盾。他重儒学，开科举，定官制、礼制，尊孔重教，积极恢复文治，逐步实施“以儒治国”的方针。在政治、经济、文化各方面殚精竭虑，创举颇多。耶律楚材先后辅佐成吉思汗父子三十余年，为蒙古帝国的发展和元朝的建立奠定了基础，不愧为“治天下匠”。1241年，窝阔台去世后，乃马真后称制时，耶律楚材遭到排挤，逐渐被失去信任。1244年，耶律楚材悲愤而死，倾国悲哀，时年五十五岁，追封广宁王，谥号文正。其个人作品有《湛然居士集》《西游录》等。耶律楚材的儿子耶律铸后来在追悼父亲的诗中写道：

鹤驾知何处？仙游阅古今。
英灵千载气，松柏一生心。
白日寒空色，苍天更慕阴。
志终申不得，遗恨海长深。

3. 雪斋姚公

姚枢（1203—1280），字公茂，号雪斋、敬斋，原籍营州柳城（今辽宁省朝阳市），后迁洛阳（今河南省洛阳市），金末元初政治家、理学家。姚枢的祖父和父亲曾任金朝中下级官吏，金朝末年父亲姚渊调任许州（今河南省许昌市）录事判官。姚枢少时勤奋，刻苦读书，博学多识。1232年，蒙古军攻破许州，他经宋九嘉推荐到燕京投靠窝阔台的养子杨惟中，被引荐北觐窝阔台汗。1235年，窝阔台出统兵攻打南宋，姚枢随杨惟中出征。蒙古军攻破湖北枣阳、德安（今湖北省安陆市），主将欲坑杀汉人各类人才，在姚枢的全力保护下，他们得以“入竹林间，尽免于死”。他借机访求儒、道、释、医、卜等类人才，从俘虏中访得名儒赵复，力劝其北上讲学授徒，使理学在北方广为传播。姚枢从赵复那里得到许多程朱传注诸书，开始学习理学。在姚枢、窦默、许衡等人的努力下，元朝尊信程朱，将理学定为官学。姚枢后出任燕京行台郎中，总理汉地政务。之后，他避祸隐居，弃官归隐辉州（今河南省辉县）苏门山下的百泉，读书鸣琴，悠然自得。1250年，忽必烈召姚枢至漠北访问治道，他向忽必烈陈述儒家传统的帝王之学、治国之道，深受器重。忽必烈受命他总制漠南汉地军事，姚枢建议他在与南宋接壤地区屯兵，积谷守边，徐图灭宋，均被忽必烈采纳。1252年，姚枢随忽必烈攻大理、鄂州，他屡谏禁止屠戮。行军途中，姚枢向忽必烈讲了北宋初年赵匡胤手下大将曹彬灭后蜀、取南唐不杀一人、维持市场繁荣的故事。曹彬严申军队纪律，所到之处，禁止士兵杀掠，维持地方治安，留下非常好的声誉。当时的江南也因此能够很快平定，避免了战火的摧残。忽必烈听了后，对跟在身后的姚枢大声喊道："你讲的曹彬不滥杀的故事，吾能为之！吾能为之！"姚枢拱手祝贺道："圣人之心，仁明如此，生民之幸，有国之福也！"自此，不滥杀无辜，马上得天下不能以马上治之的理念，在忽必烈的脑海里根深蒂固。忽必烈即位后，姚枢以藩府旧臣预议朝政，参订一代制度，官至翰林学士承旨。1280年，姚枢病逝，终年七十八岁，追封鲁国公，谥号文献。《元史 · 姚枢传》评价他："枢天质含弘而仁恕，恭敏而俭勤，未尝疑人欺己。有负其德，亦不留怨。忧患之来，不见言色。有来即谋，必反复告之。"有人对不起他，他不去怨气；有人来请教事情，他必定反复阐述，让对方理解透彻，这样的人是真正的仁厚。

4. 我心有主

许衡（1209—1281），字仲平，号鲁斋，世称"鲁斋先生"，怀庆路河内县（今河南省沁阳市）人，金末元初著名理学家、教育家。

许衡家族世代务农，他聪明好学，天资聪颖，幼读经书。为避战乱，许衡随父母迁居新郑（今河南省郑州市新郑市）。1254 年，忽必烈受封于秦中（今天陕西省内中部平原地区），召许衡为京兆（今陕西省西安市）提学，许衡在京兆郡县广建学校。忽必烈南征时，许衡返归怀庆。1260 年，忽必烈即位，召许衡、姚枢到京师，任许衡为太子太保，后改任国子祭酒。不久，许衡因病辞官返乡，之后许衡屡起屡归。1271 年，许衡被拜为集贤大学士兼国子祭酒，精心培养忽必烈亲自挑选的蒙古子弟。后许衡领太史院事，与郭守敬修成《授时历》。1280 年，许衡因病归怀庆休养。1281 年，许衡去世，终年七十三岁，赠荣禄大夫、司徒，谥号文正，后加赠正学垂宪佐运功臣、太傅、开府仪同三司、魏国公。有一次，许衡暑天外出，沿途无水，口渴难忍。正好路边有一棵梨树，挂满梨子。行人争先恐后摘梨解渴，唯独许衡不为所动。有人不解问他："你怎么不去摘几个梨子解渴？"许衡淡淡地回答："那是别人的梨，岂有乱摘之理？"路人都笑他太死板、太迂腐说道："世道纷乱，谁知这是谁家的梨？"许衡郑重地告诉他们："梨虽无主，我心有主。"许衡一生的品德言行大为人们推崇，被后人誉为"元朝一人"，许衡著有《读易私言》《鲁斋遗书》等。

5. 大元总设计师

刘秉忠（1216—1274），初名刘侃，法名子聪，字仲晦，号藏春散人，邢州（今河北省邢台市）人，祖籍瑞州（今江西省高安市），大蒙古国至元代初期杰出的政治家、文学家。刘秉忠出身世官之家，从辽代开始一直世代为官。其曾祖父任金朝邢州节度使，家居邢州，从祖父刘泽开始为邢州人。刘秉忠自幼聪颖，勤奋好学，十三岁时入都元帅府为质子，十七岁任为邢台节度府令史。之后一度弃官隐居，在天宁寺拜虚照禅师为师。刘秉忠深入研究《易经》及宋邵雍的《经世书》，对天文、地理、律历、占卜无所不通，对天下大势了如指掌。后入大蒙古国忽必烈幕府，深得忽必烈信赖，以布衣身份参与军政要务。1251 年，刘秉忠给忽必烈上《万言书》，其主要内容：采汉法，以儒治国；设学校，选人才；禁屠城，安定民；轻徭役，减赋税；兴水利，劝农桑；帝中国当行中国事。采汉法，以儒治国是其治国理念的核心。忽必烈看后大为赞赏说："诚如汝言，天下可不劳而治。"1253 年、1254 年和 1259 年，刘秉忠随忽必烈先后征伐大理和南宋时，力劝忽必烈勿滥杀，获幸百姓不计其数。1260 年，元世祖忽必烈即位，采纳刘秉忠建议，下设立中书省和宣抚司，朝廷旧臣、山林隐士都被录用。1264 年，元世祖升任刘秉忠为光禄大夫、太保，领中书省政事，并将翰林侍读学士窦默之女嫁给刘秉忠为妻。自此，他愈加尽心于国事，凡国家大小事务，都知无不言，言无不尽，深得元世祖宠信。1271 年，忽必烈根据刘秉忠的建议，取《易经》"大哉乾元"之意，将蒙古更名为"大元"，这就是元王朝命名的由来。刘秉忠对元朝政治体制、典章制度的制定发挥了重大作用，他对元大都的规划设计，奠定了北京市最初的城市雏形。刘秉忠是元朝的开国元勋，大元帝国的总设计师，元朝的一统，刘秉忠功不可没。1274 年，刘秉忠无疾而卒，时年五十九岁，追赠为太师、赵国公，谥文正，封常山王。元朝一代，汉人位封三公仅刘秉忠一人。刘秉忠文学功底深厚，是一位著名的学者、诗人和散曲家。他创作的散曲《南吕 · 干荷叶 · 漫兴》：

干荷叶，色苍苍，老柄风摇荡。减了清香，越添黄。都因昨夜一场霜，寂寞在秋江上。

这首小令锤字炼句，构思新颖，面对叶枯色苍，清凉寒冷的残秋，道出作者内心的寂寞感慨，情景交融，达到很高的艺术境界。他一生在天文、卜筮、算术、文学上著述甚丰，作品有《藏春集》六卷、《藏春词》一卷、《诗集》二十二卷、《文集》十卷 、《平沙玉尺》四卷、《玉尺新镜》二卷等。《元史 · 刘秉忠传》这样评价他：“生而风骨秀异，志气英爽不羁。”

6. 开国皇后

弘吉剌 · 察必（？—1281）姓弘吉剌氏，名察必，济宁忠武王弘吉剌 · 按陈之女，元朝开国元世祖忽必烈的皇后。察必容貌漂亮，聪颖贤惠，在元世祖忽必烈未继位之前，她便是忽必烈的妻子，并在众多妻妾中最受宠爱，为元世祖生下长子元裕宗真金。察必有勇有谋，善于把握关键契机，在元朝建立之初，便成为元世祖的贤内助。1259 年，忽必烈征伐南宋渡江围攻鄂州时，元宪宗蒙哥在合州（今重庆市合川区）突然去世，忽必烈的弟弟阿里不哥留守和林，派脱里出行省燕京调动军队，察必得到消息后，秘密派人快速报告给忽必烈，让他迅速撤军北归。于是，才有了兄弟相争，元世祖得以即位。1262 年，察必被立为皇后，元代册封皇后的礼仪，自此开始。察必生性仁明，随事讽谏，虽贵为皇后，却始终勤俭自律，事事用心。她曾劝阻元世祖划田牧马，保护农田；告诫元世祖居安思危，以保长治久安；进谏善待宋朝太后，加以抚恤。据记载，察必亲自改制衣帽，给蒙古帽加上前檐以遮阳光，为元世祖缝制“比甲”衣衫，便于骑射，成为时装。1281 年，察必去世，谥号昭睿顺圣皇后。史称察必“其性明敏，达于事机，国家初政，左右匡正，后有力焉”。察必为男人尽责，为国家尽忠，是一个男人的挚爱，更是一个民族的骄傲。

7. 巧布于柴

元朝时，漳州（今福建省漳州市龙海区西）陈桂龙发动起义，统领几万人马占据高安寨，啸聚山林。元世祖忽必烈派兵镇压，持续两年之久，却没能攻下。1280 年，福建等处征蛮右副都元帅高兴（1245—1313）领兵前往征讨，双方交战，箭石如雨，很难接近。高兴来到阵前，观察地形，看到起义军占领山岗，居高临下，雄视四方。经仔细观察后，他心生一计，命令士兵们每人带一捆干柴，挡住身体往山上冲锋。士兵快接近高安寨时，起义军弓箭、石块齐发，元军弃柴而返。如此反复坚持六天，寨内箭支、石块消耗殆尽，寨外干柴堆积如山。第七天，高兴一声令下，士兵们举着火把冲向山寨点燃干柴，高安寨被烧成灰烬，陈桂龙逃走，起义被镇压。

8. 青年宰相

安童（1248—1293）是蒙古札剌亦儿部人，大蒙古国“开国四杰”之首木华黎四世孙。父亲霸突鲁，母亲弘吉剌氏（元世祖察必皇后之妹）。安童勤奋好学，成熟稳健，志向远大。1260 年，他十三岁时就因祖父的功劳而被召入长宿卫。1263 年，忽必烈与阿里不哥争夺王位获胜，拘捕了阿里不哥的党羽千余人，问安童：“朕欲置此等于死地，你以为如何？”安童回答：“人各为其主，身不由己，很多时候不由自己选择。陛下刚登王位，因泄私愤而杀了他们，那又怎么能让天下人诚心归附呢？”忽必烈没料到一个年仅十六岁的少年竟然说出这样有见识的话。忽必烈慧眼识才，唯才是用，他看安童处世练达，办事果断，为人稳重，足智多谋，于两年后的 1265 年破格任命十八岁的安童为中书右丞相，成为青年宰相。当时，史天泽任右丞相。安童上奏宜用老成人如姚枢、许衡等同议中书省事，忽必烈下诏允许。姚枢、许衡等汉族儒臣原是元世祖即位前就已征聘的人物，实行儒家治国方针，安童在他们的帮助下继续奉行采用汉法的政策。安童因与掌管财赋的中书平章政事、兼领制国用使司阿合马政见不同而产生矛盾，被阿合马之党屡进谗言。1273年，安童被调离相位，遣往西北边境，行中书省、枢密院事，辅佐皇子北平王那木罕守边。元宪宗蒙哥第四子昔里吉发动叛乱，劫持了那木罕和安童，将安童送交海都拘禁。1284年，安童获释归朝复任右丞相。1289年，他屡次上书求退，次年罢相，掌宿卫。1293年，安童于大都英年早逝，时年四十六岁。安童一生两度出任首丞相，贯彻以儒治国，推荐贤能，重用儒臣，崇尚汉法，政刑宽平，多次制止滥用死刑，为元初国家的稳定和繁荣做出了巨大的贡献，有元朝贤相之美誉。

9. 梅花屋主

王冕（1310—1359）[1]，字元章，号煮石山农，亦号食中翁、梅花屋主等，绍兴路（今浙江省诸暨市枫桥镇）人，元朝著名画家、诗人、篆刻家。王冕出身贫寒，自幼好学，少时替人放牛，自学成才。据说他小时候给地主放牛，年底领工钱时，地主说："我出一个字谜，你如果猜出来了就把工钱给你。"王冕同意后，地主说："从前有一伙穷人，锄地时挖出一块玉璧。大家便砸了玉璧，每人分了一块，却

[1] 王冕的出生时间，清朝吴荣光《历代名人年谱》记载："生于元至元二十四年（1287），卒于至正十九年（1359）正月，享年七十三岁。"另有一说王冕生于元至正元年（1341），卒于明永乐五年（1407），享年七十三岁。姜克涵在《学术论坛》1957年第2期发表见解，认为第二种说法错将王冕的儿子山樵王周的生卒年月套在其父名下了。吕升写的王周行状："山樵生于至元乙亥秋七月廿二日，卒于永乐五年丁亥正月十三日，寿七十三。"姜克涵认为王冕的真正生卒年代应当是："生于元至大三年庚戌（1310），卒于至正十九年己亥（1359），享年五十岁，大致是不差的。以王周生年上推廿五年即至大三年，王冕廿六岁生子。"从王冕的《自感》诗中"此志竟萧条，衣冠混泥涂。蹭蹬三十秋，靡靡如蠹鱼"等语看，至大三年（1310）生是对的。

不想玉璧砸碎后分文不值，穷人还是穷人。”王冕猜出来穷人分宝贝还是穷，是个“贫”字，顺利领到了工钱。王冕想回家学习，地主不肯。于是，他也给地主出了个字谜，如果地主猜出来了，他不要工钱白放一年牛，猜不出来就让他回家。王冕说：“有个财主雇了一个伙计做生意，约定好一个出钱一个出力，赚钱后三七分。等到赚钱后财主想独吞，告诉伙计昨天马受惊踩扁了装钱的箱子，所赚的钱全毁了。”地主猜不出来，王冕解释马踩扁箱子，是个“骗”字。想骗人的地主只好让他回家。王冕性格孤傲，鄙视权贵，年轻时屡次应试不第，随历览名山大川，游历天下，隐居山林，以卖画为生。约1350年，王冕在长途漫游后回到绍兴，在会稽九里山买地造屋，名为梅花屋，自号梅花屋主。此时创作有著名的七言绝句《墨梅》：

我家洗砚池头树，朵朵花开淡墨痕。
不要人夸好颜色，只留清气满乾坤。

1359年，王冕去世，时年五十岁。王冕的诗作多为同情人民疾苦、谴责豪门权贵、轻视功名利禄、描写田园隐逸。他一生喜好梅花，所画梅花花密枝繁，生意盎然，劲健有力，对后世影响很大。诗作有《竹斋集》三卷，续集两卷。存世绘画有《南枝春早图》《墨梅图》《三君子图》等。

第八章 大明王朝

党争误国

明朝　党争误国

明朝（1368—1644）是中国继汉朝和唐朝之后的繁盛时期，由朱元璋利用元末农民起义的斗争成果创建，是中国历史上最后一个由汉族建立的封建王朝。1368 年，朱元璋经过北伐战争，定都应天府（今江苏省南京市）称帝，国号大明，建立明朝，后迁都北京顺天府（今北京市）。1644 年，大顺军攻陷北京城，明朝灭亡，历经十六帝，历时二百七十六年。其疆域东北抵日本海、外兴安岭，后缩至中国辽河流域；北达阴山（今中国内蒙古中部山脉），最远到库页岛（今俄罗斯哈林岛），后撤至中国明长城；西至中国新疆哈密，后退守至中国嘉峪关；西南到达缅甸和暹（xiān）罗（今泰国）北境，后折回约今云南境；东南到中国澳门、台湾；并在中国青藏地区设有羁縻（mí）卫所，还曾收复安南（今越南北部）。明朝结束了蒙古人的统治，完善了政治、经济各项制度，君主专制空前加强。明朝初期废丞相、罢中书省，皇帝亲理政务、亲自掌管六部。后设立四辅官来辅佐政事，再后来仿宋制，置华盖殿、武英殿、文渊阁、文华殿、东阁诸大学士。明成祖时，选拔翰林院官员作为殿阁大学士，入值宫内的文渊阁，随侍皇帝，并开始参与机密事务的决策，由此成立内阁。明朝时，随着手工业和商品经济的繁荣，大量商业资本转化为产业资本，出现商业集镇，形成全国性的商业市场，民间海外贸易兴起。明朝后期，劳动者与土地的分离，孕育了资本主义的萌芽，进而促进了社会的转型。明朝的文化艺术呈现世俗化趋势，学术民间化，儒学平民化。明朝加强与海外联系，增强了同亚非、欧洲各国的经济、文化交流互动。但经济繁荣的背后，政治危机日益严重，导致明朝最终走向衰亡。

元末时，明太祖朱元璋因生活所迫，入佛门为僧，曾托钵乞讨，四处流浪。他后来参加了郭子兴的红巾军起义，逐步做强做大，定都应天府（今江苏省南京市），建立西吴政权。朱元璋一统江南后，建立大明王朝，北伐灭亡元朝。之后，他用了二十年的时间，南征北战，大破北元，完成全国统一。朱元璋分封子嗣，励精图治，爱惜民力，发展生产，实现“洪武之治”。他设置锦衣卫，打击贪污，清理权臣，诛杀功臣，集中皇权。明太祖进行了一系列改革，废除中书省和宰相制度，实行君主专制。皇太孙明惠宗（建文帝）朱允炆（wén）即位，严惩宦官，重用文官，开启巡抚制度，推行“建文新政”。然削藩失败，导致朱元璋第四子燕王朱棣发动兵变，“靖难之役”后，明惠宗失踪，明成祖朱棣即位。朱棣对明惠宗的文臣武将进行清剿，创立内阁，设置东厂，加强边疆治理，迁都北京顺天府，开创“永乐盛世”。其太子明仁宗朱高炽即位，爱民如子，为政开明。他在位只有短短十个月的时间，便因病去世。明仁宗简朴、仁爱和诚挚的儒家思想影响了以后整整一个世纪，是当之无愧的一代仁君。

明仁宗长子明宣宗朱瞻基即位，整顿吏治，虚心纳谏，体恤百姓，万国来朝，实现“仁宣之治”。明成祖朱棣次子汉王朱高煦举兵谋反，明宣宗御驾亲征，和平平叛。其年仅九岁的长子明英宗朱祁镇即位，太皇太后张氏掌管国政。明英宗亲政后，云南麓川宣慰司思任发、思机发父子（一说兄弟）叛乱，“麓川之役”使朝廷付出巨大代价。蒙古瓦剌趁机攻伐中原，明英宗集结五十万军队御驾亲征，发生“土木之变”，明英宗被俘。兵部尚书于谦等拥立明英宗弟明代宗朱祁钰为帝，并取得“北京保卫战”的胜利。明英宗获释后被困南宫（重华宫）八年，经“南宫复辟”，明英宗复位，他废除了自明太祖时残酷的殉葬制度。其太子明宪宗朱见深即位，文治武功卓著，可谓百业兴旺、万民乐业，国泰民安。明宪宗在位后期，设置西厂，宠信宦官，怠于政事，淫乐无度，朝纲败坏。其太子明孝宗朱祐樘即位，勤政爱民，振兴军备，吏治清明，是难得的一代明君，实现“弘治中兴”。其太子明武宗朱厚照即位，玩心不改，随心所欲，甚至破天荒地自降身份给自己加封太师，视朝政如儿戏，游玩成正事。宁王朱宸濠（明太祖朱元璋五世孙）起兵造反，发动“宸濠之乱”。赣南巡抚王守仁（王阳明）平叛，朱宸濠被俘。明武宗却突发奇想，让把宁王放回去再去作乱，由自己亲手擒回，一时成为笑柄。其堂弟十四岁的明世宗朱厚熜（cōng）（明孝宗朱祐樘之侄、兴献王朱祐杬之子）即位，改元嘉靖，故称“嘉靖皇帝”。

嘉靖帝勤于政务，大胆改革，诛杀佞臣，整顿军队，开创“嘉靖中兴”。嘉靖后期，崇信道教，任用奸佞，吏治败坏。他二十多年不上朝，新政成果付之东流。一时民变四起，鞑靼入侵，南倭北虏，内乱外扰。其三子明穆宗裕王朱载坖（jì）即位，实施“隆庆新政”，通过“隆庆开关”“隆庆和议”，北方边患缓和，百年不用兵戈。其三子年仅九岁的皇太子明神宗朱翊（yì）钧即位，改元万历，重用首辅张居正，大胆改革，开创“万历中兴”。张居正去世后，明神宗开始亲政，倦于朝政，三十年不再上朝，成为真正的隐居皇帝。“宁夏之役”“朝鲜之役”“播州之役”三大战役虽取得胜利，但伤筋动骨，消耗巨大，使得东北防御削弱，故有“明实亡于万历”的说法。十五年之久的“国本之争”，背后是激烈党争，结果是栋梁陨落，国家不得安宁。

努尔哈赤建立后金，起兵反明，明朝丧失辽东统治权。明神宗太子明光宗朱常洛即位，在位仅三十天，命丧红丸。万历帝长子明熹宗朱由校即位，宦官魏忠贤，干政弄权，阉党祸国。明熹宗重用袁崇焕，镇守辽东。明思宗中了后金反间计，处死袁崇焕，自毁长城。明熹宗五弟明思宗朱由检即位，改元崇祯，他勤于政事，平反冤狱，铲除阉党。皇太极称帝，建立大清，农民起义，烽火遍地。闯王李自成大顺军攻陷京城，发生“甲申之变”，崇祯帝在煤山自缢，明朝灭亡。山海关明朝宁远总兵吴三桂的爱妾陈圆圆被李自成部将抢去，所谓“冲冠一怒为红颜”，吴三桂引清入关，镇压起义，清军占领北京。明朝兵部尚书史可法等拥立明光宗朱常洛弟朱常洵长子弘光帝朱由崧在南京（今江苏省南京市）称帝，建立南明。清军挥师南下，兵临扬州。“扬州十日”史可法就义，弘光帝被杀，李自成身死兵败，南明分裂。郑成功在台湾建立明郑，终被大清攻灭。

贫寒入佛

明太祖朱元璋（1328—1398），字国瑞，濠州钟离太平乡孤庄村（今安徽省滁州市凤阳县小溪河镇燃灯村）人[1]，出生在一个贫苦农民的家庭。其父为朱世珍，母为陈氏，朱元璋在家里排行老四，家族兄弟中排第八，故名“朱重八”。1344 年，元末濠州（今安徽省凤阳县）发生严重的旱灾、蝗灾和瘟疫，朱元璋的父亲、大哥及母亲先后去世。由于生活所迫，十七岁的朱元璋投奔了皇觉寺（今安徽省滁州市凤阳县城北凤凰山龙兴寺）的高彬

[1] 据《明史》记载，“太祖讳元璋，字国瑞，朱姓。世家沛，徙句容，再徙泗州。父世珍，始迁濠州之钟离。生四子，太祖其季也。”朱元璋祖籍在沛县，北宋末年，金人南犯中原，沛县穷苦农民朱百六带着夫人胡氏和儿子朱四五、朱四九南渡长江，迁徙到金陵句容通德乡（今江苏镇江市境）朱家巷落户，以种田为生。朱四九娶妻侯氏，生四子，即朱初一、朱初二、朱初五、朱初十。宋末元初时，朱初一带夫人与十二岁的大儿子朱五一、八岁的小儿子朱五四向淮北逃亡，在泗州盱眙津里镇（今江苏省淮安市盱眙县境）定居，以农耕为生。后朱五四（朱世珍）娶陈氏，又迁徙至安徽灵璧县，最后至濠州钟离的东乡，又至西乡，在太平乡孤庄村安定下来，朱元璋出生于此。

和尚，剃度为僧做了行童。同年，朱元璋离开寺院，开始了三年多托钵乞讨、四处流浪的生活。1348 年，他再次回到了皇觉寺。

一统江南

1352 年，二十五岁的朱元璋参加了郭子兴的红巾军起义。朱元璋入伍后，作战勇敢，机智灵活，处事得当，深得郭子兴信赖。朱元璋被任为亲兵九夫长，后升任镇抚。郭子兴将养女马氏嫁给朱元璋为妻。1355 年，朱元璋一举攻克了和州（今安徽省和县），郭子兴任命朱元璋为总兵官，镇守和州。同年，郭子兴病逝，朱元璋继承了他的势力，开始做强做大。这一年，刘福通于安徽亳州（今安徽省亳州市）立韩山童之子韩林儿为“小明王”，建国号大宋。小明王韩林儿任命郭子兴之子郭天叙为都元帅，郭子兴妻弟张天佑为右副元帅，朱元璋为左副元帅。1356 年，朱元璋亲率水陆大军攻克集庆路（今江苏省南京市），改名应天府，安抚城内百姓。朱元璋奉行徽州（今安徽省歙县）谋士朱升提出的“高筑墙，广积粮，缓称王”的策略，招贤纳士，刘伯温、宋濂等名士皆来投奔朱元璋，并且得到重用。他迅速秘密扩张自己的实力，稳固根据地。朱元璋严明军纪，严禁掳掠，深受百姓拥护。朱元璋以应天府为中心，四处征战，附近的元军据点被依次攻占。这时，朱元璋的领地四周东北邻张士诚，西邻陈友谅，东南邻方国珍，南邻陈友定。1363 年，三十六天的鄱阳湖大战，朱元璋消灭了南方势力最强的陈友谅，乘胜攻取武昌。1364 年，朱元璋被百官推举为吴王，定都应天府（今江苏省南京市），建百官司属，逐步建立国家制度。因 1363 年张士诚早已在平江（今江苏省苏州市）自立为吴王，故史称张士诚为东吴，朱元璋为西吴。朱元璋当时就提出“建国之初，先正纲纪”，命李善长等草创律令，编律二百八十五条，令一百十四五条，这便是最早拟定颁行的《大明律》[1]。接着，朱元璋攻灭了张士诚，方国珍不战而降，朱元璋倚仗训练有素、纪律严明的强大军队，南征北伐，取得了节节胜利，一统江南。

建明灭元

1367年，朱元璋派徐达、常遇春率领大军发动“驱逐胡虏，恢复中华”的北伐战争。1368年，一介布衣朱元璋，取得民心，得了天下，在应天府（今江苏省南京市）即皇帝位，定国号大明，是为明太祖。明太祖立马氏为皇后、其长子朱标为太子，以李善长、徐达为左、右丞相，设官分职，封赏文武百官，开启了大明王朝近三百年的统治。同年，明军与元军在中原和西北广大区域内进行了战略决战。明军一路势如破竹，直逼大都城下。元惠宗逃往上都（今内蒙古自治区锡林郭勒盟正蓝旗境内），遂迁都上都，因地处塞北，故称北元。徐达攻克元大都（今北京市）后，大都改称北平。自此，元朝灭亡。

统一全国

1369年，元惠宗迁都应昌府（今内蒙古自治区赤峰市克什腾旗达里诺尔西南的达尔罕苏木），组织元王朝在各地的残存力量对抗明朝，形成军事威胁。朱元璋厉兵秣马，南征北战，先后平定山西、陕西、四川、云南、辽东等地。经过六次北伐，历时二十年之久，于1388年同元朝进行了最后的决战，即“捕鱼儿海之战”，

[1]《大明律》是明朝的主要法令条例，由明太祖朱元璋总结历代法律施行的经验和教训，详细制定而成。《大明律》共分三十卷，篇目有名例一卷，包括五刑、十恶、八议以及吏律二卷、户律七卷、礼律二卷、兵律五卷、刑律十一卷、工律二卷，共四百六十条。《大明律》在中国古代法典编纂史上具有革故鼎新的意义，它继承了明代以前的中国古代法律制定的优良传统，也是中国明代以前各个朝代法典文献编纂的历史总结，而且还开启了清代乃至近代中国立法活动的发展。

大破北元，北元不再使用年号及大元国号。自此，明朝基本完成了对全国的统一。

洪武之治

明太祖朱元璋深知百姓疾苦，在位期间，勤政廉政，严惩贪官，徒富民，抑豪强，复兴礼俗，重视教育，重兴科举，与民休息，奖励垦荒，兴修水利，减免税负，解放奴婢，爱惜民力，提倡节俭，丈量土地，清查户口，大兴移民，屯田屯军等，人民生活走向安定，社会生产逐渐恢复和发展，史称“洪武之治”。

诛杀功臣

明太祖大举分封子嗣和开国文臣武将，先后分封二十五子和一个从孙为王。为了监视不法权贵，明太祖废除仪鸾司，改设锦衣卫，加强特务监视，以加强皇权。锦衣卫下设镇抚司，专门承办由皇帝命令查办的案件。由于锦衣卫手握特权，用刑残酷，后被废除。明太祖为了消除相权、将权对皇权的威胁，毫不手软地打击贪污和清理权臣，最有名的明初四大案，即空印案（在文书上先盖印章，需时再填内容）、户部侍郎郭桓贪污案、胡惟庸案和大将军蓝玉案。七十七岁的开国功臣李善长也被赐死，共杀五万余人，内中公、侯四十余人，一代开国功臣被诛戮殆尽，导致之后靖难之役中朝廷无可派之将。

君主专制

明太祖进行了一系列改革，改革行政机构，废除中书省和宰相制度，不准再立丞相，改设承宣布政使司（掌管民政）、提刑按察使司（掌管刑名）和都指挥使司（掌管军政）“三司”，权力分散到六部。改革军事机构，废除大都督府，分设中、左、右、前、后五军都督府。还增设通政司（负责奏章）、大理寺（负责刑狱），改御史台为都察院。原中书省总理政务的格局，变成了“五府、六部、都察院、通政司、大理寺”，直属中央，对皇帝负责[1]。1392年，太子朱标病逝，对年近七十的朱元璋打击很大，朱标的长子朱雄英早夭，故立朱标次子朱允炆（wén）为皇太孙。1398年，朱元璋病逝于应天皇宫（今江苏省南京市故宫），终年七十一岁，谥号开天行道肇纪立极大圣至神仁文义武俊德成功高皇帝，庙号太祖。二十一岁的皇太孙朱允炆即位，是为明惠宗，因年号建文，故后世也称“建文帝”。明太祖朱元璋传奇一生，从和尚到皇帝，力战群雄，推翻元朝，诛杀功臣，废除丞相，设立内阁，开启巡抚，完善军制，开创“洪武之治”。他也是中国历史上非常勤政的皇帝，从登基到去世，他几乎没有休息过一天。他在遗诏中说：“三十有一年，忧危积心，日勤不怠。”他勤于政事，建树颇多，是中国历史上杰出的君主之一。

建文新政

明惠宗朱允炆（1377—？）书生意气，性格温顺，儒生文雅，但毫无国政经验。他在位时，衷心向往实行理想的仁政，重用文官，推行仁政，宽刑省狱，严惩宦官，同时改变其祖父朱元璋的一些弊政，史称“建文新政”。明惠宗任命黄子澄为翰林学士、齐泰为兵部尚书、方孝孺为翰林侍讲，三人纸上谈兵有余，实际经验不足，然却成为皇帝心腹，参与国政。明惠宗派暴昭、夏原吉等二十四人任采访使，分巡天下，是为巡抚制度的萌芽。

[1]《明史·卷一〇九》：“明太祖初壹海内，仍元制，设中书省，综理机务。其官有丞相、平章、左右丞、参政，而吏、户、礼、兵、刑、工六尚书为曹官。行之一纪，革中书省，归其政于六部，遂设四辅官。”

靖难之役

明惠宗根基还未站稳，便急于求成，与黄子澄、齐泰、方孝孺三人一同策划削藩之策，导致了灾难性后果。1398 年，前后不到一年时间，周王、代王、齐王、湘王等先后被废为庶人或被逼自杀。1399 年，明惠宗欲铲除燕王朱棣（朱元璋第四子、明惠宗叔父），假借边防军备为名调离燕王的精兵。燕王朱棣刚果善断，能决大谋，精通武艺，文武双全，特别是得到左丞相徐达的教导，具有非凡的军事领导才能，并娶了徐达长女为妻。朱棣在姚广孝的建议下率军南下，以“清君侧，靖内难”的名义起兵，进行了四年的夺位战争。1402 年，朱棣攻占京师（今江苏省南京市），史称“靖难之役”。明惠宗在宫城大火中下落不明，最后的真正命运成为千古之谜，南明安宗追谥号嗣天章道诚懿渊功观文扬武克仁笃孝让皇帝，清乾隆帝追谥号恭闵惠皇帝，南明安宗追尊庙号惠宗。燕王朱棣即位，是为明成祖。

永乐盛世

明成祖朱棣（1360—1424）即位后，对政治反对派进行了非常残酷、空前野蛮的镇压，大肆杀戮明惠宗的文臣武将，齐泰、黄子澄、景清等先后被杀，方孝孺更是被诛十族。明成祖一方面对宗室诸王一律恢复了王位，另一方面暗中削夺诸王的实际权力及军权。他大范围地对靖难功臣进行封赏，对明惠宗的政策全盘否定。1403 年，明成祖将北平改为北京，设北京行部国子监等衙门，将大宁都司迁至保定。明成祖大胆起用资历浅、能力强的文臣，命侍读解缙、编修黄淮入职文渊阁，同议朝廷机密重务。又命侍读胡广、修撰杨荣、编修杨士奇、检讨金幼孜和胡俨同值文渊阁参预机务，与解缙、黄淮一起朝夕侍从左右，作为顾问，称为“内阁”。他们分掌文案，综理制诰，创立了内阁制度。明成祖恢复了明太祖时期被废除的锦衣卫，另外还设置了东厂特务组织，确立了明朝的厂卫制度。朱棣实行积极的外交策略，自 1405 年开始，先后六次派宦官郑和下西洋，与各国进行政治经济来往，扩大了明朝对南洋、西洋各国的影响力。他命翰林侍读学士解缙等人，组织两千余人，历时五年，于 1407 年编撰修书《永乐大典》，全书两万二千八百七十七卷，仅目录就有六十卷，共一万一千零九十五册，总计约三亿七千万字。《永乐大典》的内容极为丰富，保存了自先秦至明初大量的文献资料，极为珍贵，是中国历史上规模最大的一部类书，也是迄今世界所公认的一部大型百科全书[1]。对外，明成祖加强民族地区和边疆的统治和治理。元朝灭亡，蒙古族退回草原后，分裂为兀良哈、鞑靼（dá dá）和瓦剌三部。明成祖五次北征，三次大败蒙军，兀良哈三卫归附明朝，鞑靼和瓦剌依然政权独立。同时，明成祖成功争取到黑龙江流域各族部落首领的归附，设置一百三十二个卫，强化了东北边疆的统治。在努尔干（今俄罗斯特林）设都指挥使司，管辖东自日本海、西至兀良哈三卫、南抵鸭绿江、北达外兴安岭包括库页岛（今俄罗斯哈林岛）在内的广袤土地。西南增设贵州省，修建雅江到乌斯藏的驿路，加强西南统治和西藏与内地

[1] 1403 年，朱棣决心修一部巨著彰显国威，造福万代。其宗旨是“凡书契以来经史子集百家之书，至于天文、地志、阴阳、医卜、僧道、技艺之言，备辑为一书”。他命解缙、姚广孝等主持编纂，一年后修成《文献大成》。之后编纂队伍扩大到了 2 196 人（累计达 3 000 多人），于永乐五年（1407）定稿，朱棣亲自作序并赐名《永乐大典》，全书于永乐六年（1408）才抄写完毕。《永乐大典》的卷数，《四库全书总目》卷 137 记载为 22 877 卷，有目录 60 卷，共计 22 937 卷。根据《明太宗实录》卷 54 记载为 22 211 卷；《万历野获编》补遗卷 1 记载 22 900 卷余；《明史 · 艺文志》记载 22 900 卷，一般认为《四库全书总目》记载准确。《永乐大典》后惨遭浩劫，大多毁于火灾和战乱，也有相当一部分被后人以修书之名窃走，现今仅存 800 余卷且散落于世界各地。《永乐大典》内容包括经、史、子、集，天文地理，阴阳医术，占卜，释藏道经，戏剧，工艺，农艺，涵盖了中华民族数千年来的知识财富。《不列颠百科全书》在“百科全书”条目中称中国明代类书《永乐大典》为“世界有史以来最大的百科全书”，已经成了中国文化的一个重要符号。

的联系。明成祖创造了明初盛世，史称“永乐盛世”。1416 年，明成祖下令营建北京宫殿，至 1420 年北京宫殿落成，同年，正式迁都北京顺天府，原京师应天府（今江苏省南京市）作为陪都。1421 年，明成祖派尚书蹇义等二十六人巡行天下，为以后巡抚的专设奠定了基础。1424 年，朱棣在第五次亲自北征回师途中，于榆木川（今内蒙古多伦县西北）病逝，终年六十五岁，谥号体天弘道高明广运圣武神功纯仁至孝文皇帝，庙号太宗。至嘉靖帝时，改谥号启天弘道高明肇运圣武神功纯仁至孝文皇帝，改庙号成祖。太子朱高炽（朱棣与徐皇后之长子）即位，是为明仁宗。

短暂仁君

明仁宗朱高炽（1378—1425）生性端重沉静，言行识度，勤奋好学，但身形过胖并有足疾，导致体弱多病。明成祖朱棣数次北征和长居燕京时，朱高炽都以太子身份监国。他不负圣望，把朝政处理得井井有条。明仁宗在位时，任用“三杨”（杨士奇、杨荣、杨溥）等贤臣辅佐朝政，修明纲纪，爱民如子，为政开明，发展生产，与民休息，赦免了明惠宗的许多旧臣，平反冤狱，废除苛政，修整武备，停止大规模用兵。天下百姓得到了休息，为“仁宣之治”打下基础。朱高炽不恋女色，除皇后张氏之外，仅谭妃一人。朱高炽因过去长期作为太子在南京监国，曾有还都南京的打算，将北平六部原印信收回，新印信重新加印“行在”。1425 年，还都计划尚未实施，朱高炽病逝，时年四十八岁，谥号敬天体道纯诚至德弘文钦武章圣达孝昭皇帝，庙号仁宗。其长子朱瞻基即位，是为明宣宗。

仁宣之治

明宣宗朱瞻基（1398—1435）幼年聪颖，深得祖父明成祖朱棣喜爱，于1411年被册立为皇太孙。在明成祖朱棣的精心调教下，他从小得到良好的教育培养，文武双全，英气溢面。朱瞻基十五岁时，朱棣命他对对联，上联曰："万方玉帛风云会。"朱瞻基不假思索地回答道："一统江山日月明。"朱棣大喜，心想这种格局确实是大明未来帝王的最佳人选。明仁宗去世时，朱瞻基远在南京，他躲过皇叔朱高煦准备在半路的截杀，安全抵达京城，顺利继承皇位。明宣宗在位时，励精图治，整顿吏治，改革财政，休养生息，力主俭朴，缓和了社会矛盾。明宣宗即位当年，便派大理寺卿熊概、参政叶春巡抚南畿、浙江。自此，明朝中央开始设专职巡抚，改变了各省三司分治的权力格局。明宣宗有句名言"省事不如省官"，他认为国家赋税有常额，不能任养冗官。据记载，河南有个知县，当地发生灾荒时，未经请示将驿站公粮上千石发放给灾民。明宣宗不仅没责罚他，还加以表扬说："如果拘守手续，层层申报，那老百姓早就饿死了。"他继承父风，知人善任，虚心纳谏，是一位比较贤德的皇帝。文有"三杨"（杨士奇、杨荣、杨溥）、蹇（jiǎn）义、夏原吉；武有英国公张辅、于谦、周忱。他曾嘱咐大学士杨溥："直接指出我的过错，就是对我最好的报答。"正是他安民为福的各项举措，使得社会经济空前发展，史称"仁宣之治"。明朝周边的哈密回部、满剌撒丁、占城、琉球中山、爪哇等数十国前来朝贡，一度出现万国来朝的局面。

和平平叛

明朝初至中叶娼妓业尤为发达，许多达官显贵不问朝政国事，沉溺于歌舞升平、灯红酒绿之中。名流贤达狎（xiá）妓冶游、寻欢作乐，甚至出现了研究、评价妓女的《嫖经》，成为当时的狎妓指南。明宣宗下令查封了北京和各大城市的大批妓院，废除了原有的官妓制度，禁止官员携妓宿娼，这应该是中国第一次大规模的扫黄运动。1426 年，明成祖朱棣次子汉王朱高煦趁北京地震之机，在乐安州（今山东省惠民县）举兵谋反。在大学士杨荣的劝谏下，明宣宗御驾亲征，仅将乐安围得水泄不通，但不允许攻城。明宣宗通过震慑压力，使叛军瓦解，朱高煦出城投降。明宣宗兵不血刃，平定了朱高煦之乱，明朝的藩王也纷纷向明宣宗交出兵权，天子皇权得以巩固。1431 年，明宣宗命郑和第七次出使西洋。1433 年，返航期间郑和因劳累过度于印度西海岸古里（今印度卡利卡特）去世，这也是他最后一次下西洋。明宣宗擅长书画、诗文，尤工于画山水、人物、走兽、花鸟、草虫等，有画作传世，著《明宣宗御制乐府》一卷，至今已佚，存词二首。明宣宗有个喜欢养蟋蟀的嗜好，被称为“太平天子，促织皇帝”。明宣宗设立内书堂教宦官读书参政，提升内阁地位，为后来明英宗时期的太监乱政埋下了隐患。1435 年，明宣宗朱瞻基突然病逝，年仅三十八岁，谥号宪天崇道英明神圣钦文昭武宽仁纯孝章皇帝，庙号宣宗，史书亦称宣德帝。其年仅九岁的长子朱祁镇即位，是为明英宗。

麓川之役

明英宗朱祁镇（1427—1464）年幼即位，国事由太皇太后张氏掌管。张太后重用仁、宣宗以来的旧臣，由“三杨”（杨士奇、杨荣、杨溥）担任内阁辅臣。张太后与三杨治国有道，安定边防，整顿吏治，发展经济，使得大明朝国力鼎盛，呈现一番欣欣向荣的良好态势。张太后非常有远见，不允许外戚干预国事，对被朱祁镇升为司礼监掌印的太监王振要求也甚严，不允许其干政。1440 年，杨荣去世。1443 年，张太后驾崩，十七岁的明英宗开始亲政。他励精图治，大有安邦定国的雄心壮志。1444 年，杨士奇去世。1446 年，杨溥去世。明英宗对宦官王振信任有加，举朝称其为“翁父”。随着太后和“三杨”的相继离世，王振开始崭露头角，开创了明朝宦官干政的先河。他兴风作浪，专横跋扈，大肆敛财，擅权七年，家产计有金银六十余库。1444 年，叶宗留、邓茂七等发动起义，对明朝在闽浙的统治影响很大。云南麓川宣慰司思任发、思机发父子（一说兄弟）叛乱，明英宗与王振连续发动对麓川的征讨战争，史称“麓川之役”。数十万人被征用，致使大军疲惫、国库亏空、国力损耗，造成对北面蒙古瓦剌的防御空虚。

土木之变

1449 年，瓦剌首领也先统一蒙古兀良哈部、鞑靼部、瓦剌部三部后，兵分东、西、中三路进攻中原，北疆告急。王振怂恿明英宗集结五十万军队御驾亲征。明军前锋部队全军覆没，各路明军纷纷溃退。主力大军回师至土木堡（今河北省张家口市怀来县境内）时，被瓦剌军追上，士兵死伤过半，明英宗被俘，王振为乱军所怒杀，史称“土木之变”。自此，明朝开始走上由盛转衰之路。在兵部尚书于谦为首的大臣们的建议下，孙太后立明英宗弟郕（chéng）王朱祁钰为帝，是为明代宗，遥尊被俘的朱祁镇为太上皇。

明代宗朱祁钰（1428—1457）即位后，瓦剌还想借明英宗的名义敲诈明朝被拒，恼羞成怒，挥师攻打北京。升任兵部尚书的于谦，率领各路明军奋勇抗击，屡次大破瓦剌军，赢得“北京保卫战”的胜利。

南宫复辟

1450年，瓦剌首领也先将明英宗释放，明代宗把明英宗囚禁于南宫（重华宫），并废皇太子朱见深为沂王，立自己的儿子朱见济为太子，不久朱见济病死。明英宗遭到百般虐待，在惊恐不安之中，度过近八年的软禁生涯。明代宗在位时，重用大臣于谦等人，治国理政，颇为有序。对政治、经济、军事等方面进行了整顿和改革，推动明朝政治由乱而治，渐开中兴。1457年，石亨、徐有贞、曹吉祥等人联盟，趁着明代宗病重之际，撞开南宫大门发动政变，迎明英宗朱祁镇复位，朱祁镇再次成为大明皇帝，史称“夺门之变”，又称“南宫复辟”。明英宗废明代宗，将他降为郕王，软禁于西苑，一个月后明代宗离奇去世，时年三十岁，明英宗给他一个恶谥，叫作戾，后恢复帝号，谥号恭仁康定景皇帝，庙号代宗，史称明景帝。明英宗捕杀了兵部尚书于谦、吏部尚书王文、名将范广等当初拥立朱祁钰的大臣。明英宗复位后，其长子朱见深再次被立为太子。1460年，明英宗因“曹石之乱”诛杀石亨、曹吉祥等人。1464年，明英宗在临终前不久，废除了自明太祖以来实行的残酷的殉葬制度。同年，明英宗朱祁镇病逝，时年三十七岁，谥号法天立道仁明诚敬昭文宪武至德广孝睿皇帝，庙号英宗。太子朱见深即位，是为明宪宗。

国泰民安

明宪宗朱见深（1447—1487）即位后，平反了于谦冤案，恢复了于谦之子的官职。他没有计较明代宗曾废掉自己的太子之位，以德报怨，恢复代宗帝号，博得了朝野的一片称赞。明宪宗任用李贤为少保、华盖殿大学士，任彭时为兵部尚书、太子太保兼文渊阁大学士，任商辂（lù）为吏部尚书、内阁大臣，可谓人才济济，政治清明。他宽免赋税、减省刑罚，重视对流民的安置，在湖广（今湖北、湖南地区）、陕西、河南三省交界处，设置郧阳府，将流民用户籍的形式安置在当地，解决了自元代以来困扰中央政府的荆襄流民问题。1467 年，东北建州女真屡屡犯边，明宪宗出兵五万，兵分三路，并令朝鲜出兵协助，大胜女真。另外，明宪宗收复自明英宗时丢失的河套地区，多次重创鞑靼部。明宪宗文治武功卓著，在他当政前期，社会经济渐渐复苏，可谓百业兴旺、万民乐业。

朝纲败坏

明宪宗在位后期，宠信宦官汪直、梁芳等人，怠于政事，不见大臣，日夜与嫔妃、侍女、宫婢淫乐无度。1477 年，明宪宗设置西厂来加强特务机构，太监汪直担任提督。汪直对三品以下的京官大臣都可以擅自抄家逮问，气焰十分嚣张，使得人心惶惶。明宪宗晚年好方术，以致奸佞当权，西厂横恣，民不聊生。1482 年，明宪宗关闭了西厂，保留东厂，但厂祸一直未能停息。明宪宗宠爱年长自己十七岁的万贵妃，他长期不召见大臣，宫廷诸事多倚万贵妃统领。一时之间，外戚横行，奸臣当道，朝纲败坏。1487 年，万贵妃病逝，朱见深因悲伤过度，同年因病去世，时年四十一岁，谥号继天凝道诚明仁敬崇文肃武宏德圣孝纯皇帝，庙号宪宗。明宪宗善绘画，传有《一团和气图》[1]。其太子朱祐樘即位，是为明孝宗。

弘治中兴

明孝宗朱祐樘（1470—1505）的生母是广西纪姓土司之女纪氏，当年被俘入宫，因被万贵妃所迫害，明

[1]《一团和气图》是 1465 年明宪宗十八岁时所作，作品粗看似一笑面弥勒盘腿而坐，体态浑圆，细看却是三人合一。左为一着道冠的老者，右为一戴方巾的儒士，二人各执经卷一端，团膝相接，相对微笑，中间佛教中人则手搭两人肩上，手捻佛珠。作品构思绝妙，人物造型诙谐，用图像的形式表达了世界和谐的美好愿望。明宪宗通过《一团和气图》期望全国朝野安定团结，体现了他“三教合一”、内外合流、和睦相处的思想宗旨。

孝宗幼年和母亲纪氏生活非常坎坷，导致身弱多病。明孝宗宽厚仁慈，不近声色，即位后，他励精图治，重视司法，勤政爱民，以人为本，重用贤才，虚心纳谏，大开言路，废除苛法，轻徭薄赋，兴修水利，不兴土木，躬行节俭，与民休息，振兴军备。他每日除早朝外，重开了午朝或晚朝，使得大臣有更多的机会协助皇帝办理政务。明孝宗重开了经筵侍讲，向群臣咨询治国之道，开辟了文华殿议政，在上朝之余的时间，商议政事。明孝宗任用王恕、刘大夏等为人正直的大臣，将明宪宗时的一批奸佞冗官尽数罢免，逮捕治罪，对宦官、锦衣卫与东厂也严加节制，让他们谨慎行事，法治宽刑。在其治理下，朝政腐败状况得到扭转，弘治一朝期间出现了国家吏治清明，社会经济繁荣，人民安居乐业，史称“弘治中兴”。1497年，明孝宗委任马文升为元帅，出兵打败吐鲁番军，收复了哈密。对鞑靼小王子、火筛等多次入侵，也只是采取抗战驱赶之策，没有劳师远征。明孝宗在位后期，希望能通过佛道之术改变自己的身体状况，使得宦官李广等一些奸佞之辈混入宫中，祸乱朝政。1498年，深得明孝宗宠信的李广劝明孝宗在万岁山上修建毓秀亭。亭子建成后，小公主夭折，清宁宫发生火灾，李广畏罪自杀。在李广家抄家时，始终没有找到他所称的天书，却搜出了李广贪污、受贿的账本，明孝宗这才幡然醒悟。李广事件唤醒了沉睡多年的明孝宗皇帝，他反思自己，改过自新，开始了生命中的第二个勤政时期。他重新远佞臣而重用刘大夏、戴珊等贤臣，大力整顿朝纲。但过重的工作强度，使他的健康状况每况愈下。1505年，朱祐樘病逝，时年三十六岁，谥号建天明道诚纯中正圣文神武至仁大德敬皇帝，庙号孝宗。明孝宗在位十八年，不管对谁，甚至包括他的仇人，都宽厚对待，政绩诚然卓越，是明代中叶的一代明君。其太子朱厚照即位，是为明武宗。

随心所欲

明武宗朱厚照（1491—1521）从小机智聪颖，喜欢骑射。他在太子东宫时，随侍太监以刘瑾为首的八个太监有马永成、高凤、罗祥、魏彬、丘聚、谷大用、张永，被称为“八党”，后又号作“八虎”。他们为讨朱厚照欢心，每天进献鹰犬、歌舞、角抵等，当时的东宫被戏称为“百戏场”。年幼的朱厚照沉溺其中，荒废了不少学业和政事。十五岁的明武宗即位后，更加信用“八党”，刘瑾等人则日益诱导明武宗戏玩娱乐，出宫游猎，荒废朝政。他们甚至在宫中仿建街市，模造妓院，于皇城西北修建豹房，添造房屋两百余间，耗银二十四万余两。在豹房内藏有许多乐户、美女，供明武宗长年日夜作乐。1510 年，安化王朱寘镭（zhì fán）以讨伐刘瑾为名，在安化（今甘肃省庆阳市庆城县）发动叛乱，被陕西总兵曹雄镇压，朱寘镭被俘赐死，史称“安化王叛乱”。当时，明孝宗留下一套非常刚正廉洁的大臣班子，他们不顾身家性命联名进谏。然“八党”利用皇帝的宠爱，横行无忌，肆意反击群臣，内阁成员谢迁、刘健被逼告老还乡，只剩李东阳与焦芳二人，以致造成社会经济不断恶化，阶级矛盾日益加深，农民起义接连不断，国家社稷已危机四伏。大太监刘瑾一时权倾朝野，但因太监内部的争权夺势，刘瑾死于另一个太监张永之手。刘瑾死后，又先后出了佞臣钱宁、江彬等。明武宗日益宠信江彬，并在江彬的诱导下，置国政于不顾，带着江彬等人四处寻花问柳，还经常夜闯民宅，逼令百姓女子作陪，强抢民女，使得百姓怨声载道。有一次，明武宗看上一个乐工（当时的职业演员）刘氏，便带回宫中纳刘氏为妃，对刘氏宠爱至极，后宫都把刘氏称为刘娘娘。明武宗为了方便出宫玩乐，废除了尚寝官和文书房的内官，长期不上早朝，更加随心所欲，我行我素。他曾以各种方法搜罗男色希宠，并封男宠为义子，为他们起造豪华府第，允许他们参与政务，甚至掌握军权。明武宗与义子钱宁、江彬出入豹房，同居共卧，爱幸有加。钱宁、江彬气焰嚣张，干预朝政，权倾朝野。朱厚照因自己生肖属猪，曾一度敕令全国禁食猪肉，但他自己仍食用猪肉，后来在大学士杨廷和的反对下，降敕废除。1517年，江彬鼓动明武宗离开京城到西北游幸，明武宗一行浩浩荡荡来到宣府（今河北省张家口市宣化区），营建镇国府，并将豹房内珍宝、女人运来，填充镇国府。明武宗非常喜欢宣府的镇国府，甚至称那里为“家里”。同年，蒙古鞑靼部落首领小王子率五万人进犯明朝边境，明武宗自封为“镇国公”“威武大将军朱寿”，率兵六万亲征，于应州（今山西省应县）击退蒙古鞑靼小王子，史称“应州大捷”。明武宗回京后又破天荒地给自己加封太师，历史上还没有哪个皇帝自降身份把自己称臣，把国事朝政视为儿戏。

宸濠之乱

1519年，蓄谋已久的宁王朱宸濠（明太祖朱元璋五世孙）起兵十万造反，杀死江西巡抚孙燧（suì）、江西按察副使许逵，以李士实、刘养正为丞相，以王纶为兵部尚书，发檄各地，指斥朝廷，略九江、破南康、出江西、占安庆，终被赣南巡抚王守仁（王阳明）于南昌近郊的黄家渡打败，宁王朱宸濠及其世子、郡王、仪宾等被俘，被押送南京扬州府赐死，史称“宸濠之乱”。据记载朱厚照受俘时，突发奇想地说把宁王放回去令其再次作乱，由自己亲手擒回，一时成为笑柄。明武宗借口平叛，携刘娘娘御驾亲征，实为南巡作乐。明武宗抵达扬州府，天天打猎，亲自视察妓院，检阅妓女，一时花粉价格暴涨，妓女身价倍增。回程路上，明武宗游镇江、登金山，自瓜洲过长江。经清江浦时，明武宗顿起渔夫之兴，自驾小船捕鱼跌落水中，引发肺炎。1521年，朱厚照回京不久，因病于豹房去世，时年三十一岁，谥号承天达道英肃睿哲昭德显功弘文思孝毅皇帝，庙号武宗。明孝宗一脉从此绝嗣。朱厚照在位十六年，也曾多次赈灾免赋，尚有可称道之处。但他恣意妄为，所行之事多荒谬不经，甚至荒唐可笑，为后人所訾（zǐ）议。明武宗一生荒唐的行为匪夷所思，算得上历史上极不成功的皇帝。清朝时，皇子们如读书不认真，师傅往往训斥："你想学朱厚照吗？"明武宗去世后，在生母张太后与内阁首辅杨廷和的扶持下，其十四岁的堂弟朱厚熜（cōng）（明孝宗朱祐樘之侄、兴献王朱祐杬之子）即位，是为明世宗。

嘉靖中兴

明世宗朱厚熜（1507—1566）即位次年，改元嘉靖，故称嘉靖皇帝。两年前，湖广安陆州（今湖北省荆门市钟祥市）兴献王朱祐杬病故，其子朱厚熜继袭为兴献王。朱厚熜自安陆州赴京即位，即位初期嘉靖帝励志效法明太祖、明成祖，推行新政，勤于政务，大胆改革，集异纳谏，打击权臣贵族，限制外戚，改革外戚世袭封爵制度。他整顿朝纲，宽以治民，减轻赋役，赈济灾荒，体恤民情，治理水灾，还地于民，鼓励耕织，大赦天下，并诛杀了钱宁、江彬等佞臣。嘉靖帝吸取前朝宦官当权乱政的教训，撤废镇守太监，严禁宦官干预朝政，严肃监察制度，明确厂、卫与法司职权，严查贪赃枉法。他重用张璁、夏言等贤臣，改革科举，整顿军队，守兵东南，征剿倭寇，清除外患，加强了中央集权，缓和了社会矛盾，朝政为之一新，开创了"嘉靖中兴"。其间，商业经济的繁荣，促使了"资本主义"萌芽出现，文化和科技空前繁荣，优秀文学作品和杰出人物大量涌现，"天下翕（xī）然称治"。

崇道乱政

嘉靖后期，国家承平日久，嘉靖帝颓废丧志，日益腐败，滥用民力，大兴土木，崇信道教，任用奸佞，残害忠良，吏治败坏。1534年后，嘉靖帝长期不理朝政，喜好长生不老之术，迷信方士，烧炼丹药，日夜祈祷。招道士邵元节入京，封其为真人及礼部尚书，邵元节死后又大宠方士陶仲文。嘉靖帝在京师内外广选八岁至十四岁少女入宫淫乐，采其经血炼丹，曾致上百名宫女病倒，众多受虐待宫女心生怨恨。1542年，以杨金英为首的十六名宫女，趁嘉靖帝在乾清宫熟睡时，企图将其勒死，事败后所有参与人员全部被处死，史称“壬寅宫变”。嘉靖帝遇变幸免于难，次日移居西苑万寿宫休玄，从此不再回紫禁城，二十多年不上朝。首辅严嵩专擅朝政十五年，残害忠良，杨继盛、沈炼等朝臣惨遭杀害。吏贪官横，民不聊生，各种社会矛盾被激化，嘉靖新政成果付之东流。

内乱外扰

全国各地民变起义四起，1524年，爆发多起大同兵变；1535年，爆发辽东兵变；1560年，爆发振武营兵变；1553年，葡萄牙人取得入居澳门特权。贪官污吏吞没军饷，造成边防废弛，蒙古鞑靼部首领俺答汗不断侵犯边境，于1550年兵临北京城下，大肆掠夺，造成极大破坏。严嵩害怕出战失利，宣布京师戒严，戒令诸将不许轻举妄动。鞑靼轻易掠夺了大量金银财物、牲口和人口，明朝答应“通贡互市”，鞑靼退兵，史称“庚戌之变”。同时，南方倭寇也长期侵略中国东南沿海，“南倭北虏”始终困扰着嘉靖一朝。明廷派朱纨、张经、戚继光、俞大猷等人率军抗倭。1562年，通政司参议邹应龙告发严嵩父子，严嵩被勒令退休，其子严世蕃被判流放广东雷州，徐阶则取代严嵩为首辅。严世蕃却途中擅自返回故里，并大肆扩建府第。1564年，御史林润弹劾严世蕃私通倭寇，图谋不轨，明世宗大怒，将严世蕃逮捕下狱。1565年，严世蕃与党羽罗龙文一同被处斩。徐阶任首辅后，十分勤政，事不过夜，十分爱惜人才，先后举荐高拱、张居正等人进入内阁。1566年，户部主事海瑞上疏《治安疏》[1]指责皇帝过失，嘉靖帝大怒，将其下狱并定死罪，后为徐阶所救。徐阶进谏嘉靖帝振兴纲纪，退田于民，勿要滥杀，诏狱渐少，社会矛盾缓和，国家再次走上了正轨，得到朝野上下的一致拥护。 随着嘉靖帝年龄增大加之长期服用有砒霜、水银、雄黄、朱砂等成分的长生丹药，身体每况愈下。1566年，朱厚熜病逝，终年六十岁，谥号钦天履道英毅圣神宣文广武洪仁大孝肃皇帝，庙号世宗。嘉靖帝在位四十五年，是明朝实际统治时间最长的皇帝。他聪明、自信、刚愎自用，开创了嘉靖中兴，却又不穿龙袍、二十年不上朝。他不上朝不等于不理朝，有时深夜批奏章到凌晨五点，对朝中大事无所不知。但他纵容权臣，信奉道教，贻误国事，算个成功的管理者，却是个失败的皇帝。其三子裕王朱载坖（jì）即位，是为明穆宗。

隆庆新政

明穆宗朱载坖（1537—1572）即位后，重用徐阶、李春芳、高拱、陈以勤、张居正等内阁辅臣。他立即革除前朝弊政，亲贤远佞，召用以言获罪诸臣，昭雪冤案，抚恤死臣，录用其后，定罪方士，停止道教，力行节俭，免赋减税。1567年，明穆宗宣布废除海禁，允许民间私人远贩东西二洋，史称“隆庆开关”。1570年，明穆宗采纳内阁大学士高拱、张居正等人的建

[1] 海瑞备死上奏的《治安疏》奏折，被称为“天下第一疏”，直言“嘉靖者言家家皆净而无财用也。”“天下之人不直陛下久矣，内外臣工之所知也。”海瑞指斥朝政得失，言天下人所不敢言，因而得罪皇帝被罢官入狱，嘉靖皇帝死后获释复职。

议，与蒙古俺答汗议和，明朝封俺答为顺义王，开放十一处边境贸易口岸，使蒙古人能通过贸易获得明朝资源，史称“隆庆和议”。自此，明朝北方边患始见缓和，百年不用兵戈。明穆宗为人宽容，用人不疑，文有徐阶、高拱、张居正、杨博；武有谭纶、王崇古、戚继光、李成梁。他整顿吏治，发展经济，节流开源，严明赏罚，巩固海防，社会比较稳定，经济发展有所改观，明朝又重现中兴气象，史称“隆庆新政”。大学士徐阶掌管内阁，后内阁成员中以郭朴、高拱为代表对徐阶产生不满，最终由徐阶提携的高拱等人挤走了徐阶。新阁臣张居正与恃才傲物的高拱不和，内阁大臣关系紧张，开始出现明朝的党争，之后愈演愈烈。明穆宗纵欲过度，长期服食春药，一病不起。1572 年，朱载坖病逝，时年三十六岁，谥号契天隆道渊懿宽仁显文光武纯德弘孝庄皇帝，庙号穆宗。其三子、年仅九岁的皇太子朱翊（yì）钧即位，是为明神宗。

万历中兴

明神宗朱翊钧（1563—1620）年幼即位，改元万历，由陈皇后和其生母李贵妃两宫皇太后共同辅政。明神宗即位仅一个月，大学士张居正即利用执掌司礼监、督领东厂的宦官冯保排挤掉高拱，高拱被免职，张居正代之为首辅，辅政十年。张居正举荐礼部尚书吕调阳兼文渊阁大学士，参与政务。张居正是明朝著名的改革家、政治家。他大刀阔斧地进行改革，政治上整顿朝政、改革体制、肃清吏治、推行考成法、逐级考察、随事考成、严惩贪官、裁汰冗员、成效显著；经济上，清丈土地、抑制豪强、改革赋役、减轻赋役、厉行节约；军事上，整顿武备，平定西南骚乱，重用抗倭名将戚继光总督蓟、昌、保三镇，练兵镇守长城，巩固疆土，边境安然；水利方面，起用潘季驯治理黄河，变水患为水利。张居正实行了一系列改革措施，社会经济有很大的发展，富国强兵，开创了万历初年的良好政治局面，史称“万历中兴”。1577年，张居正父亲去世，按规定和常理他需要回到祖籍守制二十七个月，称“丁忧”。张居正不想以此影响正在进行的改革事业，担心会功亏一篑，不愿丁忧。由于明神宗和两太后的力挺，张居正被“夺情起复”，也就是不必去职，以素服办公，不参加吉礼。后几年，张居正之重点抓经济改革，1581年他推行“一条鞭法”[1]，税役合条，一概折银，改变了当时极端混乱、严重不均的赋役制度，减轻了农民不合理的赋役负担。1582年，张居正劳累而死，十年改革也随之终止。

隐居皇帝

张居正死后，他的政敌借“夺情”大做文章，张居正遭到弹劾和清算。明神宗下令抄其家，张府家属被囚禁府内，饿死十七口，大儿子悬梁自尽，其生前官爵也被剥夺。朱翊钧从此开始亲政，但缺乏张居正这样的贤士辅佐督导，荒于政事，倦于朝政，国家、民生抛于脑后，几乎不再上朝。他做了近三十年的“隐居皇帝”，只通过谕旨的形式向下面传递命令，致使许多朝臣都没见过皇帝一面。1592年，西北从蒙古投诚而来的大将宁夏副总兵哱（bā）拜，以自己的私家军班底为核心，怂恿了遭遇长期欠饷的四个营驻军叛乱，占据了灵州（今宁夏回族自治区银川市灵武市）要地和周边城市及众多要塞。兵部尚书魏学曾带兵镇压，因初战失利，魏学曾被撤职。新任兵部尚书叶梦熊、名将李如松带领援军平息了叛乱，

[1]“一条鞭法”是明代嘉靖时期确立的赋税及徭役制度，由桂萼在嘉靖十年（1531）提出，之后张居正于万历九年（1581）推广到全国。新法规定：把各州县的田赋、徭役以及其他杂征总为一条，合并征收银两，按亩折算缴纳。这样大大简化了税制，方便征收税款。同时使地方官员难于作弊，进而增加财政收入。“一条鞭法”上承唐代的两税法，下启清代的摊丁入亩，是中国历史上具有深远历史影响的一次社会变革。既是明代社会矛盾激化的被动之举，也是中国古代商品经济发展到一定程度的主动选择。

史称“宁夏之役”。同年，日本丰臣秀吉调动军队九个军团共十四万人，以宇喜多秀家为总指挥官渡海入侵朝鲜，明朝派宋应昌、李如松、麻贵统领四万人，奔赴朝鲜作战，历时五年平息，史称“朝鲜之役”。1596年，西南播州（今贵州省遵义市）土司杨应龙叛乱，李化龙领兵历时四年平息，史称“播州之役”。三大战役虽取得胜利，但几乎耗尽了明朝最后的军力和财力，东北的防御力量也因此被削弱，故有“明实亡于万历”的说法。

党派之争

长期不上朝的万历帝朱翊钧，沉湎酒色，身体更加虚弱。而官僚队伍中党派林立，门户之争互相倾轧。东林党、宣党、昆党、齐党、浙党等名目众多，党争长期持续，导致朝政日益腐败。在立皇长子朱常洛（孝靖皇后所生）和朱常洵（郑贵妃所生）谁为太子的问题上，朱翊钧因溺爱郑贵妃欲立朱常洵，引发了“国本之争”。皇储争议前后达十五年之久，无数大臣被斥、被贬、被杖打，其中内阁首辅申时行、王家屏、赵志皋、王锡爵四人先后被逼退，牵连朝廷重臣十余人，其他官员达三百多人被罢官、解职、发配充军等，国家不得安宁。直到1601年，明神宗才做出让步，皇长子朱常洛被立为太子，朱常洵被封为福王。1615年，张差手持木棒闯入太子慈庆宫，击伤多人后在殿前被捕。审讯后张差供出自己是郑贵妃手下太监庞保、刘成所安排。当时有人怀疑郑贵妃想谋杀太子，皇帝没有深究，最后以疯癫奸徒罪将张差处死，密杀庞保、刘成以了结此案，史称“梃击案”。梃击案背后是否为郑贵妃所策划，还是太子自演自导的苦肉计，真相不得人知，成为明末三大疑案之一。

后金反明

在此期间，辽东满族后金迅速崛起，不断出兵侵犯明朝，辽东战争爆发。明军与后金作战，屡屡败北，明朝边关守将女真建州左卫领袖爱新觉罗·塔克世死于明军战祸。1616年，塔克世之子努尔哈赤正式称可汗，建立“后金国”，建都赫图阿拉（今辽宁省抚顺市新宾县），成为明朝的主要威胁。1618年，努尔哈赤以“七大恨”祭告天地，起兵反明[1]。1619年，明朝派杨镐领兵十一万人，兵分四路围剿后金。努尔哈赤在萨尔浒（今辽宁省抚顺市东大伙房水库附近）组织反击，以少胜多，三路明军全军覆没，史称“萨尔浒之战”。此战役是明清战争史上重要的转折点，明朝丧失了对辽东的统治，自此由进攻转为防御。辽东战争每年耗费大量军费，朱翊钧下令加征全国田赋，激起全国民变，国家风雨飘摇。1620年，朱翊钧因长期酒色无度，国事困扰，因病去世，时年五十八岁，谥号范天合道哲肃敦简光文章武安仁止孝显皇帝，庙号神宗。明神宗在位四十八年，是明朝在位时间最长的皇帝。当时全世界处于大变动时期，新的生产关系开始萌芽，生产力有了巨大发展，资本主义开始形成。张居正的新政，促进了社会经济发展，但朝政腐败加速了明王朝终结的进程。明神宗死后仅二十四年，大明朝便画上了句号。其太子朱常洛即位，是为明光宗。

命丧红丸

明光宗朱常洛（1582—1620）即位后，任用贤臣，赏赐将士，积极改革，重振朝纲，罢免矿税。但他一样

[1]“七大恨”为后金政权君主爱新觉罗·努尔哈赤1618年对诸贝勒发布的告天讨明檄文，起兵反明。七大恨最初版本现已不存，现存最早记载七大恨内容的文献是后金天聪四年（1630年，明崇祯三年）正月皇太极率部攻打卢龙县时所发榜文《金国汗攻卢龙誓师安民谕》。《满文老档·太祖》卷六与《明神宗实录》对“七大恨”均有载述，详略不一，用词不一，内容基本一致。“七大恨”的具体仇恨，有很多不尽准确之处，但集中表达了女真对明朝政府暴政的愤怒。“七大恨”的政治性远远大于感情性，全文并没有过多的实质内容，意在挑起女真内部对中原的仇恨，从而达到努尔哈赤自己的政治目的。

沉湎酒色，沉浸于郑贵妃向他进献的八位美女，整日纵欲淫乐，身体每况愈下。明光宗即位不到一个月便一病不起，郑贵妃指使亲信太监崔文升向皇帝进“通利药”，连泻三十余次。鸿胪（lú）寺丞李可灼进献红丸，朱常洛连服两丸暴毙，史称“红丸案”，也是明末三大疑案之一。朱常洛在位仅三十天，因“红丸案”去世，时年三十九岁，谥号崇天契道英睿恭纯宪文景武渊仁懿孝贞皇帝，庙号光宗。明光宗生前宠妃李选侍为照顾皇长子朱由校迁入乾清宫。朱由校的生母王才人虽位尊于李选侍之上，但因李选侍受宠，备受李选侍凌辱而死。明光宗去世后，其长子朱由校即位，是为明熹宗。

阉党祸国

明熹宗朱由校（1605—1627）即位后，李选侍控制乾清宫，与太监魏忠贤（原名李进忠）密谋挟持朱由校，欲争当皇太后以把持朝政，引起朝臣的极力反对。内阁诸大臣及大太监王安迫使李选侍怀抱所生八公主离开乾清宫，移居仁寿宫内的哕（huì）鸾宫。“移宫”数日，哕鸾宫失火，李选侍母女虽被救出，但引起很大风波，史称“移宫案”，同为明末三大疑案之一。明熹宗封乳母客氏为奉圣夫人，大量起用东林党人[1]，令东林党人主掌内阁、都察院及六部，东林党势力日盛。东林党主张开放言路，反对宦官干政，反对矿税。当时，宦官魏忠贤通过攀附宦官魏朝拜入大太监王安门下。魏忠贤结交客氏（明熹宗封乳母），二人对食，前联手打败魏朝，害死王安，魏忠贤成为宫中权力最大的太监。魏忠贤与客氏专权，

[1] 1604年（万历三十二年），顾宪成等人修复宋代杨时讲学的东林书院，与高攀龙、钱一本等讲学其中。当时，正值明末社会矛盾日趋激化之时，东林人士讽议朝政、评论官吏，他们要求廉正奉公，振兴吏治，开放言路，革除朝野积弊，反对权贵贪赃枉法。这些针砭时政的主张得到当时社会的广泛同情与支持，同时也遭到宦官及其依附势力的激烈反对。两者之间因政见分歧发展演变形成明末激烈的党争局面，反对派将东林书院讲学及与之有关系或支持同情讲学的朝野人士笼统称之为“东林党”。

拉拢齐楚浙党，干预政治，号称阉党。魏忠贤遍树党羽，有五虎、五彪、十狗、十孩儿、四十孙等，他们大肆排除异己，陷害忠良。明熹宗罢免了有勇有谋的辽东经略熊廷弼，致使后金攻陷沈阳、辽阳，辽东局势日趋严峻。1621 年，努尔哈赤率军攻陷了沈阳，明朝总兵尤世功、贺世贤战死。总兵官陈策、童仲揆（kuí）、戚金、张名世率军前去援助，同后金军在浑河（今辽宁省沈阳市浑河两岸）大战，全军覆没。紧接着，努尔哈赤攻取了明朝辽东重镇辽阳。明熹宗再次起用熊廷弼，任他为兵部尚书兼右副都御史，应对辽东战事。并升任参将毛文龙为副总兵，驻守镇江（今辽宁省丹东市振安区九莲城镇）。同年，后金军攻破镇江，毛文龙逃往朝鲜。之后，明朝在皮岛（今朝鲜鸭绿江口东之西朝鲜湾）设置东江镇时，毛文龙加封左都督，镇守东江镇。在阉党谋划下，熊廷弼被杀，辽东战局陷于危机。

镇守辽东

1622 年，明熹宗下诏为张居正平反，破格提拔袁崇焕到兵部任兵备佥（qiān）事，镇守辽东。太子太保孙承宗自请为督师前往辽东，袁崇焕得到孙承宗的大力支持。同年，山东爆发巨野县（今山东菏泽市巨野县）人徐鸿儒领导的“白莲教起义”，在河北景州（今河北省景县）、蓟州（今天津市蓟州区）和山东郓城（今山东省菏泽市郓城县）一带进行暴动。各地民变、兵变、抗租斗争频繁爆发。1624 年，荷兰人登上台湾岛，大明王朝很快又失去了对台湾的统治。1625 年，魏忠贤阉党全面打击东林党，进谗言使明熹宗下诏，烧毁全国书院，杀害试图改良明朝政治的东林六君子杨涟、左光斗、袁化中、魏大中、周朝瑞和顾大章。在与后金的作战中，袁崇焕分别于 1626 年和 1627 年，取得“宁远（今辽宁省葫芦岛市兴城市）大捷”和“宁锦（宁远、锦州防线）大捷”。后因遭魏忠贤党羽的弹劾，袁崇焕辞官回乡。1626年，魏忠贤阉党拆毁天下东林书院，凡正直的大臣，都被以东林党的罪名惨遭横祸，东林党人被贬、被杀者不计其数。对东林党人的残酷迫害不断激起民变，国内各种社会矛盾激化。这一年，后金努尔哈赤去世，其子皇太极即后金汗位。1627年，不好学习、专爱木工，有着“文盲皇帝”“木匠皇帝”之称的朱由校，在宫中西苑乘船游玩，落水生病，加上嬉乐过度，身体虚弱多病，服用“仙药”而亡，时年二十三岁，谥号达天阐道敦孝笃友章文襄武靖穆庄勤悊（zhé）皇帝，庙号熹宗。明熹宗有三男二女，全部早夭，其五弟信王朱由检即位，是为明思宗。

铲除阉党

明思宗朱由检（1610—1644）即位后，改元崇祯。朱由检面临党争不休、灾害不断、起义频发、后金威胁、内忧外患的困难局面，他大力铲除阉党，勤于政事，厉行节俭，平反冤狱。即位三个月，贬魏忠贤于凤阳守陵，随即下令逮捕，魏忠贤知道消息后自缢而亡。此后，朱由检将阉党二百六十余人，或处死，或遣戍，或禁锢终身，使气焰嚣张的阉党受到致命打击。

自毁长城

朱由检是明朝罕见的勤政之君，每日视朝，并参加日讲和经筵。他重新任命袁崇焕为兵部尚书兼右副都御史，督师蓟辽、兼督登莱、天津军务。1629年，后金主皇太极举兵十万，破遵化、三屯营，越蓟州直逼京城。袁崇焕率兵护卫京师，击退后金军，以解京都之围。同年，袁崇焕因与镇守东江镇（今朝鲜鸭绿江口东之西朝鲜湾的皮岛）的副总兵毛文龙政见不和，动用尚方宝剑将毛文龙斩杀。皇太极一时不能战胜袁崇焕，便施反间计陷害袁崇焕，魏忠贤余党弹劾袁崇焕“擅杀岛帅（毛文龙）”“私通后金”等罪名。1630年，朱由检将袁崇焕凌迟处死，岌岌可危的明朝自毁长城。同年，皇太极亲自指挥后金兵攻下永平，迁安、滦州不战而降。皇太极令贝勒大臣率满洲、蒙古八旗驻守永平、迁安、滦州、遵化，京师周边被后金军反复蹂躏抢掠，皇太极率军北返都城沈阳，史称“己巳之变”。之后，后金军曾先后五次入长城，其中两次打到北京城，最远的一次侵犯到山东济南。

清立明亡

1636年，皇太极在盛京（今辽宁省沈阳市）称帝，建国号大清，将女真改称为满洲。清兵多次与明军作战，于1640年占领锦州等地，自此，明朝势力退缩至山海关。天灾、人祸、暴政、外侵，民不聊生，阶级矛盾日益尖锐，农民起义此起彼伏。明末农民起义首先爆发于陕北，从1627年王二起义开始，烽火遍地。1628年，高迎祥于安塞（今陕西省延安市安塞区）起义，转战山西，被推称“闯王”；张存孟于洛川（今陕西省延安市洛川县）起义；王左挂于宜川（今陕西省延安市宜川县）（一说在绥德）起义，李自成参加了他的农民军。1630年，张献忠在陕西米脂十八寨（今陕西省榆林市米脂县）起义，自称“八大王”。这一年，王佐挂被明廷招降，李自成投奔张存孟。1631年，张存孟在陕北战败后降明。1633年，李自成率余部东渡黄河，到山西投奔了他的舅父闯王高迎祥，称“闯将”。1636年，高迎祥在战斗中被俘牺牲，李自成被推为闯王。之后，全国大旱不断，瘟疫暴发，死伤无数。1644年，李自成在西安建国，国号大顺，改西安为长安，称西京。同年，张献忠于四川成都称帝，国号为大西。李自成率军北伐攻陷宁武、太原、大同、宣府、居庸关，一路势如破竹，攻入京城。崇祯帝与贴身太监王承恩登上煤山（也称万寿山，今北京市景山），命周皇后、张皇后、袁贵妃自缢而亡，挥剑砍断十五岁的长平公主左臂、刺死年仅六岁的昭仁公主，砍死妃嫔数人，企图出逃失败后，朱由检于煤山寿皇亭树下自缢身亡，史称“甲申之变”。朱由检时年三十五岁，谥号庄烈愍皇帝，庙号思宗，后改为毅宗。自此，大明朝灭亡。

引清入关

明朝残余势力中，力量最强的、盘踞在山海关的宁远总兵吴三桂原计划归降大顺，半道遇到他父亲吴襄的小妾和仆人，却听到家眷被拘、爱妾陈圆圆被李自成的部将抢去的消息，所谓“冲冠一怒为红颜”，遂向关外清军乞兵，引清入关，镇压起义。1644 年，李自成亲率大军攻打吴三桂，谁知“山海关之战”战败，率部撤回北京。李自成在武英殿匆忙称帝，焚烧宫殿与九门城楼后退出北京，经山西平阳、陕西韩城进入西安。同年，清摄政王多尔衮占领北京，为安抚人心，他礼葬崇祯帝，迎顺治帝进京，北京开始成为清朝的都城。明朝宗室及文武大臣辗转向南，据有淮河以南的半壁江山；大顺李自成据有淮河以北区域；大西张献忠据四川一带；清朝据有山海关外的东北地区和漠南蒙古，且控制蒙古诸部。1644 年，兵部尚书史可法、凤阳总督马士英与江北四镇高杰、黄得功、刘泽清与刘良佐等人在南京（今江苏省南京市）拥立明光宗朱常洛弟朱常洵长子福王朱由崧称帝，年号弘光，史称南明。

扬州十日

弘光帝朱由崧（1607—1646）依靠三镇军阀称帝，三镇以“天子恩人”“从龙元勋”自居，弘光帝自贬身价，控制不了军队。1645

年，多尔衮调整战略，将军事重心东移，命多铎移师南征。清军破徐州，渡淮河，兵临扬州城下。兵部尚书史可法率领扬州百姓抗击清兵，扬州城破，清军屠城，史可法拒降遇害，百姓死难八十余万，史称“扬州十日”。清军渡过长江，攻克京口（今江苏省镇江市），紧接着攻陷南京，弘光帝出奔芜湖后被俘，送往北京被杀害。

南明灭亡

自此，南明政权四分五裂。鲁王朱以海于浙江绍兴监国；而唐王朱聿键在郑芝龙等人的拥立下，于福建福州称帝，即隆武帝。南明本来已经日薄西山，两个政权仍为争正统地位互相攻伐。1645 年，李自成的大顺军与清军作战兵败潼关，只好南下与南明作战，逼走南明将领左良玉，占领武昌，却被清军围剿，只好弃武昌逃亡东南。同年，李自成在武昌府通城县（今湖北省通城县）九宫山遭到忠于明朝的当地地主武装袭杀。1646 年，清军攻占浙江与福建，鲁王逃亡海外，隆武帝于汀州（今福建省长汀县）逃往江西时被俘，绝食而亡，郑芝龙向清军投降。隆武帝朱聿键的弟弟朱聿𨮁（yù）于广州称帝，即绍武帝，于同年年底被清将李成栋攻灭。同时，桂王朱由榔于广东肇庆称帝，即永历帝。永历政权在瞿式耜（sì）、张献忠余部李定国、孙可望等势力及福建郑成功的支持下展开反攻，收复华南各省，明清双方不断互攻。1651 年，舟山（今浙江省舟山市）群岛沦陷后，鲁王朱以海到厦门投奔郑成功，病死金门。1661 年，云南失陷后，永历帝流亡缅甸首都曼德勒，被缅甸王莽达收留。1662 年，吴三桂攻入缅甸。缅甸王莽达之弟莽白乘机发动政变，杀死莽达，将永历帝朱由榔献给吴三桂。永历帝被押往昆明后被绞死，时年四十岁，南明灭亡。

李自成余部在湖南抗清失败后，转移到川、鄂山区进行活动，在夔（kuí）州府（今重庆市北部）以东地区继续抗清，称为夔东十三家军。1664年，清兵围攻茅麓山（今湖北省宜昌市兴山县西北），夔东十三家军首领临国公李来亨举家自焚。

明郑兴灭

当时的1659年，郑成功在“南京之战”失败后退回厦门。1661年，郑成功留下儿子郑经防守厦门、金门，自己率军攻占荷兰占据的台湾，改赤崁（kàn）（今台湾省台南市）为“东都明京”，设承天府，仍奉永历帝为正朔，继续沿用永历年号，史称明郑。1662年，郑成功病逝，时年三十九岁。其子郑经自金门发动军事政变，自称延平王，打败了控制台湾的郑成功之弟郑世袭，在台湾即位，改东都明京为东宁。1673年，平西王吴三桂、平南王尚可喜、靖南王耿精忠三藩发动反清叛乱。耿精忠、尚之信先后归顺清廷。1678年，吴三桂在衡州（今湖南省衡阳市）称帝，立国号周，建元昭武。郑成功之子郑经参与三藩之乱，率军参与反攻失利，退守厦门。1680年，由于郑军水师副总督朱天贵率舰三百艘、将士两万余人降清，郑经放弃厦门并班师回台湾，之后不思进取，沉迷酒色。1681年，郑经病逝，其幼子郑克塽（shuǎng）即位。1683年，清康熙帝命施琅进攻明郑。施琅打败明郑军统帅刘国轩，攻克澎湖，郑克塽剃发降清，曾投靠郑成功的明朝宗室宁靖王朱术桂携五妃自杀，明朝最后一股抗清势力覆灭。1684年，台湾正式纳入清帝国版图，隶属福建省，设台湾府，辖台湾县、凤山县与诸罗县。

知识典故

1. 马上天子

明成祖朱棣（1360—1424）是明朝的第三位皇帝，是开国皇帝朱元璋四子，生于元末群雄争锋的战争年代。朱棣十一岁时被封为燕王，十七岁时迎娶明朝开国元勋中书右丞相徐达长女，二十一岁时就藩北平，之后为明太祖屡立战功。1399 年，四十岁的朱棣以“靖难之役”兴兵，于 1402 年从侄儿建文帝朱允炆（wén）手中夺得了大明江山，在位二十二年，1424 年病逝，庙号成祖。朱棣的生性与父亲朱元璋很像，知人善任，表里洞达，刚果善断，能决大谋，但好大喜功，多疑好杀，大肆杀戮，手上沾满了鲜血，制造了很多冤案。朱棣是继朱元璋之后又一位雄才伟略的皇帝，他平定东北，征服西南，北伐北元，迁都北京，编修《永乐大典》，派郑和下西洋，文治武功，四方宾服，打造盛世，立有不世之功。明太祖朱元璋曾游马苑，朱棣与已被立为皇太孙的朱允炆同侍。明太祖即兴出句令两人对曰：“风吹马尾千条线。”朱允炆对曰：“雨洒羊毛一片毡。”太祖以为气弱。而朱棣对曰：“日照龙鳞万点金。”明太祖听后大喜，后一对句比前一对句气象雄浑，霸气十足。朱棣一生的战马生涯跌宕起伏，因武功而立威名，因武功而夺皇位，因武功而拓疆土。他一生戎马生涯，最后也死于行军途中，因此被称为“马上天子”。

2. 七下西洋

郑和（约 1371—1433）云南昆阳州（今云南省晋宁县）人，回族，原本姓马，明成祖朱棣赐姓郑，明朝太监，航海家、外交家，世称“三保太监”。郑和十三岁时入燕王府做太监，他聪明好学，有智谋韬略，知兵习战。1399 年，燕王朱棣发动“靖难之役”，郑和战功显赫，深得明成祖的信任，升任为内官监太监。1405 年，郑和被选为正使，奉明成祖之命率领船队，共有两万七千八百余人、六十二艘大船，从苏州府刘家港（今江苏省苏州太仓市浏河口）起航，第一次出使西洋。船队用了三年时间，先后到访了苏门答腊、满剌加、锡兰、古里（今印度卡利卡特）等国家，于 1407 年回国。1407 年，郑和率领船队第二次下西洋，访问了占城（今越南中南部）、爪哇、暹（xiān）罗（今泰国）、满剌加、南巫里、加异勒（今印度南端）、锡兰、柯枝（今印度西南岸柯钦一带）、古里（今印度卡利卡特）等国，于 1409 年回国。1409 年，郑和第三次下西洋，到访越南、马来西亚、印度、占城、宾童龙、真腊、暹（xiān）罗、假里马丁、交阑山、爪哇、重迦罗、吉里闷地、古里、满剌加、彭亨、东西竺、龙牙迦邈、淡洋、苏门答剌、花面、龙涎屿、翠兰屿、阿鲁、锡兰、小葛兰、柯枝、榜葛剌、卜剌哇、竹步、木骨都束、苏禄等国，于 1411 年回国。1412 年，郑和第四次下西洋，到访满剌加、爪哇、占城、苏门答剌、柯枝、古里、南渤里、彭亨、吉兰丹、加异勒、勿鲁谟斯、比剌、溜山、孙剌等国，首次绕过阿拉伯半岛，航行东非麻林迪（肯尼亚），于 1415 年回国。1416 年，郑和第五次下西洋，护送古里、爪哇、满剌加、占城、锡兰山、木骨都束、溜山、喃渤里、卜剌哇、苏门答剌、麻林、剌撒、忽鲁谟斯、柯枝、南巫里、沙里湾泥、彭亨各国使者及旧港宣慰使归国，于 1419 年回国。1421 年，郑和第六次下西洋，护送十六国使臣回国，到访占城、暹罗、忽鲁谟斯、阿丹、祖法儿、剌撒、卜剌哇、木骨都束、竹步（今索马里朱巴河）、麻林、古里、柯枝、加异勒、锡兰山、溜山、南巫里、苏门答剌、阿鲁、满剌加、甘巴里、幔八萨（今肯尼亚的蒙巴萨）等国，于 1422 年郑和船队回国。1424 年，明成祖去世，明仁宗朱高炽即位后宣布停止下西洋事业。1425 年，郑和被任命为南京守备，率下西洋的明军镇守南京。1430 年，明宣宗朱瞻基命郑和第七次下西洋，到访忽鲁磨斯、锡兰山、古里、满剌加、柯枝、卜剌哇、木骨都束、喃渤利、蘇门答剌、剌撒、溜山、阿鲁、甘巴里、阿丹、佐法儿、竹步、加异勒等二十国及旧港宣慰司，最远到达非洲南端，接近莫桑比克海峡。1433 年，郑和在返航过程中于印度西海岸古里（今印度卡利卡特）去世。船队由太监王景弘率领回国。郑和七下西洋，与西洋各国建立了友好关系，创造了良好的国际环境，为建立亚非国家区域间的和平局势，做出了不懈的努力，获得了很大的成功。郑和下西洋促进了亚非国家间的贸易交往、文化交流，尤其是中华文化的向外传播，开辟了亚非的洲际航线，是世界航海史上的空前壮举。郑和下西洋展现了郑和非凡的外交才能、军事谋略以及精神品质，他作为世界航海事业的伟大先导者，赢得世人的尊重和纪念。

3. 抗倭第一人

胡宗宪（1512—1565），字汝钦，一字汝贞，号梅林，南直隶徽州府绩溪县（今安徽省宣城市绩溪县）人，明朝名臣。1538 年，胡宗宪考中进士，在刑部观政，学习政务。1540 年，他被授益都（今山东省潍坊青州市）知县。胡宗宪任职期间，屡决悬案，平反冤狱，获朝廷嘉奖，晋升三级。1542 年，胡宗宪母亲去世，他奔丧回到绩溪故里。两年后，其父胡尚仁病逝，胡宗宪前后在家乡为父母守孝五年。其间他刻苦攻读《大学衍义》《武经七书》等书，学识大为长进，为日后大展宏图打下了坚实基础。胡宗宪起复后，以御史巡按宣府、大同等边防重镇。他整顿军纪，加强边防，为明王朝的边疆稳定做出了贡献。1554 年，明世宗钦点胡宗宪出任浙江巡按御史。自明开国以来，一直存在的倭患愈演愈烈。东南沿海地区的倭患骤然加剧，浙江和南直隶为甚，沿海百姓生活在水深火热之中。1555 年，来自日本九州仅有五十三人的倭寇，从浙江上虞县（今浙江省绍兴市上虞区）登岸，洗劫浙、皖、苏三省，攻掠杭、严、徽、宁、太平等州县二十余处，横行八十多天，杀死杀伤官兵四五千人，包括明朝一御史、一县丞、二指挥、二把总（明朝陆军基层军官名），直逼留都南京城下，史称“嘉靖倭乱”。在明朝官兵的追击下，五十三名倭寇被全部歼灭。1556 年，胡宗宪升任兵部左侍郎兼都察院左佥（qiān）都御史，又加直浙总督，总督浙江、南直隶和福建等处的兵务。此时，他可以调遣江南、江北、浙江等省重兵。胡宗宪重用各种杰出的人才，如俞大猷（yóu）、戚继光等名将，招揽颇负盛名的文人徐渭。他严明军纪，训练部队，提高战斗力，建立沿海防御系统，组织力量打击倭寇，擒海盗汪直、杀倭寇首领徐海，两浙（浙东、浙西的合称，指今浙江全省及江苏省南部一角）倭患暂告平息。1562 年，胡宗宪主持的抗倭斗争取得了前所未有的胜利，逐渐平息浙江倭患，并开始剿灭福建倭寇。胡宗宪为抗倭立下了不世之功，被誉为“抗倭第一人”。同年，内阁首辅严嵩被罢官，其子严世蕃被逮捕。胡宗宪是由严嵩义子赵文华举荐而屡屡升迁，被许多大臣视为严党。在新任内阁首辅徐阶的授意下，南京给事中陆凤仪以贪污军饷、滥征赋税、党庇严嵩等十大罪名弹劾胡宗宪。明世宗下令将胡宗宪的一切职务悉数罢免，并将其逮捕押解进京。明世宗念其抗倭功劳，对胡宗宪网开一面。1563 年，胡宗宪带着无限惆怅回到绩溪县的龙川故里。然“树欲静而风不止”，1565 年曾协助胡宗宪抗倭的罗龙文犯罪被抄家，御史意外发现胡宗宪被弹劾时写给罗龙文贿求严世蕃作为内援的信件，信中附有自拟圣旨一道。胡宗宪因假拟圣旨再次被押赴至京，他在狱中写下“宝剑埋冤狱，忠魂绕白云”的诗句后，自杀身亡，时年五十四岁。1572 年，朝廷为其平反。万历时，追谥襄懋。胡宗宪为官二十余年，忠心为国，抗倭有力，于戎马倥偬（kǒng zǒng）中辑著《筹海图编》十三卷，收录浙江沿海地形、防务、战具、倭变、战事甚详。另有《海防图论》《三巡奏议》等传世。

4. 救世宰相

张居正（1525—1582），字叔大，号太岳，幼名张白圭，籍贯湖广荆州卫（今湖北省荆州市），生于江陵县（今湖北省荆州市荆州区），故称之“张江陵”，明朝政治家、改革家、内阁首辅。他辅佐万历皇帝朱翊钧实行“万历新政”，史称“张居正改革”。张居正少年聪颖过人，很小就成了荆州府远近闻名的神童。1540 年，才高气傲的张居正通过乡试，成为少年举人。1547 年，张居正二十三岁时考中进士。1550 年，张居正担任翰林院编修，严嵩倒台后，深得宰相徐阶赏识。1572 年，张居正担任内阁首辅，辅佐年仅九岁的皇太子明神宗朱翊钧，开启“万历新政”。政治上，实行考成法，以“尊主权，课吏职，信赏罚，一号令为主”，重点解决官僚争权夺势、玩忽职守的腐败之风。经济上，颁布《清丈条例》，在全国展开清丈土地，实行“一条鞭法”的赋税改革，以州县为基础，将所有赋税包括正税、附加税、贡品以及中央和地方需要的各种经费和全部徭役统一编派，“并为一条”，总为一项收入。使国家容易掌握，百姓明白易知，防止官吏从中贪污。对徭役征派，将力差的“工”（劳动）和“食”（服役期间全部生活费用）折算为银，全部役银以“丁”和“地”（或田粮）两大类因素统一考虑编派征收。军事上，他任用戚继光镇蓟门（今天津市蓟州区，另北京市城西德胜门外西北隅的蓟丘也古称蓟门），李成梁镇辽东（今辽宁省辽阳市），在东起山海关，西至居庸关的长城上加修“敌台”三千多座，加强北方的防备。张居正的一系列改革措施，使政治、经济焕然一新，实现了“万历中兴”。1577年，张居正父亲去世，在明神宗和两太后的力挺下，张居正没有丁忧，被“夺情起复”。经过十年的努力，张居正的改革措施多数得到实施并取得显著成效，“海内肃清，四夷訾（zhé）服，太仓粟可支数年”“天下宴然”。1582年，太师兼太子太师、吏部尚书张居正劳瘁而死，时年五十八岁。他因生前的变法，得罪了大批官僚，尸骨未寒，便遭人弹劾，最主要的原因应该是威权震主。他死后被明神宗抄家，抄家时张府所有出入口被封，老少妇孺，有十七人饿死在府里，大儿子张敬修悬梁自尽。1622年，明熹宗下诏为张居正平反，为其恢复名誉。明朝大史学家王世贞称他为“救世宰相”，史学家黄仁宇称他为“智慧的象征”。张居正著有《张太岳集》《书经直解》《帝鉴图说》等。

5. 木匠皇帝

明熹宗朱由校（1605—1627）是明朝第十五位皇帝。朱由校在位七年，其间宦官魏忠贤与客氏（明熹宗封乳母）专权，遍树党羽，排斥异己，残酷迫害试图改良明朝政治的东林党人。朱由校却不加规制，放之任之。明熹宗酷爱做木工活，乐此不疲，甚至连高官杨涟被害多日，他都一点不知情。他是一位皇帝，是一位匪夷所思的皇帝，是一位不称职的皇帝，但他心灵手巧，对制造木器有极浓厚的兴趣，而且到了醉心于木匠活的地步。经他亲自操作，加工而成的漆器、床、梳匣等，均装饰五彩，精巧绝伦，出人意料，所以被称为“木匠皇帝”。朱由校非常痴迷木工活，整天待在后宫做木活，有时连续工作数日，夜以继日，废寝忘食，经常加班到凌晨。他喜欢雕刻小木人儿、袖珍版的亭台楼阁，雕刻得惟妙惟肖，经常派太监将这些小木人拿去宫外出售，卖价很高，竟被抢购一空。他的工匠精神、天才木匠堪称一绝。据说第一张折叠床、最早的喷泉、雪橇都是明熹宗发明的。

6. 四大农书

明代著名科学家、政治家徐光启的著作《农政全书》与《氾(fán)胜之书》《齐民要术》《农书》合称为中国古代四大农书。

《农政全书》

徐光启（1562—1633），字子先，号玄扈，上海县法华汇（今上海市徐汇区上海中心城区内四大城市副中心之一、十大商业中心之一徐家汇，因地处肇嘉浜与法华泾两水汇合处，为了纪念徐光启，故得名“徐家汇”）人，明代著名科学家、思想家、军事家、政治家。徐光启官至崇祯朝礼部尚书兼文渊阁大学士、内阁次辅，著有《农政全书》。1604 年，徐光启考中进士，考选翰林院庶吉士，之后开始与利玛窦合作翻译《几何原本》前六卷和《测量法义》。1630 年，徐光启升任礼部尚书。1632 年，他以礼部尚书兼东阁大学士，入参机务。徐光启一生为官清廉，生活简朴，处事低调，致力于数学、天文、历法、水利等方面的研究，勤奋著述，尤精晓农学。他的《农政全书》基本上囊括了中国古代汉族农业生产和人民生活的各个方面，贯穿着徐光启治国治民的“农政”思想。他生前将《农政全书》完成初稿，后由他的学生陈子龙等人修订，于 1639 年，即徐光启去世后六年刻版付印，并定名为《农政全书》。全书分为十二目，共六十卷，五十余万字。十二目中包括：农本三卷，田制二卷，农事六卷，水利九卷，农器四卷，树艺六卷，蚕桑四卷，蚕桑广类二卷，种植四卷，牧养一卷，制造一卷，荒政十八卷。徐光启以一个古代科学家严谨而求实的大家风范和他的科学成就，影响着后世，后人十分缅怀和崇敬他。

《氾胜之书》

《氾（fàn）胜之书》是西汉晚期氾胜之汇录的一部重要农学著作，一般认为是中国现存最早的一部农书。氾胜之，生卒年不详，大约生活在前1世纪的西汉末期，氾水（今山东省菏泽市曹县北）人，著名古代农学家。《氾胜之书》中记载了黄河中游地区耕作原则、作物栽培技术和种子选育等农业生产知识，反映了当时劳动人民的伟大创造。书中涉及的作物有禾、黍（shǔ）、麦、稻、稗（bài）、大豆、小豆、枲（xǐ）、麻、瓜、瓠（hù）、芋、桑等十三种。《氾胜之书》不但是伟大的农学著作，而且在经济思想方面也有其一定的贡献。

《齐民要术》

《齐民要术》大约成书于北魏末年，是北朝北魏时期，南朝宋至梁时期，中国杰出农学家贾思勰所著的一部综合性农学著作，也是世界农学史上的专著之一，是中国现存最早的一部完整的农书。

贾思勰，青州益都（今山东省潍坊市寿光市）人，北魏时期大臣，中国古代杰出的农学家。贾思勰曾任高阳太守，到山东、河北、河南等地实地考察，研究当地的农业生产技术。533年至544年间，贾思勰写成农业科学技术巨作《齐民要术》。全书共十卷九十二篇，十一万多字，内容极为丰富，涉及农、林、牧、副、渔等农业范畴。《齐民要术》系统总结了秦汉以来我国黄河流域的农业科学技术知识，是我国现存最早和最完善的农学名著，也是世界农学史上最早的名著之一。《齐民要术》的主要贡献在于建立了较完整的农学体系，推动了动物养殖技术的进步，丰富了农产品加工、酿造、烹调、贮藏技术，发展了农业种植技术，揭示了黄河中下游旱地农业技术的关键所在。贾思勰对人类所做的巨大贡献，值得我们后人永远纪念。

《农书》

《农书》是由元代王祯所著的一部总结中国农业生产经验的农学著作，是一部在全国范围内对整个农业进行系统研究的巨著。

王祯（1271—1368），字伯善，元代东平（今山东省泰安市东平县）人，中国古代农学家、农业机械学家、道家学者。王祯曾任宣州旌德（今安徽省宣城市旌德县）及信州永丰县（今江西省上饶市广丰区）县令。他在任期间恪尽职守，公正无私，勤勉务实，为民办事。王祯生活俭朴，经常资助地方兴办学校，修建桥梁，整修道路，施舍医药，教农民种植、树艺，时人颇有好评，称赞他“惠民有为”。他认为国家从中央到地方政府的首要政事就是抓好农业生产，吃饭是百姓的头等大事。因此，他时时留心农事，处处观察学习，积累了丰富的农业知识。在1300年左右，他著成《农书》。

《农书》共有三十七集本，包括“农桑通诀”六集、“百谷谱”十一集、“农器图谱”二十集。该书比较全面系统地论述了广义的农业，对南北农业的异同进行了分析和比较，广泛地介绍了各种农具，配有比较完备的农器图谱，其“百谷谱”分别论述了各种作物栽培技术。

王祯博学多识，才华横溢，他不仅是一位出色的农学家，而且是一位机械设计制造家和印刷技术的革新家，同时还是一位诗人。王祯为了使他的《农书》早日出版，在毕昇胶泥活字印刷术的基础上，进行木活字印刷的试验研究，终于取得巨大成功。2015年，王祯被列入造纸工业世界名人堂。

7. 中国长篇小说之父

施耐庵（约 1296—约 1370），江苏兴化（今江苏省泰州市兴化市）人，出生于兴化白驹场（今江苏省兴化市新垛镇施家桥村、盐城市大丰区白驹镇一带），原名彦端，字肇瑞，号子安，别号耐庵，元末明初著名作家、中国四大名著之一《水浒传》的作者，被誉为“中国长篇小说之父”。施耐庵自幼聪明好学，才气过人，事亲至孝，为人仗义。他十九岁时考中秀才，二十八岁时考中举人，三十六岁时与刘伯温同榜中进士。施耐庵曾在钱塘（今浙江省杭州市）做官三年，因对官场黑暗不满，弃官回乡。张士诚举兵起义抗元时，施耐庵参加了他的起义军。1363 年，张士诚在平江（今江苏省苏州市）称吴王，聘施耐庵为军师。后张士诚兵败降元，朱元璋发兵围攻平江，战乱波及江阴，施耐庵为避战祸，弃官举家迁徙到淮安。后在兴化以东人烟稀少的海滨（张士诚的故乡）白驹场购置了田地房产，在这里隐居专心创作《江湖豪客传》。据说他写到石秀智杀裴如海，头陀敲木鱼这一段时，想到了东林庵珍藏的木鱼木槌，心中疑惑不解，便向祝塘镇大财主徐麒请教：“你这庵里的木鱼木槌，为何像宝贝一样珍藏呢？”徐麒说：“这庵里之前住着一位老和尚，法名叫慧能，三十年前请他到庵里拜佛念经，超度祖宗亡灵，保佑子孙安宁。慧能和尚，用心极诚，一边念经一边敲木鱼，无所牵挂。”说着，他用手指着木鱼的凹陷处说：“你看，这就是敲了三十年的结果。做学问就是要专心致志，日积月累，功夫不负有心人！”施耐庵听后，提笔写了“耐庵”两个字，贴在门楣上，意思是告诫自己要排除一切困难，精心写好《江湖豪客传》。时人称他为“耐庵先生”，后改名为施耐庵。1368 年，《江湖豪客传》问世，最初版本只有前七十回，内容写到梁山好汉排好座次大结局。据记载朱元璋看后非常生气，认为该书虽然是写宋代土匪暴民活动，实则是挑动当今天下人不满，妄图颠覆大明，下令将施耐庵批捕。刘伯温找来施耐庵的徒弟罗贯中，经过点化，罗贯中用了一年的时间，续写了后五十回，把排定座次后的梁山好汉编写为接受了朝廷招安，历经艰辛为国平乱作为最终结局，并将书名改为《水浒传》。刘伯温拿给朱元璋看后，朱元璋笑着说："这些抄书匠，也不把一本书抄完，看完整本书，朕明白错怪了施耐庵。"于是，刘伯温趁热打铁请旨，释放了施耐庵。《水浒传》是中国历史上最早用白话文写成的章回小说之一，主要描写北宋末年，以宋江为首的一百零八条好汉在山东梁山泊从聚义到失败的悲剧，深刻揭示了起义的社会根源，满腔热情地歌颂了起义英雄的反抗斗争和他们的社会理想，也具体揭示了起义失败的内在历史原因。施耐庵及其作品《水浒传》的影响巨大，《水浒传》不仅是祖国文学艺术的瑰宝，还是世界文学宝库中的精华，《水浒传》与《三国演义》《西游记》《红楼梦》并称为中国古典四大名著。"韬光养晦，一代英才居胜境；激浊扬清，千秋峻笔著奇书。"正是对施耐庵一生的真实写照。

8. 中国古代小说之王

罗贯中（约 1330—约 1400），名本，字贯中，号湖海散人，元末明初小说家，是中国最早的章回体小说之一、"历史演义"类型的开山之作《三国志通俗演义》（简称《三国演义》）的作者，被称为"中国古代小说之王"，对中国小说的发展有划时代的意义。罗贯中的籍贯众说不一，根据罗氏最集中的河湾村（今山西省晋中市祁县西六支乡河湾村）所发现的家谱、神纸、护梁签、墓穴、砚台、牌匾等六大实证，认可度较高的看法是，他的籍贯应该是当时归太原管辖的祁县。罗贯中自幼聪明好学，在私塾学习四书五经。他十四岁时母亲病故，于是辍学随父亲去苏州、杭州一带做丝绸生意。他对生意不感兴趣，到慈溪（今浙江省宁波市慈溪市）跟当时的著名学者赵宝丰学习。1345 年至 1355 年间，他到杭州学习研究说书、杂剧等民间文学。1356 年，有志图王的罗贯中到农民起义军张士诚幕府作幕僚。1363 年，张士诚称吴王，聘施耐庵为军师。后张士诚兵败降元，罗贯中与老师施耐庵为避战祸，离开张士诚，二人专心创作。1367 年，罗贯中开始创作《三国演义》。1368 年，他续写了施耐庵的《江湖豪客传》后五十回，并将书名改为《水浒传》。他的作品除《三国演义》外，还有《隋唐志传》《残唐五代史演义传》《三遂平妖传》和杂剧《宋太祖龙虎风云会》。其中，《三国演义》是他的力作，与《水浒传》《西游记》《红楼梦》并称为中国古典四大名著。《三国演义》用一种比较成熟的演义体小说语言，塑造了四百多个人物形象，全书把历史和文学自然结合，以宏大的结构描绘了三国时期复杂的政治军事斗争，起自黄巾起义，终于西晋统一。作品谴责了统治者的残暴和丑恶，反映了动乱时代人民的痛苦和对清明政治和仁君的向往。罗贯中担当了中国古典长篇章回体小说四大主要类别鼻祖（或至少鼻祖之一），对中国小说的发展有划时代的意义，对后世文学创作影响深远。

9. 讲故事的神仙

吴承恩（约 1500—1582），字汝忠，号射阳居士，又称射阳山人，祖籍安东（今江苏省淮安市涟水县），南直隶淮安府山阳县河下（今江苏省淮安市淮安区河下街道）人，明代著名文学家、名著《西游记》的作者。吴承恩生于一个由学官沦落为商人的家族，家境清贫。他自幼敏慧，精于绘画、书法、填词、围棋，喜欢看神仙鬼怪、狐妖猴精之类的书，尤其喜爱神话故事。从小就喜欢对着墙上的树影说是什么精怪，路过一个寻常山洞非说那叫黑风洞，里面住着什么黑熊怪，邻里乡亲都不让其他孩子和他来往。吴承恩六七岁时，母亲看他举止怪异，担心他患了癔症，带他去看大夫。大夫见他在门口旁若无人地画着一只猴子，头上还戴个箍，便问他：“你在画猴子？”吴承恩抬起头来回答：“他不是猴子，他叫悟空，是我最好的朋友……”大夫就这样听吴承恩讲了一整天的故事，临走时他对吴母说：“你这孩子不是癔症，是个讲故事的神仙。”1527年，吴承恩娶户部尚书叶琪的曾孙女为妻。吴承恩虽博极群书，却科考不利。1531年，吴承恩到南京江南贡院参加乡试不第。1534年，吴承恩再到南京考试，又一次落第而归。1537年，吴承恩又到南京考试，同样败北。1549年，他迁居南京，以卖文为生。1550年，吴承恩人到中年才补得一个岁贡生。1551年，吴承恩接任河南新野县知县。在任期间，修建行台察院，尊经阁，增修儒学，表彰贞节，并修建水利设施。1556年，吴承恩任浙江长兴县县丞。1557年，吴承恩任潞安府（今山西省长治市）通判。1558年，终因受人诬告，辞官回到家乡归隐，寄趣于诗酒之间。1568年，吴承恩任蕲州（今湖北省蕲春县）荆王府纪善。1570年，吴承恩回到家乡，闭门著书，开始着力撰写《西游记》。1573年，吴承恩完成《西游记》的创作。1582年，吴承恩贫老以终，享年八十三岁。《西游记》是以“唐僧取经”的历史事件为蓝本，经过艺术加工反映明代社会现实的一部志怪小说，主要描写孙悟空出世及大闹天宫后，遇见了唐僧、猪八戒、沙僧和白龙马，他们一起西行取经，一路上历经艰险、降妖伏魔，经历了九九八十一难，终于到达西天见到如来佛祖，最终五圣成真的故事。吴承恩经历官场的失意、生活的困顿，运用志怪小说表达了内心对封建科举制度和黑暗社会现实的不满和愤懑。《西游记》是中国神魔小说的经典之作，与《水浒传》《三国演义》《红楼梦》并称为中国古典四大名著。

10. 二十载首辅

杨士奇（1366—1444），本名杨寓，字士奇，号东里，吉安府泰和县（今江西省吉安市泰和县澄江镇）人，明朝初年重臣、学者。杨士奇在内阁为辅臣四十余年，首辅二十一年，被称为“二十载首辅”。杨士奇自幼丧父，游学四方。因母亲改嫁时任德安同知的罗性，杨士奇于是改姓罗。后来，有一次罗家祭祖，年幼的杨士奇自作土像祭祀杨氏祖先，被罗性发现并赞扬他的志气，故恢复其宗姓。他游走于湖北、湖南进行教学，其间长期居住江夏（今湖北省武汉市江夏区）。明惠帝时，召集文臣修撰《明太祖实录》，王叔英以史之才推荐杨士奇进入翰林，充当编纂官。明成祖即位后，改杨士奇为翰林院编修，不久进入内阁，参与负责机务，后晋升为侍讲。1404 年，杨士奇升任左中允，三年后再升为左谕德。杨士奇为官非常谨慎，回家时从不言公事。1408 年，明成祖朱棣北征，命杨士奇辅太子监国。1412 年，汉王朱高煦弹劾太子，杨士奇陷入帝位之争，被锦衣卫逮捕入狱。在狱中，杨士奇不顾自身安危，仍然竭力保举太子，称太子至仁至孝，得以保全太子。1424 年，明仁宗即位后，杨士奇升迁为礼部侍郎兼华盖殿大学士，历少保、少傅，兼兵部尚书。他与杨荣、杨溥同时辅政，并称“三杨”，因其居地所处，时人称之为“西杨”。明宣宗、明英宗时，尤其是明英宗年仅九岁即位，正是有了“三杨”的尽心理政，国君年幼的大明的历史车轮才能安稳前行，没有被历史的洪流冲毁。“三杨”中，杨士奇以“学行”见长，先后担任《明太祖实录》《明仁宗实录》《明宣宗实录》总裁。1441 年，杨士奇与马愉、曹鼎等人编成《文渊阁书目》。他一生见证了明朝的由盛转衰，后因对其长子杨稷百般溺爱，最终害己害人。杨稷为人骄纵横暴，杀害百姓。各位御史相继弹劾杨稷，杨士奇因此以老疾辞官，不久忧虑不起。1444 年，杨士奇忧愤去世，享年七十九岁，追赠太师，谥号文贞。长子杨稷随被问罪而杀，其次子杨道凭借父亲的缘故补尚宝丞，后进官太常少卿，负责农事。杨士奇另著有《三朝圣谕录》三卷、《奏对录》《历代名臣奏议》《周易直指》十卷、《西巡扈从纪行录》一卷、《北京纪行录》二卷、《东里集》二十五卷、诗三卷。

11. 两朝首辅

杨廷和（1459—1529），字介夫，号石斋，四川成都府新都（今四川省成都市新都区）人，祖籍庐陵（今江西省吉安市），明朝两朝首辅，历仕明宪宗、明孝宗、明武宗、明世宗四朝，明朝中期著名政治改革家，文学家杨慎之父。杨廷和四岁时知声律，七岁时每日读书数卷。1471 年，年仅十三岁的杨廷和乡试中举。1472 年，杨廷和赴京参加会试未考中，入国子监，受到国子监丞黄明善的赏识，黄明善将女儿许配给他为妻。1478 年，杨廷和考中进士，被选任为翰林院庶吉士。1480 年，杨廷和任翰林院检讨。1489 年，他升任翰林修撰，参与编修《宪宗实录》和《大明会典》。1491 年，《宪宗实录》成书，杨廷和升为翰林侍读，次年任经筵讲官。1495 年，他改任左春坊左中允，侍奉皇太子朱厚照讲解、读书。1502 年，《大明会典》修成，杨廷和被破格提升为左春坊大学士，充任日讲官。1505 年，明武宗即位，杨廷和升任詹事府少詹事，担任《孝宗实录》副总裁。1507 年，杨廷和入阁为东阁大学士，专掌诰命起草。同年，升文渊阁大学士，参与朝廷的机密大事。1508 年，杨廷和加官少保兼太子太保。1509 年，杨廷和加官光禄大夫、柱国，升任吏部尚书、武英殿大学士。1510 年，他升为少师、太子太师、华盖殿大学士。1512 年，李东阳致仕归乡，杨廷和接任内阁首辅。1521 年，他与张太后扶持明世宗嘉靖帝即位。杨廷和负责经筵事宜，担任《武宗实录》编修总裁，后加封为左柱国。他极力主张裁汰冗官、冗兵，拨乱反正、平反冤案，选拔人才和推行新政。后期，杨廷和因大礼议之争多次上奏章并屡次退回嘉靖帝的亲笔批示密封，与嘉靖帝产生矛盾。1524 年，杨廷和辞官离去。1528 年，《明伦大典》修成，嘉靖帝重定议礼诸臣之罪，杨廷和被定为罪魁，将其削职为民。1529 年，杨廷和病故于故乡新都，享年七十一岁，追赠太保，谥号文忠。杨廷和一生为官清正，虽“位极人臣，而居处同于寒素”。他关心民间疾苦，为家乡“通水利”“修县城”“置义田”，很受时人称道。他一生博学鸿毅，光明正大，积极倡导厉行新政，对明朝的中兴起到了一定的振治作用。

经典智慧

1. 三不朽伟人

刘基（1311—1375），字伯温，浙江青田（今浙江省温州市文成县，以刘伯温谥号“文成”作县名）人，元末明初政治家、文学家、军事谋略家、明朝开国元勋。他辅佐朱元璋完成统一大业，建立大明王朝，被后人称为立德、立功、立言的“三不朽伟人”。刘伯温自幼聪明好学，十二岁时考中秀才，当时被称为“神童”。他博览群书，对天文地理、兵法数学、诸子百家无一不精。1333 年，二十三岁的刘伯温考中进士。因时处元末，兵荒马乱，战火不断，他在家闲居三年。1336 年，元朝朝廷授其为江西高安县（今江西省宜春高安市）县丞（正八品），协助县令处理政务。刘伯温刚正不阿，一身正气，勤于职守，执法严明，体察民情，为民除害，深得百姓的爱戴，却也因此得罪了不少达官显贵。1340 年，他辞官回到家乡青田。

1343年，应朝廷征召出任江浙儒副提举，兼任行省考试官。一年后，刘伯温再度辞职，在丹徒（今江苏省镇江市丹徒区）、杭州（今浙江省杭州市）过了几年半隐居生活。1352年，湖北起事的徐寿辉攻陷杭州，刘伯温举家回到故乡。不久元朝朝廷再次起用他为江浙省元帅府都事，平定浙东一带方国珍等叛乱，因不同意方国珍重赂官府被招安，辞官还乡。1360年，朱元璋请刘伯温到应天府（今江苏省南京市），委任为谋臣，成了朱元璋的“老先生”。刘伯温为朱元璋分析了天下大势，提出了避免两线作战，各个击破，脱离“小明王”韩林儿自立，以“大明”为国号来招揽天下义士等策略，辅佐朱元璋集中兵力先后灭陈友谅、张士诚等势力。1367年，他参与制定朱元璋的灭元方略，取得了南征北伐的胜利。刘伯温辅助朱元璋为消灭群雄、推翻元朝、建立明朝发挥了智囊作用，做出了巨大贡献。1368年，朱元璋在应天府（今江苏省南京市）即皇帝位，定国号为“大明”，明王朝正式建立，授刘伯温为御史中丞兼太史令，追赠他的祖父、父亲为永嘉郡公。刘伯温上奏制定军卫法，加强皇帝对军队的控制，巩固了中央集权。他在任期间不徇私情，整肃纲纪，平反冤案。明太祖欲升任刘伯温为丞相，但被他婉言谢绝。他说：“我太疾恶如仇，又不耐烦处理繁杂事务，如果勉强承担这一重任，恐怕要辜负皇上厚望。”1370年，明太祖授刘伯温为弘文馆学士，授他为开国翊运守正文臣、资善大夫、上护军，封诚意伯。刘伯温的治国思想其核心是施德政、得民心，他主张对民众要教化，使其明法懂法。他对《大明律》的制定，起到了重要作用。他认为法治是一个国家长治久安的有力保证，他的儒学思想对明初的学风产生了巨大影响。1375年，刘伯温患病回到家乡。同年，因病去世，终年六十五岁。1513年，明武宗赠刘伯温为太师，谥号文成。刘伯温还是一位举足轻重的诗文大家，他的寓言文学内容博大精深，阐明了他的政治、经济、军事、哲学、伦理、道德等观点，表现了他的审美观和价值观。他的传世之作有《诚意伯文集》二十卷，收有赋、骚、诗、词一千六百余首，各种文体文两百三十余篇，主要作品有《郁离子》《复瓿集》《写情集》《犁眉公集》《春秋明经》《卖柑者言》《活水源记》《百战奇略》《时务十八策》及诗词《春蚕》《五月十九日大雨》《旅兴》《薤露歌》《美人烧香图》《蜀国弦》《梁甫吟》等。

2. 大脚皇后

明太祖朱元璋的结发妻子马皇后（1332—1382）名不详，文学作品中称“马秀英”，归德府宿州（今安徽省宿州市埇桥区）人，滁阳王郭子兴的养女。马氏祖上曾是归德府宿州富豪，父亲马公乐善好施，家业日渐贫困。母亲郑媪（ǎo），生下马氏离世，马公视马氏为掌上明珠。马公因杀人避仇，逃亡他乡，客死外地，逃亡前将爱女马氏托付给好友郭子兴。当时，明代的女人缠足之风进入兴盛时期，出现了“三寸金莲”之说。而马氏因无人照顾，所以从小没有缠脚，绰号“马大脚”。马氏自幼聪明，能诗会画，尤善史书，性格倔强。1352年，朱元璋投奔郭子兴参加了红巾军，因精明能干，处事得当，深得郭子兴信任，郭子兴便把养女马氏许配给朱元璋为妻。朱元璋收养了自己的侄儿朱文正、外甥李文忠及定远孤儿沐英，马氏对三个养子视如己出。后来，朱元璋又收养了二十多个义子，全靠马氏细心照顾。战争年代，马氏亲手为士兵们缝衣服、做鞋子，把自己的金帛全都拿出来犒赏士兵，稳定军心。1368年，朱元璋于应天府（今江苏省南京市）登基，国号“大明”，册封马氏为皇后，便有了“大脚皇后”之称。马皇后教子有方，对皇子、公主要求很严，要求他们勤劳俭朴，不能无功受禄。她虽贵为皇后，但每天仍亲自操办朱元璋的膳食。嫔妃、宫人被临幸怀孕，马皇后更是倍加体恤，照顾有加。马皇后勤俭持家，以身作则，爱民如子，成为后宫典范。朱元璋称帝后，脾气暴虐，动不动就杀人。在马皇后的劝说和保护下，使得像宋濂这样的许多重臣得救。朱元璋想为马皇后的族人分封官爵，马皇后拒绝说："分封爵禄偏爱外戚之家，不合乎法律。"1382 年，马皇后病逝，时年五十一岁。朱元璋非常伤心，从此不再立皇后，以示对皇后的敬重和怀念。贤惠的马皇后勤于内治，母仪天下，国母风范，慈德昭彰。

3. 知行合一

王守仁（1472—1529），本名王云，字伯安，号阳明，浙江余姚（今浙江省宁波市余姚市）人，明朝杰出的思想家、文学家、军事家、教育家，南京吏部尚书王华之子。王守仁幼年家世良好，拥有非常优越的学习环境。他气质特殊，志存高远，不同凡俗。他十五岁时便屡次上书皇帝，已有经略四方之志。1488 年，十七岁的王守仁到南昌与诸养和之女诸氏成婚。1489 年，王守仁与夫人诸氏返回余姚，路经广信（今江西省上饶市广信区）时，王守仁拜谒（yè）明代著名理学家娄谅，娄谅向他讲授"格物致知"之学。之后，他遍读朱熹的著作，思考宋儒所谓"物有表里精粗，一草一木皆具至理"的学说。1492 年，王守仁第一次参加浙江乡试中举。1493 年，二十二岁的王守仁考进士不中。1499 年，他参加礼部会试，因考试出色，举南宫第二人，赐二甲进士第七人，被授刑部主事，后因病归乡。1504 年，他被起用授兵部武选司主事。1506 年，宦官刘瑾擅政，王守仁因上疏弹劾而触怒刘瑾，被杖四十，谪贬至贵州龙场（今贵州省贵阳市西北七十里修文县）任龙场驿站驿丞。同时，他的父亲王华也被赶出北京，调任南京吏部尚书。1509 年，王守仁谪戍期满，复官庐陵县（今江西省吉安市）知县。1510 年，刘瑾被赐死后，王守仁升任南京刑部主事。1511 年，王守仁随即被召入京，历任吏部验封司主事、署员外郎、吏部文选司主事。1512 年，历任吏部考功司郎中、南京太仆寺卿。1514 年，他升任南京鸿胪卿。1516 年，在兵部尚书王琼的推荐下，王守仁晋升为都察院左佥（qiān）都御史，巡抚南安、赣州、汀州、漳州等地。王守仁亲自率领精兵平息了为患数十年的南中盗贼，附近的人们都惊呼王守仁是神。1519 年，宁王朱宸濠（明太祖朱元璋五世孙）起兵造反，赣南巡抚王守仁于南昌近郊的黄家渡打败宁王，宁王朱宸濠及其世子、郡王、仪宾等被俘，被押送至南京扬州府赐死，史称“宸濠之乱”。1521 年，明世宗嘉靖帝即位，明世宗不许王守仁因父老请归，升其为南京兵部尚书，加封为新建伯，世袭。1522 年，其父王华去世，王守仁回乡守制。1524 年，王守仁受邀在稷山书院讲学。次年，他在绍兴创建阳明书院。1527 年，王守仁兼左都御史，总督两广兼巡抚，赴广西平叛。出发前夜，他在浙江会稽天泉桥（具体位置不详，一说今浙江省绍兴市越城区阳明故居遗址碧霞池）上给他的学生王畿和钱德洪留下心学四句教法（也称天泉证道）：“无善无恶心之体，有善有恶意之动。知善知恶是良知，为善去恶是格物。”1528 年，王守仁率湖广兵抵达南宁，思恩（今广西壮族自治区河池市环江县）、田州（今广西壮族自治区百色市田阳区）的民族首领卢苏、王受归降，叛军被全歼。平乱后，王守仁因肺病加重告老还乡。1529 年，王守仁病逝于江西南安府大庚县青龙港（今江西省赣州市大余县境内）舟中，时年五十八岁，追赠新建侯，谥号文成。他临终之际，弟子问他有何遗言，他说：“此心光明，亦复何言！”明代心学的发展可以归结为：陈献章开启，湛若水完善，王守仁集大成。王守仁的阳明心学后传入日本、朝鲜等国。王守仁反对把孔、孟的儒家思想看成是一成不变的戒律，反对盲目服从封建伦理道德，强调个人的能动性。他继承陆九渊强调“心即是理”之思想，反对程颐、朱熹通过事事物物追求“至理”的“格物致知”方法，因为事理无穷无尽，格之则未免烦累，故提倡“致良知”的哲学命题。在知与行的关系上，他强调要知，更要行，知中有行，行中有知，即“知行合一”的方法论。他著有《王成文公全书》三十八卷行世，被学术界评价为中国封建中世纪社会后期出现的最早的启蒙哲学。王守仁是“修身、齐家、治国、平天下”格言最好的实施者！“仁”是他人生中最大的特点，为了百姓宁可放弃自己名扬天下的机会，为了百姓宁可违背君王之命！王守仁告诫世人:“人到中年，须牢记五字箴言”，即行（言出必行）、勤（业精于勤）、知（自我认知）、诚（信守承诺）和心（相由心生）。王守仁始终都没有忘记初心和修心，在逆境中创造出了属于自己的辉煌。

4. 明代三才子

纵观整个明代，以博学多才而论，以杨慎、解缙及徐渭三人最强，被誉为“明代三才子”。

解缙（1369—1415），字大绅，一字缙绅，号春雨、喜易，江西吉安府吉水（今江西省吉安市吉水县）人，明朝大臣、文学家。解缙出身于书香门第，自幼聪颖绝伦，有神童之称。他七岁就能写文章，对对联。有一天，父亲带他去江里洗澡，父亲脱下衣服挂在江边树枝上，向解缙吟出一句上联:“千年老树当衣架。”解缙望了望烟波浩渺的大江，立即对道:“万里长江作浴盆。”从中可以看出解缙从小的才气和气魄。1380 年，解缙十二岁时已读尽四书五经。1387 年，解缙参加江西乡试，名列榜首（解元）。1388 年，他与兄解纶、妹夫黄金华一同考中进士，授庶吉士、读中秘书，同年官至翰林学士。他向朱元璋上书著名的《大庖西封事》万言书，从朝廷用刑太苛、用人不当、聚敛无度，到朱元璋该读什么书，不该读什么书，知无不言。朱元璋非常满意，对解缙大加赞赏。于是，年轻气盛的解缙紧接着又呈上《太平十策》，更加口无遮拦，明确指出明初分封诸王的隐患，使得朱元璋大为震怒。解缙又指责兵部官僚玩忽职守，得罪兵部尚书沈潜，被沈潜上疏诬告，明太祖朱元璋将解缙贬为江西道监察御史。1398年，明惠帝朱允炆（wén）即位后，听信袁泰谗言，将解缙贬为河州（今甘肃省临夏回族自治州）卫吏。1402年，礼部侍郎董伦为解缙讲情，他被召回京师复职，任翰林待诏。1403年，明成祖朱棣经过"靖难之役"登基，升任解缙为翰林侍读。当时，方孝孺宁死不愿起草《登极诏》被凌迟处死，解缙因草拟《登极诏》使得明成祖非常满意，随后明成祖建立文渊阁，解缙进入文渊阁参预机务，明朝内阁制度由此开始。之后，解缙升为翰林侍读学士，主编《太祖实录》《列女传》《永乐大典》。1404年，解缙升任为翰林学士兼右春坊大学士，为内阁首辅，朝廷所有的重大公告和重要讲话，都出自解缙之手。1405年，他因主张立长子朱高炽为太子，而得罪次子汉王朱高煦，因朱高煦进谗言解缙被朱棣贬到交趾（今越南），命督饷化州。1410年，恃才孤傲、政治上却不成熟的解缙私见太子触动了朱棣的底线，因而被捕入狱。1415年，锦衣卫都指挥佥事纪纲上报囚籍，朱棣见到解缙姓名问："缙犹在耶？"纪纲随用酒将解缙灌醉，埋于积雪而亡，时年四十七岁。解缙去世后，家中财产被抄没，妻儿宗族被流放辽东。封建帝国容不下一个狂妄自大、过于耿直的书生，一代才子凄惨陨落。解缙诗、文、书皆有造诣，传世诗词有《赴广西别甥彭云路》《游七星岩偶成》《庐山歌》《藤县即事》《窦家寨》《桑》等。著作有《白云稿》《东山集》《太平奏疏》《丁丑封事》《文毅集》《春雨杂述》《天潢玉牒》，后人辑有《解文毅公集》。他的书法，小楷精绝，行草皆佳，尤其他的草书，在书法史上负有盛名，与明初“三宋”（宋克、宋广、宋）并驾齐驱。解缙一生最大的功绩是他亲自主持编纂了《永乐大典》。《永乐大典》是中国最大的一部类书，被学术界称为“辑佚古书的渊薮（sǒu）”，《不列颠百科全书》在“百科全书”条目中称其为“世界有史以来最大的百科全书”。

杨慎（1488—1559），字用修，初号月溪、升庵，又号逸史氏、博南山人、洞天真逸、滇南戍史、金马碧鸡老兵等，四川新都（今四川省成都市新都区）人，祖籍庐陵（今江西省吉安市），明朝著名文学家、官员。杨慎出身于书香门第，为湖广提学佥事杨春之孙，吏部尚书、武英殿大学士杨廷和之子。他自幼聪慧过人，勤奋好学，七岁便能背诵唐代绝句，十一岁已经能写近体诗。他十三岁随父入京师，其《黄叶诗》轰动京华。1511 年，二十四岁的杨慎殿试第一，考中状元，授翰林院修撰。杨慎在任时，为人正直，不畏权势。因看到明武宗不理朝政，游山玩水，上书《丁丑封事》奏章无效，便称病告假，辞官归乡。1521 年，明世宗即位，授杨慎为翰林院修撰、经筵讲官。明世宗即位后第六天，就下诏令群臣议定他自己的生父兴献王为“皇考”，按皇帝的尊号和祀礼对待，引起内阁“大礼议”的纷争，杨廷和父子和许多大臣坚决反对。1524 年，杨廷和辞官归乡，杨慎被捕入狱，后充军云南永昌卫（今云南省保山市）。他被放逐滇南，度过了三十多年漫长的流放生活。虽然环境恶劣，生活艰苦，但他依然积极向上，寄情山水，专心著述，为白族修史。他创作有七言排律《南枝曲》：

我渡烟江来瘴国，毒草岚丛愁箐黑。
忽见新梅粲（càn）路傍，幽秀古艳空林色。
绝世独立谁相怜，解鞍藉草坐梅边。

芬蒀（yūn）香韵风能递，绰约仙姿月与传。

根地锦苔迷蚁缝，树杪黄昏摇鸟梦。

飘英点缀似留人，顾影徘徊若相送。

焦桐椽（chuán）竹亦何心，中郎一见两知音。

谁谓南枝无北道，愿谱金徽播玉琴。

诗中他以自放清香的老梅自喻，寄寓他正直的人格和理想。他不忘国事，始终关心人民疾苦。杨慎曾专门写信给云南巡抚赵剑门，力言制止强占民田、化公为私、敛财肥己、坑害百姓的行为。其间，他创作了著名的《临江仙·滚滚长江东逝水》表现自己鄙夷世俗、淡泊洒脱的情怀：

滚滚长江东逝水，浪花淘尽英雄。是非成败转头空。青山依旧在，几度夕阳红。

白发渔樵江渚上，惯看秋月春风。一壶浊酒喜相逢。古今多少事，都付笑谈中。

全词慷慨悲壮，读来荡气回肠，回味无穷，平添万千感慨在心头。作者借叙述历史兴亡抒发人生感慨，表现了他大彻大悟的历史观和人生观。1553年，杨慎在黔国公沐朝弼的帮助下，举家迁蜀，安居江阳（今四川省泸州市江阳区）。后因有人揭发，杨慎于1558年再被押回永昌。1559年，杨慎病逝于昆明，终年七十二岁。杨慎仕途不得志，生活坎坷，他却有着非常美满的婚姻。他的妻子黄娥，善诗词，尤擅长散曲，夫唱妇随，卿卿我我。他当年流放时，力劝妻子回四川新都老家，从此夫妻天涯两地，一种相思，两处闲愁。杨慎存诗约两千三百首，许多诗作表现了对人民疾苦的关怀。杨慎对文、词、赋、散曲、杂剧、弹词都有研究，其作品清新绮丽，华美流畅。杨慎工于书法，亦善绘画，可谓全才，他的著作达百余种，后人辑为《升庵集》。

徐渭（1521—1593），初字文清，后改字文长，号青藤老人、田水月，绍兴府山阴（今浙江省绍兴市）人，明朝著名文学家、书画家、戏曲家、军事家。徐渭的父亲徐鏓（cōng）曾任四川夔（kuí）州府（治今重庆市）同知，其原配童氏生有徐淮、徐潞两子，继娶苗氏没有生育，晚年纳妾生下徐渭。徐渭出生百日父亲便去世，他十岁时，生母被苗氏逐出家门。徐渭十四岁时，苗夫人去世，徐渭与同父异母的长兄徐淮生活，生活艰难，很不愉快。少年缺少家庭温暖的徐渭，孤芳自赏，郁郁寡欢。但他天资聪颖，文思敏捷，六岁读书，九岁作文，十多岁时仿扬雄的《解嘲》作《释毁》，被当地绅士们称为神童。1540 年，二十岁的徐渭考中秀才。1541 年，徐渭入赘绍兴富户潘氏，协助任典史的岳父潘克敬办理公文。他广交文友，博采众长，文学与艺术修养迅速提高。却之后连应八次乡试都名落孙山，终生不得志于功名。1547 年，妻子潘氏因病早逝，家产被豪绅无赖霸占，可以说是家破人亡，功名不第。1548 年，徐渭开设“一枝堂”，招收学童，教学私塾糊口度日。同时，他钻研学问，痴迷绘画，关心政局。有一年，严嵩的干儿子徐煜到绍兴府，请徐渭作画。徐渭知道徐煜平时仗势欺人，坏事干尽，便画了一幅《恶虎图》送他，并将落款“文长”写成“伥”，意在讽刺徐煜为虎作伥。1558 年，徐渭得到浙闽总督胡宗宪的赏识，被招入幕府充当幕僚军师。徐渭为胡宗宪创作了《进白鹿表》，受到明世宗朱厚熜（cōng）的认可。徐渭对当时军事、政治和经济形势均有见识，并参加东南沿海抗倭斗争，为胡宗宪谋划擒获倭寇首领徐海、招抚海盗汪直。1562 年，严嵩被免职，徐阶出任内阁首辅参劾胡宗宪。1563 年，胡宗宪被免职，徐渭离开总督府。同年，徐渭应礼部尚书李春芳之聘，前往京师任职。1565 年，胡宗宪被捕入狱死于狱中，徐渭深感痛心，看破红尘，以至发狂。他用铁钉击入耳窍，流血如迸，医治数月才痊愈。后又用椎击肾囊未死，如此反复发作自杀九次之多。1566 年，徐渭再次狂病发作，怀疑继妻张氏不贞，将其杀死而服刑七年。1573 年，在众友人的帮助解救下，徐渭终于借明神宗朱翊钧即位大赦之机获释。1577 年，徐渭受好友吴兑邀请，赴宣化府充任文书。这一年，他创作了很多描写北地风光、民俗和军旅生活的诗文。之后，徐渭便四处游历，开始著书立说，写诗作画。徐渭一生不治产业，钱财随手散尽，后来只得靠卖字画度日。晚年贫病交加，“几间东倒西歪屋，一个南腔北调人”“忍饥月下独徘徊”，经常断炊挨饿。1593 年，徐渭在穷困潦倒中去世，终年七十三岁。死前身边唯有一狗与之相伴，床上连一铺席子都没有，一代艺术奇人落下凄惨人生的帷幕。徐渭一生坎坷不平，饱经沧桑，狂傲不羁，傲视权贵。他擅长画写意花鸟，其作品超越了以往朝代的任何画作，成为花鸟画发展中的里程碑，对后代绘画产生了重要影响。

5. 要留清白在人间

于谦（1398—1457），字廷益，号节庵，浙江杭州府钱塘县（今浙江省杭州市上城区）人，明朝名臣。于谦自幼刻苦读书，志向远大。他八岁时穿红色衣服骑马玩耍，邻家老者戏弄他说：“红孩儿，骑黑马游街。”于谦应声而答：“赤帝子，斩白蛇当道。”下联不仅工整，而且还显露出他非同寻常的气势。他一生敬重文天祥的气节，供奉文天祥的遗像和牌位，几十年如一日。1421 年，于谦考中进士，从此踏入仕途。1426 年，汉王朱高煦在乐安州（今山东省惠民县）起兵谋叛。于谦被任命为御史，随明宣宗朱瞻基亲征平叛。

后受命巡按江西，平反数百起冤狱。1430 年，他被越级提升为兵部右侍郎，巡抚河南、山西。于谦一心为民，为民请命，为官清廉，不附权贵。他曾写有《入京》一诗以明心志：

绢帕蘑菇及线香，本资民用反为殃。
清风两袖朝天去，免得闾阎话短长。

1448 年，于谦被召回京，任兵部左侍郎。1449 年，瓦剌首领也先大举进犯明朝。明英宗亲征，在“土木堡之战”被俘，朝野上下，人心惶惶，群臣丧失信心，建议迁都南京。于谦以社稷安危为己任，力排众议，厉声说：“提议南迁的人应当斩首！京师是天下根本，只要一动便大事去矣。难道不见宋朝南渡的故事吗？”于是，他拥立英宗弟郕（chéng）王朱祁钰为帝，是为明代宗。于谦也随升任兵部尚书，全权负责筹划京师防御。1450 年，也先率军直逼京城。于谦率领明军主动出击，奋勇阻击，也先战败而归，于谦赢得“北京保卫战”的胜利。明英宗被释放后，明代宗将明英宗软禁了将近八年。1457 年，发生“夺门之变”，明英宗复位，以“谋反”的罪名将于谦处死，终年六十岁。于谦重名节、轻名利，重成仁、轻杀身，重社稷、轻君王，才招来杀身之祸。他的一生正如他写的诗《石灰吟》：

千锤万凿出深山，烈火焚烧若等闲。
粉身碎骨全不怕，要留清白在人间！

于谦德才兼备，光明磊落，坦坦荡荡，是当之无愧的英雄，堪与日月同辉！

6. 吴门四杰

指沈周、文徵明、唐寅和仇英四位著名的明代画家。由于他们均为南直隶苏州府人，活跃于吴门（今江苏省苏州市），所以称“吴门四杰”。

沈周（1427—1509），字启南，号石田，晚号白石翁，人称石田先生，长洲（今江苏省苏州市）人，世代隐居吴门。沈周出身于书画世家，学识渊博，富于收藏，交游甚广，极受众望。他的曾祖父是元朝著名画家王蒙的好友，伯父沈贞吉、父亲沈恒吉都清高而隐遁，均以诗文书画闻名乡里。他的家族辈辈做富人，全都不做官。他自己一生也家居读书，吟诗作画，从未应科举，始终从事书画创作，一心追求精神上的自由。沈周善画山水人物，下笔刚劲有力，凝重浑厚，笔墨苍中带秀，刚中有柔。传世作品有《庐山高图》《秋林话旧图》《沧州趣图》。著有《石田集》《客座新闻》等，长卷《沧州趣图》是他晚年的杰作。

文徵明（1470—1559），即文征明，原名壁，字征（徵）明，号衡山居士，长洲（今江苏省苏州市）人，因先世为衡山人，故号衡山居士，世称“文衡山”，明朝杰出画家、书法家、文学家。文徵明生于一个武官家庭，其父文林任温州永嘉县（今浙江省温州市永嘉县）县令。文徵明小时候生性迟钝，为人忠厚，两岁时还不会说话，六岁时站立不稳，八岁时口齿不清，十一岁开始方能把话说清。他连续多年屡试不第，但他的父亲对他很有信心，认为他一定会大器晚成。1523 年，受工部尚书李充嗣的推荐，文徵明以贡生进京，经吏部考核被授职俸禄低微的翰林院待诏。不久便辞官归乡，潜心学问，游历山水，工诗文书画。文徵明的绘画兼善山水、兰竹、人物、花卉诸科，尤精山水，以细笔画山水作品最佳。他的书法初师李应祯，后广泛学习前代名迹，篆、隶、楷、行、草各有造诣，尤擅长行书和小楷，温润秀劲，意态生动。他的诗、文、书、画无一不精，人称“四绝”全才。传世画作有《千岩竞秀》《万壑争流》《湘君夫人图》《石湖草堂》《石湖诗画》《横塘诗意》《虎丘图》《天平纪游图》《灵岩山图》《洞庭西山图》《拙政园图》《雨余春树图》《影翠轩图》《潇湘八景册》《江山揽胜图》《山居雪霁图》《惠山茶会图》《春到寒林图》《吴山秋霁》《溪山对弈图》《绿荫清话图》《绿荫草堂图》《前赤壁赋》《松壑飞泉图》《石湖诗图》《失竹》《江南春图》《古木寒泉图》《塞村锺馗图》《松声一榻图》《好雨听泉图》《兰竹》《梨花白燕图》《水亭诗思图》《仿王蒙山水》《东园图》《虞山七星桧图》等。传世书作有《西苑诗》《渔父辞》《北山移文》等，著有《甫田集》。

唐寅（1470—1524），字伯虎，小字子畏，号六如居士、桃花庵主、逃禅仙吏，南直隶苏州府吴县（今江苏省苏州市）人，祖籍凉州晋昌郡（今甘肃省安西县），明朝著名画家、书法家、诗人。唐寅的先祖唐俭跟随李渊起兵，受封“莒国公”。到了明代，其祖唐泰任兵部车驾主事，死于“土木堡之役”。唐泰的后代多生活在苏州吴县白下、桥里间一代，唐寅的父亲唐广德在皋桥经营一家小酒馆。1488 年，唐寅与徐廷瑞的次女徐氏成婚。1494 年，唐寅的父亲去世。紧接着不到两年的时间，他的母亲病逝，妻子难产而死，儿子夭折，妹妹病逝，接二连三地失去亲人，残酷的现实使唐寅一度陷入绝望。在好友祝枝山的规劝下，他苦读诗书，准备科考，以成功名，重振家业。1497 年，唐寅参加录科考试，其间与好友张灵宿妓喝酒，引起提学御史方志不满，使得他名落孙山。1498 年，唐寅参加乡试中了应天府第一，一时名震江南。但唐寅依然风流倜傥，流连欢场。同年，唐寅娶大家闺秀何氏为妻。然天有不测风云，1499 年，三十岁的唐寅进京参加会试，由于江阴富人徐经贿金预得试题事发，唐寅受此牵连，求取功名不成反而获罪下狱。后洗清冤屈出狱后，被革除“仕”籍，准备发配他到浙江偏远之地做一名小吏。唐寅心灰意冷，加上妻子何氏又离他而去，无奈之下，失意之余，他辞官远游闽、浙、赣、湘等地，纵情酒色，靠卖文画为生。所幸他当年相识于青楼酒绿之间的红颜知己沈九娘来到了他的身边，给他带来莫大的慰藉。1505年，三十六岁的唐寅与沈九娘成婚，夫妻俩靠卖字画维持生活，同甘共苦，共渡难关。1507年，唐寅用卖字画的钱在姑苏城北桃花坞（今江苏省苏州市姑苏区桃花坞街道）筑桃花庵别业及梦墨亭，过起了平淡、清净、安心创作的生活。1512年，年仅三十七岁的沈九娘因操劳过度，积劳成疾，因病去世。这让唐寅悲痛万分，皈依佛教，号称“六如居士”。1523年，满怀辛酸、一生失意的唐寅，结束了他悲情的一生，因病去世，时年五十五岁。唐寅的山水画，笔法严谨雄浑，风骨奇峭，笔法劲健，墨色淋漓，其代表作品有《落霞孤鹜图》《春山伴侣图》《虚阁晚凉图》《杏花茅屋图》等。他的人物画具有高超的写实功力，形象准确而神韵独具，其代表作品有《秋风纨扇图》《李端端图》等。他的水墨写意花鸟，墨韵明净、格调秀逸洒脱而富于真实感，其代表作有《枯槎鸲鹆图》《墨梅图》《风竹图》《临水芙蓉图》《杏花图》等。唐寅的书法源自赵孟𫖯一体，风格丰润灵活，俊逸秀拔，其代表作有《落花诗册》。他的诗文更是声情并茂，雅俗共赏，著有《六如居士集》，诗作有《百忍歌》《上吴天官书》《江南四季歌》《桃花庵歌》《一年歌》《闲中歌》等六百余首。

仇英（约1497—1552），字实父，号十洲，原籍江苏太仓（今江苏省苏州太仓市）人，后迁居苏州，明代绘画大师、儒客大家、吴门四杰之一。仇英出身寒门，幼年失学，曾为漆工。他通过自己的勤奋努力，拜著名画家周臣名下学画，在鉴藏家项元汴、周六观家观摩大量古代名作，终成为中国美术史上少有的平民百姓画家。仇英早期作品，以绢本为多，画面留白较大，用笔细腻，柔中带刚。中晚期作品，构图渐趋满纸，用笔愈见刚直，运笔自然流畅。其作品题材广泛，擅写人物、山水、车船、楼阁等，尤长仕女图、界画。仇英画作流传有限，现传多为后世摹本。传世作品有《汉宫春晓图》《桃园仙境图》《赤壁图》《玉洞仙源图》《桃村草堂图》《剑阁图》《松溪论画图》《桃花源图》《仙山楼阁图》《莲溪渔隐图》《桐阴清话轴》《秋江待渡图》《竹林品古》等。

7. 一夫一妻皇帝

明孝宗朱祐樘（1470—1505）是历史上罕见的一夫一妻皇帝。明孝宗有一个悲惨的童年，非常坎坷不幸。他的生母纪氏是广西纪姓土司的女儿，纪姓叛乱平息后，纪氏被俘入宫当差。一次被明宪宗偶遇，见纪氏美貌聪敏，便留宿一夜，纪氏当夜临幸怀孕。宠冠后宫的万贵妃知道后，命令一名宫女为纪氏堕胎。纪氏平时人缘很好，宫女不忍下手，回报万妃谎称纪氏体内长了肌瘤并非怀孕，万贵妃仍不放心，下令将纪氏贬居冷宫。纪氏在冷宫偷偷生下朱祐樘，万贵妃得知后又派门监张敏加害新皇子。但张敏知道明宪宗尚无子嗣，同被废掉的吴皇后一起冒着性命危险，帮助纪氏将婴儿秘密哺养起来。万贵妃多次搜查，未能找到，就这样朱祐樘一直吃百家饭长到六岁。一天，张敏为明宪宗梳头时，明宪宗叹息说：“老将至而无子。”张敏连忙伏地说：“死罪，万岁已经有儿子了。”明宪宗大吃一惊，忙追问究竟，张敏才说出了真情。明宪宗皇帝听后大喜，立即下令去接皇子，当天召集众臣，说出真相。次日，颁诏天下，立朱祐樘为皇太子，并封纪氏为淑妃。但随之纪氏却在宫中暴亡，门监张敏也吞金自杀。显然，都是万贵妃所为。明宪宗的母亲周太后担心万贵妃会对太子下毒手，亲自将孙子养在自己的仁寿宫内，使得太子安全生活在宫中。朱祐樘为太子时期，得到博学多才的程敏政、刘健等人的指点，熟读经史，养成仁孝恭俭的品格。明孝宗朱祐樘即位后，用自己的宽容与勤奋力挽狂澜，令天下海晏河清，创造中兴，是为千古明君。他对妻子张皇后如同现代家庭好丈夫一般守身如一，实属难得。张皇后原本许聘给一个叫孙伯坚的秀才，未婚夫孙伯坚重病在身，不能迎娶。朱佑樘为东宫时选太子妃，孙张两家解除婚约，张后中选，成了未来的国母。孙伯坚身体康复后，明孝宗为感谢他们的通情达理，特意封孙伯坚为中书舍人，其兄长孙伯强封了司仪署署丞，其父孙友封了尚宝少卿。由此，可以看出明孝宗的豁达气度。张皇后是一位魅力非凡的才女，她和明孝宗举案齐眉、夫妻恩爱。历朝历代，皇帝和皇后都不能通宵同宿在一起，明朝皇帝住乾清宫，皇后住坤宁宫。按明宫规矩，皇帝每次召幸皇后完毕，便要由宦官护送皇后回宫。只有明孝宗宠爱张皇后，两人如民间夫妇一般共同起居、读诗作画、听琴观舞、谈古论今、朝夕与共，犹如寻常人家。在漫长的封建社会，男人三妻四妾，皇帝更是三宫六院、女人成群，而明孝宗一生只娶了张皇后一人，从不封贵妃，也不纳宫女、美人，夫妻从一而终，也避免了后宫许多祸事。明孝宗临终前给太子朱厚照的嘱托是："任用贤臣，别当个滥杀暴君，做个好人就好。"据伦敦罗宾逊出版社出版的《发明大全》一书记载，世界上第一把牙刷是明孝宗于1498年发明的，方法是把短硬的猪鬃插进一支骨制手把上。明孝宗非常喜欢赋诗、绘画、弹琴，有《诗集》五卷，已失传。明孝宗无论作为开明皇帝，还是称职丈夫，都被后人称颂，被誉为最遵循儒家伦理规范的皇帝。

8. 大明第一清官

海瑞（1514—1587），字汝贤，号刚峰，海南琼山（今海南省海口市）人，明朝著名清官，一生经历了正德、嘉靖、隆庆、万历四朝，被称为“大明第一清官”。他以清正廉明著称于世，被后人誉为“海青天”“南包公”。海瑞的祖先原籍福建，后迁移广州。1383 年，其曾祖父海答儿从军来到海南岛，在琼山县（今海南省海口市琼山区）落户。祖父海宽中举后曾任福建松溪县（今福建省南平市松溪县）知县，父亲海翰无所作为，是名廪（lǐn）生（享受政府膳食补助的在学生员）。海瑞四岁时，父亲海翰去世，他和母亲谢氏孤儿寡母，相依为命。谢氏对海瑞要求很严，自幼培养他攻读诗书经传。海瑞为人刚直不阿，深受王阳明心学影响，信奉“立诚”。1549 年，海瑞参加乡试，以《治黎策》中举。1550 年和 1554 年两次会试都名落孙山，受广东布政使司指派，海瑞到福建延平府南平县（今福建省南平市）当教谕。他执教严格，办学井井有条。1562 年，海瑞被任命为淳安县（今浙江省杭州市淳安县）知县。在任时，他生活节俭，穿布袍、吃粗粮糙米，推行清丈、平赋税，并屡平冤假错案，打击贪官污吏，兴修水利，发展生产，深得民心。有一次，总督胡宗宪之子路过淳安，胡公子嫌接待简陋，把负责接待的驿吏捆绑倒挂，鞭打训斥。海瑞不畏权贵，将其关进大牢，并没收了他搜刮的数千两银子，充入国库。之后，海瑞升任为嘉兴通判，因接待都御史鄢懋卿朴素简陋，被贬为兴国州（今湖北省阳新县）判官。1566 年，吏部尚书陆光祖主张文官选举，海瑞被调到北京，任户部云南司主事。他看到明世宗多年不上早朝，深居西苑，设坛求福，朝政腐败，心急如焚。1566 年，海瑞给自己备好棺材，安顿好家人，遣散仆人，向明世宗呈上《治安疏》，被称为《直言天下第一疏》。他批评明世宗迷信巫术、生活奢华、不理朝政、民不聊生、百姓不满等弊端，把皇帝痛骂一顿。明世宗龙颜大怒，下令逮捕海瑞，交锦衣卫严刑拷打，被定死罪。幸得内阁首辅徐阶和刑部尚书黄光升鼎力相救，海瑞方保住性命。1566 年，明世宗驾崩，明穆宗即位，奉先帝明世宗遗诏，赦免了以海瑞为代表的所有谏言诸臣，海瑞官复原职。1568 年，在徐阶的举荐下，海瑞一年三次提升，先调入兵部任职，再调大理寺任职，后提升为尚宝丞。1570 年，海瑞升调右佥都御史（正四品），外放应天巡抚（治今江苏省苏州市）。辖区包括应天、苏州、常州、镇江、松江、徽州、天平、宁国、安庆、池州十府及广德州，多为江南富庶鱼米之乡。他整治贪腐、整修江河、兴利除害，推行"一条鞭法"，整顿土地兼并，勒令富户退田，得到百姓拥护，使得权贵生怨。当时，对海瑞有救命之恩和知遇之恩的徐阶，被给事中张齐弹劾，明穆宗将其罢免退休回到家乡华亭县（今上海市松江区）。徐阶的子弟横行乡里，大量购置田产，徐家占地多达二十四万亩，加上他的子弟、家奴为非作歹，民怨沸腾，状纸如山。应天巡抚海瑞铁面无私，不徇私情，查明徐阶第三子徐瑛侵占土地，鱼肉乡里，强抢民女赵小兰等罪行，依法判处徐瑛死罪。徐阶花重金贿赂给事戴凤翔，又通过张居正命令给事陈三谟罢免了海瑞，改任南京粮储，以便在新巡抚到任后为其子翻案。海瑞依然当着新巡抚的面处决了犯人，然后交出官印，罢官而去，回到琼山老家。这便是著名的"海瑞罢官"。直到 1584 年张居正去世后，次年明神宗任命七十一岁的海瑞为南京吏部右侍郎，后升为南京右都御史。1587 年，海瑞病故于南京任上，终年七十四岁。海瑞一生妻妾众多，曾娶妻三人、小妾二人。但他一生忠君爱民，两袖清风，严惩贪官污吏，执法如山。他的道德和为政标准是"不怕死、不爱钱、不立党"，堪称历史上清官的典范。海瑞临死时，身边只有旧衣几件、银子八两，靠同僚们捐助才置办了他下葬的棺木。

9. 药圣

李时珍（1518—1593），字东璧，晚年自号濒湖山人，湖广黄州府蕲州（今湖北省蕲春县）人，明代著名医药学家，被后世尊为“药圣”。李时珍与“医圣”万密斋齐名，故有“万密斋的方，李时珍的药”之说。李时珍的祖父是中医，父亲李言闻也是当时名医，曾任太医院吏目。李时珍十四岁时到黄州府应试，考中秀才，曾三次赴武昌参加举人应试，屡遭失败。1540 年，二十三岁的李时珍下定决心随父亲专攻医学，医术大有长进，医名日盛。1551 年，李时珍三十四岁时，因治好了富顺王朱厚焜（kūn）之子重病，被武昌楚王朱英裣（liǎn）聘为王府的“奉祠正”，兼管良医所事务。1556 年，楚王推荐李时珍到太医院工作，授“太医院判”职务。三年后，他被推荐上京任太医院院判。这期间，他积极从事药物研究工作，在太医院药房及御药库，认真仔细比较鉴别各地的药材，看到了许多平时难以见到的药物标本，阅读皇家珍藏的《本草品汇精要》等典籍，搜集了大量的资料。1558 年，李时珍因向朝廷报告重修“本草”无望，任职一年便辞职回乡，创立了东璧堂，坐堂行医，致力于药物研究。1552 年，李时珍着手开始编写《本草纲目》，参考了八百多部书籍。自 1565 年起，他多次离家外出考察，足迹遍及湖广、江西、直隶等许多名山大川。他一边考察，一边为父老乡亲们治病，深受人们尊敬与信赖，解决了许多医学难题。1578 年，经过二十七年的长期努力，六十一岁的李时珍完成了《本草纲目》初稿。后又经十多年的反复修改，历时四十余年，终于完成了《本草纲目》的编写。1593 年，李时珍去世，终年七十六岁，明廷敕封他为“文林郎”。1596 年，也就是李时珍逝世后的第三年，《本草纲目》在金陵（今江苏南京市）正式刊行。此外，李时珍对脉学及奇经八脉也颇有研究，著述有《奇经八脉考》《濒湖脉学》等专著。《本草纲目》共十六部、五十二卷，约一百九十万字。全书收纳药物一千八百九十二种，收集了一万一千零九十六多个药方，并附药物形态图一千一百余幅。中医典籍《本草纲目》这部伟大的著作，在纠正前人错误的基础上，吸收前人著作的精华，进行了全面的补充、完善、发现和突破，是16 世纪前中国最系统、最完整、最科学的一部医药学著作，后被译为日文、英文、德文、法文、拉丁文、俄文等多种文字，在世界上广泛流传。

10. 抗倭名将

戚继光（1528—1588），字元敬，号南塘，晚号孟诸，谥号武毅，山东登州（今山东省烟台市蓬莱区）人，世袭登州卫指挥佥事，籍贯濠州定远（今安徽省滁州市定远县），明朝抗倭名将、杰出的军事家、书法家、诗人、民族英雄。戚继光的先祖戚祥曾任朱元璋亲兵，战功赫赫。1381 年，朱元璋派名将傅友德、蓝玉率军远征云南，大获全胜，戚祥阵亡。朱元璋下令“授戚祥之子戚斌为明威将军，任职登州卫指挥佥事，世袭罔替”。从此，他的子孙代代习武，所以戚继光生来就是将军。戚继光的父亲戚景为官廉洁，一身正气，身为将军，仍家道贫寒。戚继光幼年生活艰难，但他喜欢读书，通晓儒经、史籍，很有个性。1544 年，十七岁的戚继光继承祖上职位，任登州卫指挥佥事。戚继光写有代表他一生理想的著名诗作《韬钤深处》：

小筑暂高枕，忧时旧有盟。
呼樽来揖客，挥麈（zhǔ）坐谈兵。
云护牙签满，星含宝剑横。

封侯非我意，但愿海波平。

1546 年，戚继光负责管理登州卫所的屯田事务。1553 年，张居正推荐戚继光任署都指挥佥（qiān）事，管理登州、文登、即墨三营二十五个卫所，防御山东沿海倭寇。1555 年，戚继光被调往浙江都司佥事，并担任参将一职，防守宁波、绍兴、台州三郡。1557 年，倭寇进犯乐清、瑞安、临海等地，戚继光率军前往救援。戚继光与俞大猷两军会合，与倭寇进行了长期的作战。1558 年，俞大猷和戚继光发动大规模进攻，击沉倭寇轮船，逼赶倭寇逃向闽南。随后，精通兵法的戚继光在金华、义乌招募了三千余人，对新兵进行了严格训练，组成了一支精锐的部队，被称为“戚家军”。根据南方沼泽的特点，戚继光创造了“鸳鸯阵”阵法、“车营”，发明了“戚氏军刀”“狼筅”“虎蹲炮”。1561 年，倭寇大举进攻桃渚、圻头等地，戚继光率军于龙山大破倭寇。倭寇又乘虚袭击台州，戚继光率军五战五胜，亲自手刃倭寇首领，于仙居将其全歼，史称“台州大捷”。戚继光接连打了许多胜仗，使得倭寇闻风丧胆，戚家军因此名闻天下，戚继光也官升三等。1562 年，倭寇放弃浙江，侵扰福建，占领寿宁、政和、宁德等地，并大举进犯龙岩、松溪、大田、古田、莆田等。兵部尚书兼都察院右都御史胡宗宪传令戚继光带兵剿贼，再次将他调往福建。戚继光率兵在倭寇的老巢横屿岛（今福建省宁德市东北二十里的一个海上孤岛），将盘踞在横屿岛的两千多名倭寇全部歼灭。1563 年，自日本国本土而来的新倭寇，攻陷兴化府（今福建省莆田市），占据平海卫（今福建莆省田市东南秀屿区），戚继光率领浙江兵再次前来支援。谭纶以刘显为左军，俞大猷为右军，谭纶自领中军，以戚继光为先锋，围攻平海卫，一举告破，斩首五千余人，收复平海卫、兴化府。戚继光升为都督同知，代替俞大猷为总兵。1564年，倭寇余党纠合一万多人围攻福建仙游（今福建省莆田市仙游县），戚继光率兵前往解围，大败倭寇，横行几十年的倭寇基本肃清。1568年，明穆宗升任戚继光为总兵官，后进封为右都督，镇守蓟州、永平、山海等地，让其训练蓟州、昌平、保定等地军队。1573年，北蛮子与董狐狸进犯喜峰口（今河北省唐山市北部迁西县与宽城县接壤处隘口）、桃林（今河北省秦皇岛市卢龙县东北桃林口）等地，被戚继光率军击退。1574年，北蛮子再次寇犯边境，被戚继光击败并投降。自此，北蛮子再也不敢侵犯蓟门（今天津市蓟州区）。明廷封戚继光为太子太保，又进封少保。1582年，内阁首辅张居正病逝，给事中张鼎思趁机上言戚继光不应该放在北方，于是戚继光被朝廷调往广东。1585年，给事中张希皋再次弹劾戚继光，戚继光遭到罢免，回乡后病逝，终年六十一岁。戚继光工诗文，善书法，有不少传世书法作品。他的妻子王氏，乃将门虎女，戚继光惧内是出了名的。他一生南征倭寇还沿海太平，北御蒙古保家国安定，被誉为千古不朽的豪杰。戚继光撰写了两部重要兵书，即《纪效新书》和《练兵实纪》。这两部书是他练兵打仗的经验总结，也是他训练军队的教本，在军事学上有很高的地位。

11. 乐圣

朱载堉（yù）（1536—1611），字伯勤，号句曲山人、九峰山人，青年时自号“狂生”“山阳酒狂仙客”，又称“端靖世子”，河南怀庆府河内县（今河南省沁阳市）人，明代著名的律学家、历学家、科学家、音乐家，有“乐圣”之称。朱载堉是明太祖九世孙，郑藩第六代世子。其父朱厚烷袭父封爵为郑恭王，生活朴素，为人刚直，能书善文，精通音律乐谱。朱载堉自幼聪明过人，深受其父影响，喜欢音乐、数学。1545年，十岁的朱载堉便攻读《尚书盘庚》等史书，并被封为世子，成为郑王的继承人。朱载堉虽贵为郑藩王子，但因父亲朱厚烷的经历，生活道路并不平坦。1550 年，朱载堉十五岁时父亲朱厚烷被诬告陷害入狱，朱载堉也由王子降为平民。朱载堉于宫门外筑土室，席藁独处十多年，潜心研究音律、数学等学问。1560 年，二十五岁的朱载堉创作了音乐处女作《瑟谱》，显示了他超人的音乐才华。1567 年，明穆宗即位大赦天下，父亲朱载烷恢复爵位。1568 年，朱载堉得以恢复郑王世子的地位。1591 年，其父朱厚烷病逝，朱载堉为世子，本可承继王位，但他接连上书皇帝，甘愿放弃。十五年七次上书后，终于在 1606 年得到批准，他将爵位让给当年诬告父亲的族叔，可见他的坦荡胸怀和高风亮节。之后十多年间，他自称道人，隐居山水乡间，融入民间音乐和乡土文化，完成了一系列音乐学巨作，如《律学新说》《算学新说》《乐学新说》《律吕精义》等。朱载堉对音乐学的最大贡献是他创建了十二平均律，十二平均律是音乐学和音乐物理学的一大革命，也是世界科学史上的一大发明，被广泛应用在世界各国的键盘乐器上，包括钢琴，故朱载堉被誉为“钢琴理论的鼻祖”。他首创了“舞学”，为舞学制定了大纲，绘制了大量舞谱和舞图，奠定了舞学理论基础。朱载堉还首创利用珠算进行开平方，研究出了数列等式，对计量学、天文历法均有研究，中外学者尊崇他为“真正的世界历史文化名人”。

12. 情圣

汤显祖（1550—1616），字义仍，号海若、若士、清远道人，明代戏曲家、文学家。祖籍临川县云山乡（今江西省抚州市临川区云山镇），后迁居汤家山（今江西省抚州市临川区太平街汤家山）。汤显祖出生于书香世家，祖上四代都为多满腹经纶的学者，母亲也自幼熟读诗书，他从小受到良好的家庭熏陶。汤显祖天资聪慧，勤奋好学，十二岁能诗，十三岁从徐良傅学古文词，十四岁便补了县诸生，二十一岁时考中举人。1577 年、1580 年两次会试，清高自好的汤显祖，因拒绝配合当朝首辅张居正的几个儿子考取进士陪考而名落孙山。1583 年，张居正死后，三十四岁的汤显祖才考中进士，开始步入仕途，到南京任太常寺博士。太常寺博士的职务是个闲职，形同虚设。而当时的陪都南京文人荟萃，汤显祖正好有大量的时间与徐霖、姚大声、何良俊、金在衡、臧懋循等诸名家研究学问，切磋唱和。他尊重文学而不屈服于权势，力求创新反对复古，不愿与专制的统治者同流合污。1591 年，汤显祖任南京礼部祠祭司主事，上书《论辅臣科臣疏》，严词弹劾首辅申时行和给事中杨文举、胡汝宁。明神宗大怒，将汤显祖放逐到雷州半岛徐闻县（今广东省湛江市徐闻县）任典史。汤显祖在徐闻创办了一所“贵生书院”，通过他的教育和宣传，徐闻文风渐盛，科举盛行。一年后，他被内迁至浙江遂昌（今浙江省丽水市遂昌县）知县。在任时他去杀戮、罢桁（háng）杨（加在脚上或颈上以拘系囚犯的刑具）、减科条、省期会、建射堂、修书院，成绩斐然。1600 年，他因擅放监狱中的囚犯回家过年，元宵节让他们上街观灯而受到政敌攻击，辞官回到临川县乡村闲居。汤显祖从此远离政治，安贫乐道，晚年思想比较消极，致力戏曲创作和潜心佛学，开始写作《牡丹亭还魂记》（简称《牡丹亭》）。他的戏剧创作现存主要有五部，即“玉茗堂四梦”（或称“临川四梦”:《紫钗记》《牡丹亭》《邯郸记》《南柯记》）及《紫箫记》。他最得意、影响最大的作品当数《牡丹亭》。《牡丹亭》描写了太守之女杜丽娘，豆蔻年华、情窦初开，却为封建礼教所禁锢而身心俱受压抑。一日到后花园踏春归来小睡，入梦与风雅文士柳梦梅相遇，并在牡丹亭得成云雨之欢。梦醒时分，杜丽娘惆怅难安，相思成疾，最终香消玉殒。三年后，梦中之人柳梦梅赴京应试，因病住进梅花庵，与杜丽娘的游魂相遇，二人倾心相爱，相敬如宾。柳梦梅考中状元，杜丽娘也以游魂之身再入人世，二人终于打破重重爱情障碍，起死回生，终成眷属。剧中“劝农”一出，太守与民对唱：

山也清，水也清，人在山阴道上行，春云处处生；
官也清，吏也清，村民无事到公庭，农歌三两声。

剧中对唱应该是汤显祖在遂昌为政时的缩影，整个作品代表了汤显祖对人生与爱情的哲学思想与世情体验。作品用超现实的浪漫主义表现手法，讴歌了生而死、死而生、超越生死的爱情理想。汤显祖在《牡丹亭》中道出了爱情的真谛：“情不知所起，一往而深，生者可以死，死可以生。生而不可与死，死而不可复生者，皆非情之至也。”因此，汤显祖也被称为中国的“情圣”。《牡丹亭》标志着明代传奇发展的最高峰，是中国戏剧文学发展史上的一个重要里程碑。汤显祖与莎士比亚的生卒年份惊人相似，汤显祖 1550 年至 1616 年，莎士比亚 1564 年至 1616 年，相同的年代，不同的背景，共同创造了戏剧的巅峰。1959 年，田汉到江西临川拜访“汤家玉茗堂碑”，作诗：

杜丽如何朱丽叶，情深真已到梅根。
何当丽句锁池馆，不让莎翁在故村。

13. 晚明悲歌

孙承宗（1563—1638），字稚绳，号恺阳，北直隶保定高阳人（今河北省保定市高阳县），明末将领。孙承宗年轻时曾先后在大理寺右丞姜壁和兵备道房守士等朝廷官员的家中，做家庭教师。1604

年，孙承宗考中进士第二名，授翰林院编修，而后转拜中允。1620年，明熹宗朱由校即位，孙承宗以左庶子充当日讲官。1621年，孙承宗升任少詹事。1622，他被提拔为礼部右侍郎，协助管理詹事府。不久，再升任兵部尚书兼东阁大学士。同年，孙承宗被加封为太子太保，并赏赐蟒袍、玉带、银币等，亲自前往辽东协调辽东经略王在晋与镇守山海关兵备佥事袁崇焕的矛盾。孙承宗采纳了袁崇焕的建议，并亲自镇守关门。明熹宗在孙承宗的建议下罢免了王在晋的辽东经略之职，孙承宗自请为督师，配尚方宝剑走马上任，整顿军纪，修建防御工事，精心布置设防，大力支持袁崇焕的防御战略，扭转了岌岌可危的辽东局面，确保了山海关四年的安宁。1625年，在魏忠贤党羽的弹劾下，明熹宗朱由校同意孙承宗辞官，并给孙承宗加特进光禄大夫，其子世袭中书舍人。袁崇焕在与后金的作战中，分别于1626年和1627年，取得“宁远大捷”和“宁锦大捷”的胜利。后因遭魏忠贤党羽的弹劾，袁崇焕辞官回乡。1627年，明思宗朱由检即位后，彻底铲除了魏忠贤阉党。1629年，后金主皇太极大举进攻，破遵化、越蓟州直逼都城。孙承宗官复原职并兼任兵部尚书去驻守通州，抵御金兵。1630年，孙承宗击败金军，被加封为太傅，再赐蟒服、金币等，子孙世袭锦衣卫指挥佥事。1631年，孙承宗修复宁锦防线被毁的旧城右屯、大凌河等，后金军突袭，孙承宗兵败。朝中大臣责怪他因修复旧城导致失败，丧师辱国。于是，孙承宗以病请辞，回乡高阳城居住。1638年，清军（1636年皇太极已改国号大清）大举进攻高阳。赋闲在家的孙承宗率全城军民守城，城破被擒，孙承宗的五个儿子、六个孙子、两个侄子、八个侄孙战死，孙家百余人遇难，孙承宗自缢而亡，终年七十六岁，谥号“文忠”。七十六岁的老将孙承宗全家战死沙场，用生命演奏了一曲晚明悲歌。孙承宗著有诗集《高阳集》，军事著作《车营扣答合编》。

14. 开山大师

冯梦龙（1574—1646），字犹龙、耳犹、子犹，号龙子犹、茂苑外史、顾曲散人、姑苏词奴、平平阁主人、墨憨斋主人等，南直隶苏州府长洲县（今江苏省苏州市）人，明朝文学家、思想家、戏曲家。冯梦龙与其兄冯梦桂、弟冯梦熊并称“吴下三冯”。其兄冯梦桂是画家，其弟冯梦雄是太学生，作品均佚失。冯梦龙出身名门世家，从小喜好读书。他除了写诗文外，主要精力投在写历史、言情小说。青年时代的冯梦龙参加科举，却屡试不中。于是，居家专门著书。他曾有过一段“逍遥艳冶场，游戏烟花里”的生活。在他作品中有姓名的青楼女子便有十多人，如侯慧卿、冯爱生、白小樊等。他最喜欢的是苏州名妓侯慧卿，两人情投意合，相爱有加，盼望能够厮守终生。然冯梦龙家境贫困，无钱为恋人赎身。侯慧卿最终被一个商人买去，冯梦龙感到无比痛苦与绝望，大病一场，闭门谢客，一心创作情诗。当时写有《怨离诗》三十首，大都失传，《怨离诗》存世一首：

诗狂酒癖总休论，病里时时昼掩门。
最是一生凄绝处，鸳鸯冢家欲招魂。

此后，冯梦龙改变了生活态度和生活方式，再也不去青楼，静心创作，写有大量歌颂优秀女性的作品。他收集了四百五十一首流行歌曲，编辑成册《桂枝儿》轰动全国。1630年，五十七岁的冯梦龙补为贡生，次年破例授丹徒训导。1634年，冯梦龙升任福建寿宁县（今福建省宁德市寿宁县）知县。他在任时，崇文兴教，抵御倭寇，清正廉洁，为民减负，颇有政绩。冯梦龙任职四年后，回到家乡苏州。明末清兵入关后，冯梦龙十分关心国家大事，他刊行《中兴伟略》诸书，积极宣传反清，虽然年过古稀依然亲自奔走反清大业。1646年，冯梦龙忧愤而死，终年七十三岁。冯梦龙勤于著作，作品总数超过五十种。他的诗集已失传，由他编纂的三十多种著作得以传世，其中最著名的作品是“三言”，即《喻世明言》《警世通言》《醒世恒言》的合称。《杜十娘怒沉百宝箱》《唐解元一笑姻缘》《赵太祖千里送京娘》是其中最优秀的作品，也是明代拟话本的代表作。除“三言”外，还有《新列国志》《增补三遂平妖传》《古今烈女演义》《广笑府》《智囊》《古今谈概》《太平广记钞》《情史》《墨憨斋定本传奇》等，以及许多解经、记史、采风、修志的著作。他的《喻世明言》中描写的《梁山伯与祝英台》的故事、《警世通言》中初步定型的《白蛇传》的故事，与《孟姜女哭长城》和《牛郎织女》被称为中国古代民间四大爱情故事。冯梦龙为中国文化宝库留下了一批不朽的珍宝，对通俗文学做出巨大贡献，被誉为中国文学现代化的“开山大师”。

15. 忠魂依旧守辽东

袁崇焕（1584—1630），字元素，号自如，广州府东莞县（今广东省东莞市）人，明末抗清名将。袁崇焕自幼胸怀大志，聪明善辩，智谋过人。1619年，三十六岁的袁崇焕考中进士，被任命为福建邵武（今福建省南平市邵武市）知县。1622年，袁崇焕进京调入兵部任职。当时，后金入侵辽东，时局紧张，袁崇焕给明熹宗朱由校上言说:“只要能给我足够的兵马钱粮，我一个人就可以镇守山海关。”于是，他被破格提拔为兵备佥事经营辽东。在督师孙承宗的大力支持下，多次击败后金军的进犯，先后取得“宁远大捷”“宁锦大捷”的胜利。努尔哈赤曾派人给袁崇焕送了一份劝降书，许以高官厚职，共享富贵。袁崇焕回复道：“城在人在，城亡人亡。”袁崇焕因镇守辽东有功，升任兵部尚书兼右都御史。后因魏忠贤的党羽弹劾，袁崇焕辞官回乡。1627 年，明思宗朱由检即位后，重新任命袁崇焕为兵部尚书兼右副都御史，督师蓟辽，兼督登莱、天津军务。1629 年，袁崇焕率兵击退皇太极，以解京师之围。但后金军退兵后，魏忠贤余党以“擅杀岛帅（毛文龙）”“与清廷议和”“市米资敌”等罪名弹劾袁崇焕，朝中大臣也有很多人认为袁崇焕放清兵入关，于是纷纷诽谤袁崇焕与后金军有勾结。皇太极趁机实施反间计，说袁崇焕与后金军有秘密约定。1630 年，袁崇焕被朱由检下令凌迟处死，时年四十七岁。他的家人被流徙三千里，并抄没家产，实则家无余财。大明自毁长城，亡国指日可待。袁崇焕有《袁督师遗集》存世，今人辑有《袁崇焕集》。袁崇焕一生刚直不阿，忠心耿耿，为大明社稷英勇奋战，维护尊严，伸张正义，被后人敬仰。袁崇焕从容而死，留下一首绝命诗：

一生事业总成空，半世功名在梦中。
死后不愁无勇将，忠魂依旧守辽东。

16. 千古奇人

徐霞客（1587—1641），名弘祖，字振之，号霞客，南直隶常州府江阴县（今江苏省江阴市）人，明代地理学家、旅行家、探险家和文学家。徐霞客出生在封建地主家庭，祖上均为读书人。父亲徐有勉一生不愿为官，也不愿同权势交往，喜欢游山玩水。徐霞客自幼好学，博览群书，尤其喜读历史、游记、探险类书籍，少年时便立下“大丈夫当朝碧海而暮苍梧”的旅行大志。1601 年，十五岁的徐霞客参加童子试，没有考中。1608 年，二十二岁的徐霞客肩挑简单行李，离家外出游历。他先后考察了太湖、洞庭湖、天台山、雁荡山、泰山、武夷山、五台山、恒山和瘦西湖等秀美山水。他三十多年的旅行考察，几乎是背着行囊，徒步跋涉，连骑马乘船都很少。徐霞客多次遇到生命危险，可以说是出生入死，风餐露宿，历尽艰辛。他的足迹遍及大半个中国，包括今天的江苏、浙江、山东、山西、陕西、河北、河南、安徽、江西、福建、广东、湖南、湖北、广西、贵州、云南和北京、天津、上海等十九个省、自治区、直辖市。1636 年，五十岁的徐霞客开始了最后一次出游，他用了四年时间考察了西南地区，一直到云南边境腾冲。徐霞客在旅途中，每天坚持把当天的所见所闻，对地理、水文、地质、气象、植物、经济状况、风土人情等都详细地记录下来，对各地的宗教信仰、道观寺庙也多有记载，留有大量的旅游日记。1641 年，徐霞客病逝于家中，时年五十五岁。徐霞客在游历的过程中，主要探索大自然的奥秘，寻找大自然的规律，他在山脉、水道、地质和地貌等方面的调查和研究都取得了超越前人的成就。徐霞客遗有六十余万字游记资料，由后人整理编辑成《徐霞客游记》。《徐霞客游记》是系统考察中国地貌地质的开山之作，更是用优美的文字描绘大好河山、风光无限的文学鸿篇，在地理学和文学上都有重要价值。徐霞客一生热爱科学，执着追求，被称为“东方游圣”“地理学之父”“千古奇人”。《徐霞客游记》在 20 世纪九十年代被评为“中国最有影响力的二十部著作之一”，被誉为“卧游胜具”，意思是卧在床上看书，就能亲临其境，遍知天下。

第九章 大清鼎盛

落日残阳

清朝　落日残阳

清朝（1636—1911）是中国历史上最后一个封建王朝，也是中国历史上第二个由少数民族（建州女真，后改为满洲）建立并统治全国的封建王朝，统治者为爱新觉罗氏。1636年，皇太极在盛京（今辽宁省沈阳市）称帝，建立大清，将女真改称满洲。1911年，清朝被辛亥革命推翻，历经十一帝，历时二百七十六年。从1616年努尔哈赤建立后金算起，历经十二帝，历时二百九十六年。自1644年驻守山海关的明将吴三桂降清，多尔衮率领清兵入关定鼎北京，建立全国性政权算起，历经十帝历时二百六十八年。清朝前期，战乱频发，社会动荡，经济萧条。从康熙帝开始走上强国之路，社会发展，经济繁荣，文化昌盛，自诩为“物产丰富，无所不有”的“天朝上国”，君主专制发展到顶峰。清朝前期，统一的多民族国家得到巩固和发展，积极维护了国家领土主权的完整。乾隆年间，中国形成统一的多民族世界大国的格局，极盛时期疆域西抵葱岭（帕米尔高原）和巴尔喀什湖（今哈萨克斯坦境），西北包括唐努乌梁海（今俄罗斯西伯利亚联邦管区境），北至漠北（今俄罗斯、蒙古国、中国、哈萨克斯坦等各一部分）和西伯利亚（今俄罗斯境），东到太平洋（包括库页岛，今俄罗斯境），南达南沙群岛（今中国海南省三沙市南沙区），包括五十多个民族，国家空前统一。清朝农业和商业发达，江南出现了密集的商业城市，土地增垦，物产盈丰，小农经济的社会生活繁荣稳定，人口突破四亿大关，占世界总人口十亿的近一半。

清朝后期，从嘉庆帝开始盛极而衰，实行闭关自守、闭关锁国的政策，使得“天国”步履蹒跚，举步维艰。尤其是鸦片战争以后，面对欧美资本主义列强入侵，落后挨打，主权丧失，尊严丢尽，国家陷入空前的民族危机，人民处于深重的苦难之中。

清太祖爱新觉罗·努尔哈赤花了十年的时间统一女真各部，于赫图阿拉（今辽宁省抚顺市新宾县）称汗，建立“后金”。其八子清太宗皇太极即位，废除原族名女真，定族名为满洲，在盛京（今辽宁省沈阳市）称帝，改国号大清。皇太极九子清世祖福临即位，是为顺治帝。李自成大顺军攻陷北京，明崇祯帝煤山自缢，明王朝灭亡。明将吴三桂引清入关，清摄政王多尔衮占领北京，顺治帝迁都北京，定鼎燕京，建立中央王朝。

面对拥有中国南部半壁江山的南明政权（今江苏省南京市），退守西安占据山西、陕西的李自成大顺政权，以及统一全川的张献忠大西政权（今四川省成都市），多尔衮发动了统一战争，逐一消灭了各方势力。顺治帝加封多尔衮为皇父摄政王，多尔衮位居一人之下，万人之上。多尔衮去世后，顺治帝乾纲独断，励精图治，后期崇教信佛。其年仅八岁的三子清圣祖玄烨即位，是为康熙帝。四大臣辅政，吏治腐败，康熙帝韬光养晦，蓄势待发。他铲除鳌拜集团，平定“三藩”，任用汉臣，收复台湾，遏制沙俄，平定噶尔丹，稳定西藏，使大清朝走向繁荣。康熙晚年，吏治松弛，贪腐成风，“九子夺嫡”，四阿哥清世宗胤禛即位，是为雍正帝。雍正帝奋发有为，锐意进取，颁布了世界历史上第一个鸦片禁令，承前启后，为乾隆朝社会繁荣奠定了雄厚的基础。其四子清高宗弘历即位，是为乾隆帝。大清朝在乾隆帝的治理下，达到“康乾盛世”的巅峰。乾隆帝平定叛乱，稳定边陲，重视文化，发展生产，经济繁荣，使“康乾盛世”进入了全盛时期。乾隆帝后期大兴土木，六下江南，和珅专权，起义爆发，盛极而衰。乾隆帝禅位十五子清仁宗颙琰（yóng yǎn），是为嘉庆帝。嘉庆帝铲除和珅一党，所谓“和珅跌倒，嘉庆吃饱”。他勤于政事，整顿吏治，然积重难返，列强侵入国门，危机四伏。

嘉庆帝二子清宣宗旻（mín）宁即位，是为道光帝。他令钦差大臣林则徐虎门销烟，英国在广东海域发动了第一次鸦片战争，签订《广州和约》。广州三元里抗英，取得胜利。《江宁条约》（即《南京条约》）割让香港岛，巨额赔偿，开放通商口岸，第一次鸦片战争失败，中国开始沦为半殖民地半封建社会。一系列丧权辱国条约的签订，让国家主权丧失，各种矛盾激化。其四子清文宗奕詝（zhǔ）即位，是为咸丰帝。咸丰帝锐意改革，革新弊政，罢免主和派，政风好转。太平天国运动爆发，长达十四年之久，其势力席卷十八省，沉重打击了封建王朝和西方侵略势力。英、法发动第二次鸦片战争，俄、美列强入侵，《天津条约》签订，再次丧失主权。咸丰帝逃亡到热河避暑山庄（今河北省承德市），英法等联军占领北京，烧杀抢掠近五十天，皇家园林，如圆明园、清漪园（颐和园）、静明园（玉泉山）、静宜园（香山）、畅春园等，均被付之一炬，第二次鸦片战争失败。

山河破碎，人民遭难，咸丰帝仅六岁的长子清穆宗载淳即位，是为同治帝。慈禧太后发动“辛酉政变”，与慈安皇后二宫垂帘听政。在外国列强的支持下，曾国藩、左宗棠、李鸿章等武装地主灭亡了太平天国。慈禧太后企图重新扭转内交外困的局面，开启“洋务运动”，实现“同治中兴”。两宫太后卷帘归政，同治、太后关系不睦，矛盾尖锐。咸丰帝年仅四岁的侄子兼外甥清德宗载湉（tián）即位，是为光绪帝，两宫太后再次垂帘听政。左宗棠收复新疆，慈安太后暴崩，慈禧太后发动“甲申易枢”，西宫独裁专权统治，大权交由光绪帝生父醇亲王奕譞（xuān）操控。光绪帝十九岁时，慈禧太后把自己的侄女嫁给光绪帝为皇后（隆裕太后），归政光绪，实际为慈禧太后训政。日本不宣而战，发动“甲午战争”，北洋舰队全军覆没，李鸿章在日本马关签订了中国历史上空前屈辱的《马关条约》，破坏了中国主权的完整，使中华民族危机空前严重。世界列强掀起瓜分中国狂潮，风雨飘摇，摇摇欲坠。光绪帝与梁启超、康有为等资产阶级改良派救亡图存，发动“戊戌变法”，慈禧发动戊戌政变，光绪帝被软禁于中南海瀛台，变法前后仅持续了一百零三天就夭折。“扶清灭洋”的义和团运动爆发，慈禧剿抚并用，以对付列强。面对列强入侵，慈禧太后不顾光绪帝等人的反对，草率地向十一国宣战。八国列强发动“八国联军侵华战争”，占领北京，大肆屠杀。慈禧太后与光绪帝逃亡西安，清廷在北京与十一个帝国签订了丧失主权、极不平等的《辛丑条约》，进一步加强了帝国主义对中国的全面控制和掠夺。慈禧太后、光绪帝一行用了三个月的时间回到北京，光绪帝再次幽居瀛台，真正成为傀儡皇帝。

在生死存亡的危急关头，全国知识分子，如孙中山、陆皓东、黄兴等，寻求各种方法拯救中国，掀起革命浪潮。充满悲剧色彩的光绪帝被毒死的第二天下午，他的姨母太后、政敌、操纵晚清达四十八年之久的慈禧太后去世，帝后同崩。光绪帝异母弟载沣（fēng）之子三岁的溥仪即位，是为宣统帝。“辛亥革命”爆发，“武昌起义”成功，湖北军政府成立。紧接着，中华民国临时政府在南京宣告成立，宣统帝溥仪被迫退位，清朝灭亡。之后，冯玉祥发动首都革命（亦称北京政变），溥仪被冯玉祥驱逐出紫禁城，清王朝彻底终结。

统一女真

清太祖爱新觉罗·努尔哈赤（1559—1626）是建州女真首领、

后金第一位大汗、清朝实际的奠基者。明朝初期，女真分为建州女真、海西女真、野人女真三大部，建州女真首领猛哥帖木儿为明朝建州左卫指挥使。1433 年，猛哥帖木儿因部族冲突被害。1440 年，建州部南移，最终定居于赫图阿拉（今辽宁省抚顺市新宾满族自治县永陵镇老城村）。建州女真部南移后，与明朝交往密切，建州部社会生产力提高，经济繁荣。1442 年，明朝廷增设建州右卫，与建州卫、建州左卫合称“建州三卫”。1583 年，明军误杀建州女真爱新觉罗·努尔哈赤的祖父觉昌安和父亲塔克世。可以说，大明便亡于这场错杀，努尔哈赤起兵，先后兼并海西女真部，征服野人女真。至 1593 年，努尔哈赤用了十年时间最终统一了女真各部。

称汗建金

1599 年，努尔哈赤命巴克什额尔德尼等人以蒙古字母为基础，结合女真语音，创制了满文，这种满文没有圈点，叫作老满文。1601 年，努尔哈赤在女真狩猎组织的基础上初置黄、白、红、蓝四色旗，编成四旗，整顿军队编制。1605 年，努尔哈赤第一次称“建州国”，也第一次称“国王”。1615 年，努尔哈赤增设镶黄、镶白、镶红、镶蓝四旗，确立了八旗之制。女真社会实行八旗制度，丁壮战时皆兵，平时皆民，其军队具有极强的战斗力。1616 年，努尔哈赤在赫图阿拉（今辽宁省抚顺市新宾满族自治县）称“覆育列国英明汗”建国，国号大金，史称后金。1618 年，努尔哈赤以“七大恨”祭告天地，起兵反明。1626 年，“宁远战役”努尔哈赤受重伤后去世，终年六十八岁，谥承天广运圣德神功肇纪立极仁孝睿武端毅钦安弘文定业高皇帝，庙号太祖。努尔哈赤完成了统一女真各部大业，建立后金，对后来清王朝的统一奠定了基础，对加强各民族间经济文化的交流，促进辽东经济的发展，起了积极作用。其八子皇太极即位，是为清太宗。

改元立清

清太宗爱新觉罗·皇太极（1592—1643）即位后，改年号为天聪，颁布《满汉别居令》[1]。他实行满汉一体，保护汉人，提高汉人的社会地位，开始起用汉人做官。皇太极减轻农民负担，化解民族矛盾，注意发展生产，增强军事力量。他大刀阔斧地进行封建化改革，对内加强中央集权，重用汉将，削弱明朝实力，确立“讲和与自固之策”。对外征服朝鲜和漠南蒙古，志在入关统一天下。1631年，皇太极先编一汉军旗。1632年，皇太极命巴克什达海把老满文在字旁加置圈点，使满文的语音、形体更加完善，这种加置圈点的满文，叫作新满文。1635年，皇太极编成蒙古八旗。同年，皇太极废除原族名女真，定族名为满洲。1636年，皇太极在盛京（今辽宁省沈阳市）称帝，改国号大清。皇太极命令军队建造具杀伤威力的武器红衣大炮，将单一的骑兵兵种，改建成一支骑兵、炮兵与步兵多兵种的军队，大大提高了军队的战斗力。皇太极一生娶了十五位妻子，而他最喜欢的是1634年娶的博尔济吉特氏，贤淑文静的博尔济吉特氏被封为关雎宫宸妃。1641年，宸妃病逝，对皇太极打击很大，他悲痛万分，身体虚弱。1642年，皇太极完成汉军八旗的编制。至此，八旗制度臻于完善，八旗统率八旗满洲、八旗蒙古、八旗汉军。八旗中的正黄、镶黄两旗由皇帝直接统领，其他六旗分别由皇帝的子侄统领。1643年，皇太极病逝，时年五十二岁，谥号应天兴国弘德彰武宽温仁圣睿孝敬敏昭定隆道显功文皇帝，庙号太宗。皇太极一生不断对明进行入口之战（清军从长城各

[1] 天命十一年（1626），皇太极继位后颁布《满汉别居令》，提出“治国之要，莫先安民”的主张，宣布“满汉一体，毋致异同”，实行“编户为民”政策，下令将大多数汉民庄丁由庄田抽出，“分屯别居，编为民户”。汉民由农奴恢复为民户，即原有封建自由民身份，从而缓解了民族矛盾，社会趋于安定。

关口进攻明朝的战役）和关外之战，虽不曾通过山海关，但为后来的清兵入关扫清道路，为清王朝的确立创造了条件。其九子福临即位，是为清世祖（顺治帝），其母为永福宫庄妃，博尔济吉特氏即孝庄文皇后。

定鼎燕京

清世祖爱新觉罗·福临（1638—1661）年仅六岁即位，改年号顺治，由其叔多尔衮摄政。1644 年，李自成率领大顺军攻陷北京，崇祯帝在煤山自缢，明王朝灭亡。顺治帝拜多尔衮为大将军，亲赐大将军敕（chì）印，令他统领大军南下，入关对李自成和南明王朝进行剿灭。驻守山海关的明将吴三桂降清，并引清入关，经过“山海关之战”击败大顺军，摄政王多尔衮占领北京。多尔衮严禁抢掠，停止剃发，并为明崇祯帝朱由检发丧，博得了汉族士绅的好感。同年，顺治帝迁都北京，定鼎燕京，标志着清王朝由地方政权开始转化为统治全中国的中央王朝。

统一战争

与此同时，南方的明朝遗臣相继拥立皇族建立政权，史称“南明”（今江苏省南京市），尚拥有中国南部的半壁富庶江山；李自成的大顺政权退守西安，占据山西、陕西；张献忠的大西政权（今四川省成都市），统一全川。多尔衮采用对南明先礼后兵、集中兵力消灭农民军的战略，出兵山西，包围陕西。1645 年，李自成兵败潼关，他在武昌府通城县（今湖北省咸宁市通城县）九宫山遭到忠于明朝的当地地主武装袭杀。清军随后平定广西、湖南、广东、四川等反清势力。同年，清军攻占浙江与福建，被明隆武帝册封的南安侯郑芝龙（1661 年被清廷所杀）降清，其妻田川氏在乱军中自尽，其子郑成功率部出海，继续抗清，成为南明后期主要军事力量之一。

一人之下

1646年，三年前清廷以“详译明律，参以国制”为指导思想，开始着手制定的成文法典《大清律》修成[1]，清廷下令停止圈地[2]。1647年，顺治帝加封多尔衮为皇叔父摄政王，多尔衮开始一人独揽朝政，对顺治帝停止行跪拜礼。多尔衮在待遇上凌驾于诸王之上，年俸银两千两，而一名骁骑校仅三十两。。1648年，多尔衮又向前进了一步，变成了皇父摄政王，位居一人之下，万人之上。他不仅实权在握，而且在礼仪排场上也开始向皇帝看齐。一切朝廷政务，多尔衮不再谦恭请示顺治帝，未奉皇帝旨意，一律称诏下旨，如同皇帝。1650年，威比天子、富过君王的摄政王多尔衮在古北口（今北京市密云区古北口镇）狩猎坠马跌伤，于喀喇城（今河北省承德市双滦区滦河镇）病逝，时年三十九岁。

乾纲独断

1651年，十四岁的顺治帝年少亲政，治国有方，刻苦学习，励精图治，乾纲独断，重用汉官，澄清吏治。多尔衮的政敌纷纷揭发他的大逆之罪：谋篡大位、挟制皇帝、逼死豪格（皇太极之长子）等。在孝庄太后的支持下，顺治帝追削了多尔衮爵位，掘坟鞭尸，清除了多尔衮的势力。为了进一步加强皇权，他废除了诸王贝勒管理各部事务的旧例，停止圈地，放宽逃人法，规定允许满汉官民互相

[1] 1644年，清廷以“详译明律，参以国制”为指导思想，着手制定成文法典，三年律成，定名《大清律集解附例》，1646年，颁行全国。通常称为《大清律》，是中国历史上最后一部封建法典。共30卷，10册，律文459条。

[2]《清史稿·卷四·本纪四》：己巳，禁汉人投充满洲。庚午，罢圈拨民间田宅，已圈者补给。

嫁娶等，缓和民族矛盾。并规定皇帝一月三朝，春秋两季各举行一次经筵。顺治帝设置宗人府，明确宗室一切礼制。1653 年，顺治帝废除被孝庄太后册立的皇后、孝庄的侄女、蒙古科尔沁贝勒吴克善之女博尔济吉特氏，降其为静妃，改居侧宫。孝庄再选蒙古科尔沁多罗贝勒之女博尔济锦氏进宫为妃，顺治帝同样不感兴趣。1654 年，小福晋佟佳氏（后来的孝康章皇后）生皇三子玄烨。孝庄太后非常疼爱玄烨，倾注了大量的心血关心他的成长。同年，顺治帝立科尔沁镇国公绰尔济女博尔济吉特氏为皇后。1655 年，顺治帝下令编修《顺治大训》[1]《太祖圣训》《太宗圣训》，并且编纂《资政要览》[2]，命名宫禁为紫禁城，后山为景山，西苑南台为瀛台。同时，命内十三衙门立铁牌，严禁内监干政。

崇教信佛

顺治帝一生共有后妃十九人，但他最宠爱董鄂妃。1656 年，顺治帝晋封宠爱的董鄂妃（原为顺治异母弟博穆博果尔之妻）为皇贵妃，他因废后和独宠董鄂妃，甚至要册立董鄂氏为皇后，与孝庄太后产生隔阂。之后，顺治帝广泛结识僧教，成为佛教信徒，法名行痴。1659 年，清廷册封吴三桂（云南平西王）、尚可喜（广东平南王）与耿仲明（福建靖南王）为王，史称“三藩”。1660 年，董鄂妃病逝，顺治帝万分痛苦，哀伤至

[1] 顺治十二年（1655）正月二十六日，顺治帝命设馆编《顺治大训》一书。顺治帝为了贯彻他的“平治天下以教育、化导人民为先”的方针，命将历代经史所载的忠臣义士、孝子孝孙、贤臣廉吏、贞妇烈女以及奸贪鄙诈、愚不肖者分门别类编辑成书，“以彰法戒”，名之为《顺治大训》，令臣民广为诵习。同时，顺治任命大学士额色黑、金之俊、吕宫为该书总裁官。

[2]《资政要览》是清顺治十二年（1655）清世祖顺治皇帝御撰的笔记，他从历代的经史著作中辑录有关政事的论说，加以发挥引申，并亲自作训释，纂成此书，用以勤勉百官、郭品饰行，助其巩固政权。《资政要览》按忠臣、孝子、贤人、廉史编次，分别阐述“君臣父子”之道，“齐家治国”之方。全书以儒家理论为经，以历史上“正”“反”两方面的事例为纬，敦崇世教以治国保邦，给群臣百姓定了思想行为上的准则，对后世亦有可资借鉴之处。

极，一度消沉，并萌生出家的念头。1661 年，顺治帝因染上天花去世，时年二十四岁，谥号体天隆运定统建极英睿钦文显武大德弘功至仁纯孝章皇帝，庙号世祖。其年仅八岁的三子玄烨即位，是为清圣祖（康熙帝）。同年，延平王郑成功击败荷兰东印度公司在台湾大员（今台湾省台南市境内，现大员也泛指全台湾省）的驻军，收复台湾，开启郑氏在台湾的统治。永历帝朱由榔被吴三桂杀死，南明灭亡。郑成功病逝，其子郑经继续使用南明永历年号，未再拥立明朝宗室称帝和监国。顺治朝结束时，历经二十多年的战争，清廷击败了各种抗清势力，除东南沿海之外，全国的领土基本得到统一。

走向繁荣

清圣祖爱新觉罗 · 玄烨（1654—1722）年幼即位，改年号康熙，由索尼、苏克萨哈、遏必隆、鳌拜四位大臣辅政。四大辅臣宣扬“率循祖制，咸复旧章”，推行保守、倒退的方针，使得朝政紊乱、吏治腐败、百姓疾苦。1667 年，十四岁的康熙帝玄烨正式亲政，辅臣依然执掌大权。尤其是辅臣之首鳌拜飞扬跋扈、独断专行，凌驾于皇帝之上。康熙帝倚重心腹索额图（大学士索尼第三子），训练少年侍卫，韬光养晦，蓄势待发。1669 年，十六岁的康熙帝果断决策，周密筹划，擒拿鳌拜，铲除实力强大的鳌拜集团，真正掌握了朝廷大权，使清王朝步入一个全新的阶段。康熙帝采取了一系列发展社会、恢复经济的措施，对内废除圈地令，鼓励垦荒，恢复手工业，平定“三藩”。他大胆任用汉臣如张廷玉、陈廷敬等，编修《康熙字典》[1]，促进文化发展。对外出兵沙俄，稳定边陲，大清朝转入盛世。当时，平西王吴三桂驻镇云南、贵

[1]《康熙字典》是由总纂官张玉书、陈廷敬主持，修纂官凌绍雯、史夔、周起渭、陈世儒、贾国维等三十多位著名学者奉康熙圣旨合力完成编撰的一部具有深远影响的汉字辞书。该书的编撰工作始于康熙四十九年（1710），成书于康熙五十五年（1716），历时六年。

州，平南王尚可喜驻镇广东，靖南王耿精忠驻镇福建，三藩手握重兵，拥兵自重，雄踞一方，虎视朝廷。1673年，康熙帝下令“三藩并撤”。三藩提出“兴明讨虏”，举兵反清。康熙帝临危不乱，统筹全局，指挥若定，各个击破，经过八年艰苦作战，于1681年终于取得了平定“三藩之乱”的胜利，清朝统治政权得到巩固。这一年，忠诚于明朝的台湾郑家郑成功之子郑经病逝，台湾爆发“东宁事变”，郑经长子郑克臧遇害，其幼子年仅十二岁的郑克塽（shuǎng）即位。1683年，康熙帝命施琅进攻明郑。施琅打败明郑军统帅刘国轩，攻克澎湖，郑克塽投降。1684年，清廷在台湾设置台湾府，隶属福建省。台湾府辖台湾县、凤山县与诸罗县。台湾的回归统一，标志着海内一统，国家由乱而治，开始走向繁荣。1685年、1686年，康熙帝命令清军两次进攻盘踞雅克萨（今黑龙江省漠河市额木尔河口对岸）的俄军，遏制了沙俄侵略的野心。1688年，清初杰出的女政治家孝庄太皇太后驾崩，享年七十六岁。1689年，康熙帝派索额图为代表与沙俄代表签订了《尼布楚条约》，划定了中俄东部边界线，以格尔必齐河和额尔古纳河为界，清廷保有黑龙江流域外兴安岭地区，确保了东北与沙俄边境一百多年的和平。1690年，西北的蒙古族准噶尔部噶尔丹在沙俄支持下举兵南犯。康熙帝分别于1690年、1695年、1696年三次亲征噶尔丹，最终剿平叛军，取得平定噶尔丹分裂势力的胜利。1707年，康熙帝耗资修建圆明园，给皇四子胤禛（zhēn）作为赐园。1718年、1719年清廷两次派兵进征西藏，强化了对西藏的统治。

九子夺嫡

康熙晚年，吏治松弛，贪腐成风。康熙帝有二十四子，其中有九个参与了皇位的争夺。二阿哥胤礽（réng）两度被废太子，其余几位阿哥看到胤礽无复立的可能，开始结党营私，窥视储位，形成了以胤禛为首的四爷党和以八阿哥胤禩（sì）为首的八爷党两大势力的争夺，史称“九子夺嫡”。1722年，康熙帝崩于北京畅春园，享年六十九岁，谥号合天弘运文武睿哲恭俭宽裕孝敬诚信功德大成仁皇帝，庙号圣祖。四阿哥胤禛即位，是为清世宗（雍正帝）。民间传说雍正帝私改遗诏，将“传十四子”改为“传于四子”应该是不成立的[1]。康熙帝五十一次北巡、六下江南、平定三藩叛乱、收复台湾、驱逐沙俄、平息蒙藏，国家稳定，民族统一，开创了中国封建社会最后一个盛世——“康乾盛世”。康熙年号使用六十一年，是中国历史上使用时间最长的年号，康熙帝被尊为“千古一帝”。

承前启后

清世宗爱新觉罗·胤禛（1678—1735）即位后，改元雍正。他连续颁布十一道谕旨，训谕各级文武官员，如因循不改，必定重罪严惩。雍正帝在位时励精图治，奋发有为，革除旧弊，锐意进取。他加以完善密折制度，皇帝特许的官员有资格上密折，皇帝通过密折可以直接同官员对话，以便更加了解和掌握实际情况，使官员们相互制衡，互相监督，强化了皇帝专制权力。1723年，罗卜藏丹津在青海发动武装叛乱。清廷抚远大将军年羹尧与参赞大臣岳钟琪等人平息叛乱，罗卜藏丹津兵败后逃亡准噶尔，清廷改西宁卫为府，下设二县一卫。雍正帝在云、贵、粤、桂、川、

[1] 在康熙晚年的“九子夺嫡”中，康熙九个儿子不惜大打出手，丝毫不顾兄弟之间的亲情，但最后胜利者是四阿哥胤禛（雍正）。八阿哥胤禩、九阿哥胤禟等人都表示不服，想做最后的努力，在康熙的灵前质疑遗诏的真伪，并且也策划很多诡计说明诏书是假的。民间传说康熙死之后，胤禛的心腹张廷玉、隆科多等偷偷修改了诏书，将康熙原本在诏书上写的“传位十四子胤禵”，偷梁换柱把“十”改为了“于”，变成了“传位于四子胤禛”。康熙传位遗诏，收藏在辽宁省的档案馆中，上面也的确写着“传位于四子胤禛”。实际上满清重要书面文件都采用汉语、满语、蒙古语三种文字书写，即便是汉文也是繁体字，也很难把“十”改为“於”。由此推断，皇四子胤禛的继承皇位，应该是合法的。

湘、鄂等省少数民族地区，推行改土归流，废除具有自治性质的土司，以地方流官管理少数民族。有力打击了土司的世袭特权，减轻了西南少数民族的负担，促进了西南社会经济与文化进步。1727 年，清廷与沙俄签订《恰克图条约》，确立了中俄中段边界。早在明朝万历年间，鸦片作为麻醉和止疼药剂就传入中国。雍正年间，葡萄牙人将鸦片从印度港口偷运到中国，供人们吸食提神。1729 年，雍正帝颁布了中国历史上、同时也是世界历史上第一个鸦片禁令。1734 年，清廷与准噶尔和谈，以阿尔泰山为界，双方在西北基本实现和平。1735 年，雍正帝病逝，终年五十八岁，谥号敬天昌运建中表正文武英明宽仁信毅睿圣大孝至诚宪皇帝，庙号世宗。其四子弘历即位，是为清高宗（乾隆帝）。精明勤政的雍正帝大胆改善吏治，减轻人民负担，增加国库收入，承前启后，为乾隆朝社会的繁荣奠定了雄厚的基础。

盛世巅峰

清高宗爱新觉罗 · 弘历（1711—1799）即位后，改元乾隆。弘历九岁入学读书，跟随福敏、朱轼、徐元梦、张廷玉、嵇曾筠、蔡世远等著名文臣学习文化知识和儒家经典，跟宗室重臣允禄、允禧等学习火器使用和弓马骑射。加上他自己的聪明勤奋，短短几年，便兼通满、汉文，遍习文武。乾隆帝即位初期，果断纠正前朝弊政，释放长期监禁的政敌允禵（tí）（康熙帝第十四子、雍正帝同母弟）等出狱，并恢复爵位，妥善处理年羹尧、隆科多两案的遗留问题，缓解了朝廷内部局势。乾隆帝在位期间，重视社会稳定，心系百姓疾苦，五次普免天下钱粮，三免八省漕粮，减轻了农民的负担。他奉行“宽以济猛，严以济宽，宽严相济，政是以和”的为政之道，勤政安民，整肃吏治，严惩贪腐，重视农业、手工业和商业，兴修水利，编辑典籍，因俗而治，发展汉学，强军安防，平定叛乱。他完善了对西藏、新疆的统治，使得国库充实，经济发展，文化进步，清朝的版图由在此时到最大。同时，民间艺术也有很大的发展，如京剧便开始形成于乾隆年间。在乾隆帝的治理下，清朝达到了“康乾盛世”以来的巅峰。

稳定边陲

1738年，贵州发生叛乱，清廷派贵州总督张广泗讨伐平息。1740年，广西、湖南又发生叛乱，同样由张广泗率军平定。1745年，西北边陲的准噶尔汗国的割据势力噶尔丹部首领策零去世，贵族为争夺权力相互残杀，达瓦齐夺得汗位。1750年，乾隆帝为孝敬其母孝圣皇后，动用四百四十八万两白银动工修建清漪园（颐和园）。1755年，清廷出兵准噶尔，俘获噶尔丹部首领达瓦齐。1756年，噶尔丹部阿睦尔撒纳再次叛乱，清廷二次出兵，战争持续一年多，清军收复伊犁，阿睦尔撒纳败逃到俄国哈萨克。1757年，乾隆帝遣军从巴里坤等地分路进击，叛军溃败。阿睦尔撒纳病死沙俄，被沙俄交尸验视，历经康熙、雍正、乾隆长达六十七年的平定噶尔丹战争胜利结束。1758年，乾隆帝调派满汉官兵一万人南下，擒杀天山南路（今新疆维吾尔自治区）叛乱的大小和卓兄弟，平定了天山南路的叛乱。1764年，耗资巨大的清漪园（颐和园）建成。1765年，清军开始远征缅甸，至1769年，缅甸国王孟驳乞降，向清朝称臣纳贡。1771年至1775年，清军平定大、小金川，结束了四川地区混乱相争的局面。

康乾全盛

随着边疆的逐步安定，国内的农业、手工业和商业都有较大幅度的发展，全国已开垦土地达七亿八千万亩，全国人口达到近三亿人，国库存银则长期保持在六七千万两。乾隆帝十分重视文化建设，广泛征集图书，极大丰富了国家藏书。1772 年，乾隆帝亲自领导，组织专班，开始编纂《四库全书》。1782 年，《四库全书》第一部正式完成，至 1793 年，另六部及副本一部共八部全部完成，系统地整理和保护了中国历史文化遗产。这时的大清朝，文治武功兼备，疆域空前辽阔，社会经济繁荣，文化高度发达，“康乾盛世”进入了全盛时期。

盛极而衰

乾隆帝中年以后，开始好大喜功，大兴土木，并且六下江南，耗资巨大。乾隆帝晚年宠信军机大臣、户部尚书、大学士和珅，导致和珅专权，贪赃枉法，严重破坏了吏治。和珅专权长达二十四年，他利用职务之便结党营私、索贿敛财、打击政敌，统治者的腐败没落，使阶级矛盾、民族矛盾日益尖锐。乾隆朝末期以后，农民起义的烈火燃遍大江南北，大清朝由盛极开始走向衰落。1781 年，甘肃人苏四十三率撒拉尔族起义；1784 年，甘肃爆发田五领导的回民起义；1787 年，台湾天地会领袖林爽文发动起义；之后湘黔苗民爆发起义。1792 年，英国国王乔治三世以补祝弘历八十大寿派出以马戛尔尼和副使斯当东为首的八百多人使团访问大清帝国，并于次年到达北京。马戛尔尼使团所携贡品，约值一万三千一百二十四磅，内有天文、地理仪器、图书、毯毡、军用品、车辆、船只，总计六百箱，样样用心挑选，以显示英国的先进文明。因马戛尔尼认为三跪九叩有损大英帝国尊严，而主张行单膝下跪的英式礼节，使得乾隆帝非常生气。乾隆帝没有答应马戛尔尼希望互派使者、增开贸易口岸和拥有贸易据点的请求，中国也因此失去了一个与世界接轨的机会。

马戛尔尼虽然没能达到打开中国门户、扩大英国贸易的目的，但也收集了大量有关中国政治、经济、军事的情报，认为清王朝极其虚弱，“好比是一艘破烂不堪的头等战舰”。自此以后，清朝开始实行全面的闭关锁国政策，拉大了与世界的距离。乾隆一朝，各种类型的文字狱案件约有一百一十起，几乎占了整个清朝全部文字狱案件的百分之七十左右，达到了中国历史上文字狱的顶峰。1796 年，乾隆帝禅位于其十五子颙琰（yóng yǎn），是为清仁宗（嘉庆帝），年号嘉庆。乾隆帝自封为太上皇帝，依然居住在养心殿掌控朝政。同年，爆发了历时九年波及四川、湖北、陕西、河南、甘肃的“白莲教大起义”。1799 年，乾隆帝去世，享年八十九岁，谥号法天隆运至诚先觉体元立极敷文奋武钦明孝慈神圣纯皇帝，庙号高宗。乾隆帝的语言能力超强，精通满语（包括老满文和新满文）、汉语、蒙古语、藏语和维吾尔语。他善诗文书画，诗文集有《乐善堂全集》，诗集有《御制诗》，现存乾隆帝诗歌总数为四万三千六百三十首。书法作品有《敬胜斋法帖》，绘画有《仿元人十八公图》及临摹赵孟頫的《红衣罗汉》等御笔画作传世。乾隆帝在位六十一年，禅位后又继续训政，实际行使最高权力长达六十四年，是中国历史上实际执掌国家最高权力时间最长的皇帝，也是最长寿的皇帝，更是一位封建社会赫赫有名的皇帝。

危机四伏

清仁宗爱新觉罗·颙琰（1760—1820）嘉庆帝开始亲政后，赐令权臣和珅自尽，罢黜、囚禁了和珅的亲信死党，查抄和珅家产价值达八亿两之多，抵得上全国十年的收入，以至于民间流传“和珅跌倒，嘉庆吃饱”。嘉庆帝诏求直言，广开言路，祛邪扶正，鼓励大家向皇帝提意见和建议。他勤于政事，整顿吏治，打击贪官，改革官风，重视农业，治理河道，赈济灾民。但他缺少政治胆略和革新精神，处理了和珅的个案，却没有彻底解决“和珅现象”，制度上的弊端依然存在。面对传统观念、祖宗家法和王朝利益，谨小慎微的嘉庆帝不敢、不愿，也没有能力从体制深处做根本性改革，仅仅采用头痛医头、脚痛医脚的对策，不可能从根本上扭转弊端丛生、积重难返、走向衰落的大清王朝的命运。1800 年，陕西、四川、湖北、贵州相继发生叛乱，后均被清廷镇压平息。1801 年，嘉庆帝安排续修《大清会典》[1]。1802 年，川楚白莲教起义，大部分被镇压。直到 1804 年，清廷彻底镇压了白莲教起义余部，历时九年，消耗军费二亿两白银。1805 年，海贼蔡牵攻破清军水师，侵扰台湾鹿耳门，次年蔡牵自称镇海王，攻入台湾凤山。1808 年，英国借口保卫澳门免遭法军占领，派兵占据澳门炮台，后被清廷逼迫退出。1809 年，福建水师提督王得禄率清军水师在定海渔山（今浙江省舟山市定海区）外洋围剿蔡牵，迫其裂船自沉而亡。1813 年，北方爆发天理教起义，部分天理教徒在太监接应下冲进皇宫，后被及时镇压。1816 年，英国再派阿美士德使团访华，因拒行叩头礼节被令即日回国，嘉庆帝拒绝了英国使者提出建立外交关系、开辟通商口岸、割让浙江沿海岛屿的要求，英国开始准备用炮舰武力打开中国的大门。英国东印度公司开始大量走私鸦片到中国，以鸦片来对抗茶叶贸易造成的巨额逆差。1820 年，嘉庆帝在承德避暑山庄突发疾病去世，终年六十一岁，谥号受天兴运敷化绥猷崇文经武孝恭勤俭端敏英哲睿皇帝，庙号仁宗。嘉庆帝是一位勤政务实却志大才疏的平庸天子，终不能改变大清江河日下的命运，扮演了大清帝国由极盛而转为衰败的

[1]《大清会典》是一部记述清朝典章制度的官修史书，通称《清会典》，初修于康熙二十三年（1684），雍正、乾隆、嘉庆和光绪曾四次重修。《清会典》的编纂，仿照了《大明会典》，具体增补相关类目。书中把典则与事例分开，称“会典”和“会例事例”。大致以“典为经，例为纬”，事例作为会典的辅助。把各门各目的因革损益情况，按年进行排比，从而既有门类，又有时间顺序，便于查阅。

历史角色。其二子旻（mín）宁即位，是为清宣宗（道光帝）。

鸦片战争

清宣宗爱新觉罗·旻宁（1782—1850）即位后，改元道光。他改组军机处，整顿吏治，修改盐法，严禁鸦片，力行节俭，勤于政务。但道光帝缺少进取精神，因循守旧，才略有限，掌政风格日趋保守和僵化，使得内忧外患日益严重，官场结党营私、相互倾轧、买官卖官、贿赂成风。加上军队装备陈旧，操练不勤，营务废弛，纪律败坏，国库日益亏空，入不敷出，社会弊端积重难返，阶级矛盾日益激化，全国形势民变四起。1824 年，新疆白山派首领张格尔率兵进入乌鲁克卡伦（今天新疆维吾尔自治区喀什地区英吉沙县以西的依格孜也尔乡）发动起义。1828 年，张格尔兵败被擒，押解到北京后被处死。直到 1830 年，起义方被平定。1831 年，广东黎族爆发起义，道光帝命两广总督李鸿宾率兵平定。同年，在广东从事贸易的英国人违反禁令走私鸦片，致鸦片流行日广，漏银外洋，屡禁不止，贻患海疆。道光帝命李鸿宾等人彻查办理，颁布官民购买并吸食鸦片罪责，增筑虎门六角炮台。1834 年，英国第一任驻华商务监督律劳卑抵达广州，要求与两广总督会见磋商贸易事务被拒绝后，率军舰炮击虎门。之后，英国兵船在中国沿海不断侦察和挑衅，并且大规模非法向中国倾销鸦片。1838 年，马他伦率英国舰队入侵中国海域。1839 年，道光帝为解决鸦片的弊端，杜绝鸦片进口，任命林则徐为钦差大臣，到广州查禁鸦片，在虎门销烟，随之拉开反抗西方资本主义侵略的序幕。1840 年，英国在广东海域发动了“第一次鸦片战争”，被提升为两广总督的林则徐严密设防，组织反击，奋力抵抗。英军改攻浙江舟山定海（今浙江省舟山市定海区），装备先进的英国舰队以寡击众，占领定海后直抵天津。直隶总督琦善与英领事义律在大沽口（今天津市东南五十千米海河入海口南岸）会谈，琦善向英人妥协。道光帝迫于英军压力，竟将林则徐、邓廷桢交军机处严加议处。随后将林则徐、邓廷桢革职，任琦善为两广总督。年底，英国单方面宣布琦善擅自与义律订定的《穿鼻草约》，割让香港，开放广州，赔偿烟价，直隶总督琦善被清廷革职查办。1841 年，英军攻陷虎门沙角、大角炮台。清廷派奕山率军组织反击，“虎门海战”水师提督关天培力战殉职。清军统帅奕山等向英军求和，签订《广州和约》，以支付英军赎城费、外省军队撤离广州等条件，换取英军交还炮台、退出虎门。英军更加嚣张，抢掠烧杀，奸淫妇女，激起广州人民义愤填膺，爆发了著名的广州“三元里抗英”事件。经过一天激战，打死英军两百多人，三元里人民大获全胜。1842 年，英军攻陷长江吴淞炮台，江南提督陈化成力战牺牲，上海失陷。同年，英军舰侵入南京江面，盛京将军兼钦差大臣耆（qí）英被迫与英驻华全权公使璞鼎查在南京江面英舰皋华丽号上谈判，答应英国提出的全部条款。道光帝批准中英不平等条约《江宁条约》（即《南京条约》），答应割让香港岛；向英国赔偿鸦片烟价、商欠、军费共两千一百万银元；五口通商，开放广州、福州、厦门、宁波、上海五处为通商口岸，允许英人居住并设派领事；协定关税，英商应纳进出口货税、饷费，中国海关无权自主；废除公行制度，准许英商在华自由贸易等。还规定了双方官吏平等往来、释放对方军民及英国撤军等事宜。《南京条约》的签订，标志着第一次鸦片战争的结束，破坏了中国的领土完整和关税主权，使中国开始沦为半殖民地半封建社会，加速了清王朝的衰亡，开启了中国近代史。

丧权辱国

中英鸦片战争失败，道光帝成为第一个同西方殖民者签订丧权辱国条约的皇帝。之后，西方列强相继强迫清政府签订了一系列不平等条约。1843 年，耆英与英香港总督兼驻港英军总司令璞鼎查在虎门签订《五口通商章程》；1844 年，耆英与美国代表顾盛签订不平等的《中美望厦条约》；同年，耆英与法国代表签订不平等的《中法黄埔条约》。冯云山、洪秀全先后来到桂平紫荆山区（今广西壮族自治区贵港市桂平市紫荆山景区），建立拜上帝会，积蓄力量，开始准备武装起义。1845 年，耆英会见比利时来华谈判专使兰纳，准许比利时按五口通商章程办法通商；1847 年，耆英与瑞典、挪威签订《五口通商章程》；1849 年，法国于上海设立租界；葡萄牙澳门总管亚马勒非法宣布澳门为自由港，停征关税，并下令封闭粤海关衙门。1850 年，道光帝病逝，终年六十九岁，谥号效天符运立中体正至文圣武智勇仁慈俭勤孝敏宽定成皇帝，庙号宣宗。道光帝是清朝历史上最节俭的皇帝，更是被人们戏称为“抠门皇帝”，甚至他穿的套裤，膝盖处破了缝补了再穿。道光帝苟安姑息，拒绝变革，腐败成风，对外软弱，国家内忧外患日益严重，太平天国运动在此期间已开始酝酿，清王朝陷入重重危机。其四子奕詝（zhǔ）即位，是为清文宗（咸丰帝）。

革新弊政

清文宗爱新觉罗·奕詝（1831—1861）即位后，改元咸丰。咸丰帝信心百倍，勤于政事，锐意改革，革新弊政，重整军机处，任贤去邪，重用汉官，企图重振纲纪，挽救统治危机。1850 年，他罢免了道光朝的军机大臣穆彰阿，随后又罢免了主和派耆英等。任肃顺为内阁学士，兼任副都统、护军统领、銮仪使，重用改革派官员，对之前的政治局面进行全面整顿。他铁腕治理，打击贪腐，整顿朝纲，政风好转。

太平天国

1851年，由洪秀全、杨秀清、萧朝贵、冯云山、韦昌辉、石达开组成的领导集团，经过多年筹备后，在广西金田村（今广西壮族自治区贵港市桂平市金田镇金田村）组织团营发动对清廷的武力对抗，洪秀全在金田村庄严宣告起义，洪秀全登基称太平王，后改称天王，建国号“太平天国”，起义军称为“太平军”，封五军主将。“金田起义”长达十四年之久，势力席卷十八省，沉重打击了大清封建王朝和西方侵略势力。1852年，叶赫那拉氏慈禧（乳名兰儿）入宫，赐号兰贵人，次年晋封懿嫔。1853年，爆发了由梁王张宗禹、幼沃王张禹爵、勇王龚得树、遵王赖文光、鲁王任柱、卫王李蕴泰等人领导的“捻军起义”，势力达十省，后分裂为东、西二捻，与太平军互有联络，行踪飘忽不定，历时十五年。短短两年的时间，太平军联合天地会、三合会北伐，先后攻取了汉阳、岳州、汉口、江宁等南方重镇，并定都江宁（今江苏省南京市），改称“天京”。咸丰帝一方面任肃顺为正黄旗蒙古副都统，后升为正红旗护军都统、户部尚书，安排肃顺铁腕治吏，严惩贪腐，整肃政风；另一方面重用曾国藩、左宗棠、李鸿章等人，依靠其训练指挥的地主武装，曾国藩组建湘军、左宗棠组建楚军，镇压太平天国和捻军起义。1853年，为反击太平天国，清廷钦差大臣向荣在金陵城外孝陵卫建“江南大营”，钦差大臣琦善在扬州城外建“江北大营”。同年，林凤祥、李开芳等奉命率太平军两万余人北伐，一度进至天津附近，因孤军深入，被清军围困。1855年，林凤祥、李开芳先后被俘，押到北京后被处死。1856年，太平军再克扬州，攻破“江北大营”和“江南大营”，清军统帅向荣自杀。这一年，后宫懿嫔（慈禧）生下皇长子爱新觉罗·载淳（同治帝），晋封懿妃，次年晋封懿贵妃。太平天国领导集团内部争权夺利，公开分裂，发生“天京事变”。杨秀清及其眷属被诛杀，韦昌辉及其心腹两百多人被处死，次年石达开率部出走，太平军元气大伤，由盛转衰。

列强侵略

在咸丰帝镇压太平天国的同时，1856年英国借口“亚罗号事件”，法国借口“马神甫事件”共同发动“第二次鸦片战争”。英法联军炮轰广州城，攻占广州，当地人民进行了不屈不挠的反侵略斗争。1858年，英法联军炮轰天津大沽炮台，侵入天津城郊，并扬言进攻北京。清廷慌忙派大学士桂良为钦差大臣与吏部尚书花沙纳赶往天津议和。在英法侵略者的威逼下，清廷分别与俄、英、法、美签订《天津条约》。条约规定：外国公使常驻北京；增开牛庄（后改营口）、登州（后改烟台）、台湾（后定为台南）、淡水、潮州（后改汕头）、琼州、汉口、九江、南京、镇江为通商口岸；允许外籍传教士入内地自由传教；允许外国人入内地游历、通商；外国商船可在长江各口岸往来；修改税则，减轻商船吨税；对英赔款银四百万两，对法赔款银二百万两。同年，沙皇俄国以武力迫使黑龙江将军奕山签订《瑷珲条约》，令中国失去了黑龙江以北、外兴安岭以南约六十万平方公里的领土，把乌苏里江以东的中国领土划为中俄共管；黑龙江、乌苏里江只准中、俄两国船只航行，但清政府拒绝批准该条约。桂良等与英、法、美代表分别签订了《通商章程善后条约》，条约规定：鸦片贸易合法化；海关对进出口货物照时价百抽五征税；洋货运销内地，只纳百分之二点五子口税[1]，免征一切内地税；聘用英国人帮办海关税务。1859年，英法联军进攻大沽炮台，清军火力充分，战术得当，在镶红旗汉军都统僧格林沁的指挥下，英勇抵抗，击沉击伤敌舰十艘，毙伤敌军近五百人，重伤英舰队司令何伯，英法联军惨遭失败，清军取得了鸦片战争以来唯一胜利。1860 年，英法再次组成侵华联军，大举入侵，大沽再次沦陷，联军攻占天津，然后进逼北京。咸丰帝置民族和国家利益而不顾，携皇后、懿贵妃等仓皇逃亡热河避暑山庄（今河北省承德市），命恭亲王奕訢（xīn）留京议和。英法联军占领北京后，在北京城郊抢掠烧杀近五十天，皇家园林，如圆明园、清漪园（颐和园）、静明园（玉泉山）、静宜园（香山）、畅春园等被付之一炬。圆明园大火持续了三天三夜，三百多名太监和宫女葬身火海。法国作家维克多·雨果曾强烈谴责称之为“两个强盗的胜利”。英法联军以焚毁紫禁城威胁奕訢，迫使其同英法分别签订《北京条约》，作为《天津条约》的补充。条约规定：开天津为商埠；割九龙司给英国；准许外国人在中国买卖人口；将已充公的天主教教堂财产发还，法国传教士可以在各省任意租买田地，建造教堂；对英、法两国赔款各增至八百万两白银，恤金英国五十万两，法国二十万两。俄国趁火打劫，利用英法侵华联军攻占北京的军事压力，强迫清政府签订不平等的《中俄北京条约》，使清政府确认了《瑷珲条约》的合法性，并割让了黑龙江省乌苏里江以东约四十万平方公里的领土。历时四年多的“第二次鸦片战争”，由于清政府的腐败无能，战争以中国失败而告终。中国近代史上被迫与列强签订的一系列丧权辱国的不平等条约，使中国丧失大量领土（一百五十多万平方公里）、主权和财富，半殖民地半封建社会程度大大加深。面对国难当头的局面，咸丰帝却沉浸美色，日日听戏，饮酒作乐，吸食鸦片，不思进取。1861 年，咸丰帝在热河病逝，时年三十一岁，谥号协天翊运执中垂谟懋德振武圣孝渊恭端仁宽敏显皇帝，庙号文宗。咸丰帝身处大清帝国内忧外患动荡时期，列强侵略，山河破碎，人民遭难，国无宁日，无奈中以签订一系列不平等条约收场，进一步加快了大清朝衰败的进程。其年仅六岁的长子载淳即位，是为清穆宗（同治帝）。

辛酉政变

清穆宗爱新觉罗·载淳（1856—1875）年幼即位，改元祺祥，后改为同治。咸丰帝临终前命八名心腹重臣载垣、端华、景寿、肃顺、穆荫、匡源、杜翰、焦佑瀛为顾命大臣，授予慈安皇后钮祜禄氏“御赏”印章，授予皇子载淳“同道堂”印章由懿贵妃叶赫那拉氏慈禧（同治帝生母）掌管，二人并被尊为皇太后。八大顾命大臣企图专权，而慈禧太后主张由两宫皇太后垂帘听政，两大政治势力产生矛盾。1861 年，权力欲极强的慈禧太后联合咸丰帝之弟恭亲王奕䜣（xīn）发动“辛酉政变”（也称“祺祥政变”“北京政变”）。他们利用咸丰帝灵柩回京的机会，设计逮捕了八大臣，判处怡亲王载垣、郑亲王端华自裁，户部尚书肃顺斩立决，其他人革职。改年号同治，封奕䜣为议政王，两宫太后御养心殿，形成“二宫垂帘，亲王议政”的格局，从而开始了同治新政。

太平军灭

自此，慈禧太后实际上掌握了清政府的最高权力，历时达四十七年之久，把中国一步步带入半封建半殖民地社会的万丈深渊。慈禧太后在议政王奕䜣的辅佐下，整饬吏治，重用汉臣。在外国列强的支持下，依靠曾国藩、左宗棠、李鸿章等地主武装先后镇压了太平天国、捻军、苗民起义，缓解了清王朝的统治危机，使清王朝得到暂时的稳定。1862 年，太平军进逼上海，捻军侵扰沭阳（今江苏省宿迁市沭阳县），李鸿章进攻江苏南部，左宗棠进攻浙江，英、法、美各国派兵协同清军围剿平定。清军先后克复了莘县、江浦、浦口、缙云、荆紫关、竹山、竹谿（xī）、天柱、邛（qióng）水等地，太平军被逼到老河口（今湖北省襄阳市老河口市）一带。1863年，清军克复苏州，太平军天京（今江苏省南京市）外围要塞尽失，陷入困境。1864年，洪秀全在多日以野草充饥后病逝，其长子幼天王洪天贵福即位。同年，天京（今江苏省南京市）失守，清军展开了一场天京大屠杀，幼天王洪天贵福在江西石城（今江西省赣州市石城县）荒山山洞被搜俘，押往南昌被凌迟处死。轰轰烈烈的太平天国运动被湘军、淮军及外国人组成的“常胜军”“常捷军”围攻而亡。太平天国运动是中国近代史上规模巨大、波澜壮阔的一次反封建、反侵略的农民运动，也是几千年来中国农民战争的最高峰，揭开了中国民主主义革命的序幕。

洋务运动

经过两次鸦片战争的失败，以及太平天国的沉重打击，清朝内外交困，风雨飘摇，有些官僚开始认识到西方坚船利炮的威力。慈禧太后试图重新扭转内交外困的局面，重用洋务派奕訢与曾国藩、李鸿章、左宗棠、张之洞等部分汉臣，开展了以“自强”“求富”为方针，以“师夷制夷”“中体西用”为指导，先后引入国外科学技术，建立现代银行体系、现代邮政体系，铺设铁路，架设电报网，建立翻译机构同文馆，创办新式学校，选送留学生出国深造，培养翻译人才、军事人才和科技人才（其中较为出色的有唐绍仪、詹天佑等），引进西方军事装备、机器生产和科学技术，发展军用、民用工业，训练海军和陆军以加强政权实力、挽救清朝统治的自救运动，史称“洋务运动”。1865年，李鸿章在上海设立江南制造总局，成为洋务派创办新式军事工业的开始。随之金陵制造局、福州船政局、天津机器局等一批大型近代化军事工业相继问世，并成立轮船招商局，创办《申报》和《万国公报》刊物。1872年至1875年，清政府向美国派遣了四期共一百二十名幼童赴美留学。1877 年至 1897 年，先后派出四批福建船政学堂的学生赴欧留学。这些留学归国的青年，后来逐步成为中国政界、军界、学界、工商界等方面的知名人物和科技骨干，为中国近代建设做出了巨大贡献。1888 年，建立北洋水师（亦称北洋舰队、北洋海军），成为亚洲一支强大的海军力量。虽然洋务运动由于封建传统者无意学习资本主义的政治经济制度，仅主张学习西方的科学技术，极力反对对封建思想和封建制度进行任何形式的变革，最终没能在外国侵略者面前表现出"自强""中兴"，以失败而告终，但是洋务运动客观上对中国的近代化起到了一定积极作用。洋务运动后，清王朝的军事实力有所提高，工商业有了初步发展，推动了近代中国生产力的发展，促使了中国民族资本主义的产生，使得中国社会出现较安定的局面，被称为"同治中兴"。

帝后不睦

1872 年，同治帝已十七岁，慈禧太后不得已要为他选后，举行大婚典礼。慈安太后提议以侍讲崇绮之女阿鲁特氏为皇后，慈禧太后则主张以侍郎凤秀之女富察氏为皇后。同治帝喜欢阿鲁特氏，便以阿鲁特氏为皇后，富察氏为慧妃。1873 年，两宫太后卷帘归政，但同治帝仍难摆脱慈禧太后的干预，二人矛盾尖锐。同治帝难得一次与慈禧太后意见一致，是他以方便太后颐养为名降旨修复圆明园，但因耗资巨大（需银一千万两）、财政困难被迫停止。同治帝因不满皇宫内的生活，经常与恭亲王奕訢的长子载澄逃出紫禁城去寻花问柳。1874 年，日本以台湾高山族误杀琉球群岛船民为借口，出兵台湾。同治帝派福建船政大臣沈葆桢赴台湾部署防务，通过谈判，订立《北京专款》，日本撤出台湾，清政府赔偿白银五十万两。1875 年，同治帝患上天花不治而亡，时年二十岁，谥号继天开运受中居正保大定功圣智诚孝信敏恭宽毅皇帝，庙号穆宗。民间也有传说同治帝因长期的淫乱生活而感染梅毒，慈禧太后为顾忌皇家声誉对外说是天花[1]。同治帝短暂一生，可以说是既可悲又可怜，幼年不幸丧父，地位至高无上，权力有名无实，执政无所作为，终身成为生母慈禧太后垂帘听政的傀儡。但有两宫垂帘，终也平定太平天国，开启洋务运动，难得同治中兴。同治帝是咸丰帝的独子，自己又没有留下子女，临终前遗诏立年纪稍大的继承人，以避免自己的悲剧。慈禧太后听后如雷轰顶，当场撕毁遗诏，立咸丰帝年仅四岁的侄子兼外甥载湉（tián）（父亲醇亲王奕譞，生母叶赫那拉·婉贞为慈禧皇太后亲妹）即位，是为清德宗（光绪帝）。

甲申易枢

清德宗爱新觉罗·载湉（1871—1908）年幼即位，改元光绪。慈禧太后心腹太监李莲英在万寿寺大雄宝殿后面按慈禧的模样塑造了一尊佛，慈禧从此被称为“太后老佛爷”，慈禧也就心安理得，两宫太后再次垂帘听政。1865 年至 1870 年，中亚浩罕汗国（今哈萨克斯坦南部部分地区、乌兹别克斯坦东部及塔吉克斯坦与吉尔吉斯斯坦部分领土）侵略者阿古柏侵略占领了新疆大部分地区。1871 年，沙俄出兵侵略占领伊犁地区。1875 年，慈禧太后采纳了陕甘总督左宗棠的建议，出兵新疆。同年，英国驻华使馆翻译马嘉理擅自带领一支英军由缅甸闯入云南，开枪打死中国居民。当地人民奋起抵抗，打死马嘉理，把侵略军赶出云南。次年，英国借此事件，强迫清政府派李鸿章与英国公使威妥玛在烟台签订了不平等的《烟台条约》，

[1] 同治皇帝的死因根据正史记载是死于天花，但在民间流传甚广的是染上梅毒而死的。清宫里的事情很多由于各种忌讳原因是不能记载下来的，更多研究者通过对清宫档案史料的分析，认定同治确系死于天花而不是梅毒。同治究竟死于何病，确实还没有一个准确的说法，他的死因也就成为中国近代史上解不开的谜。

英国由此实现了蓄谋十年企图在华扩大通商特权的愿望，得到了入侵中国西南边境的所谓“条约权利”。1876 年，光绪帝开始在毓庆宫读书，他勤奋好学，认真研读，长达十余年。1878 年，左宗棠成功收复新疆。1881 年，中俄通过谈判，清廷收回伊犁大部分地区。这一年，慈安太后暴崩，时年四十五岁，官方记载为脑溢血，也有传说认为被慈禧太后所害，已无从考证，成为清宫史上一大疑案。两宫并列垂帘听政骤然变成慈禧太后一人独裁，野心勃勃的慈禧太后登上了清朝最高统治者的宝座。1883 年，法国迫使越南签订《顺化条约》，取得对越南的“保护权”，并禁绝越南与中国的一切关系。法国为实现对越南的殖民统治和侵入中国西南的目的，进攻越南河内的纸桥，挑起“中法战争”。驻扎越南的黑旗军将领刘永福与法军在河内经过“纸桥大战”，击败法军，取得“纸桥大捷”。紧接着，法国不断侵略越南和中国，清廷战局失利。1884 年，慈禧太后以对法局势失利为由，发动宫廷政变，将以恭亲王奕䜣（xīn）为首的军机处大臣全部罢免，逐出权力中枢，由礼亲王世铎代之，贝勒奕劻（kuāng）（后为庆亲王）主持总理各国事务衙门，而实际大权由光绪帝生父醇亲王奕譞（xuān）操控，史称“甲申易枢”。

太后训政

随着慈禧太后权势进一步扩大，她开始了西宫独裁专权统治。1885 年，由北洋大臣李鸿章与法国公使巴德诺在天津签订了丧权辱国的《中法会议简明条约》（又称《李福协定》），承认法国对越南的保护权，承认法国吞并安南，勘定中越边界，越南真正成为法国殖民地，中国的西南门户大开。同年，英国入侵缅甸，隔年清廷被迫签订《中英缅甸条约》，承认缅甸为英国所有。这一年，清廷为了加强台湾防御，将福建巡抚改为台湾巡抚，在台湾设立行省。1888 年，慈禧太后以筹措海军经费的名义动用五六百万两白银，重建清漪园，改称颐和园。1889 年，光绪帝已经十九岁，慈禧太后只好把自己的侄女、其弟都统桂祥之女叶赫那拉氏嫁给光绪帝为皇后（隆裕太后），名义上由光绪帝亲政，慈禧太后搬出皇宫到颐和园颐养天年，实际为慈禧太后训政，“一切事件，先请懿旨，再于皇帝前奏闻”。

甲午战争

1894 年，日本不宣而战，在朝鲜丰岛海面袭击了增援朝鲜的清朝军舰“济远号”“广乙号”，挑起丰岛海战，击沉清军借来运兵的英国商轮“高升号”，制造了“高升号事件”。光绪帝极力主战，中日双方正式宣战，中日“甲午战争”爆发。平壤陆战因清军主帅叶志超指挥失误和临阵脱逃而失败，平壤陷落，日军占领朝鲜全境。北洋水师提督丁汝昌指挥北洋水师舰队与日军展开黄海“大东沟海战”，北洋舰队损失了五艘军舰，死伤官兵千余人。其中致远号巡洋舰管带（即舰长）邓世昌指挥致远舰奋勇作战，与全舰官兵二百五十余人一同壮烈殉国。日本舰队五舰受到重创，死伤官兵六百余人。紧接着“鸭绿江江防之战”，清朝重兵防线全线崩溃。日军在花园口（今辽宁省大连庄河市南部）登陆，经过“金旅（金州和旅顺，今辽宁省大连市金州区和旅顺口区）之战”，日军攻陷旅顺，制造了“旅顺大屠杀”惨案，四天内屠杀中国居民达两万余人。在旅顺处于万分危急的时刻，慈禧太后却在紫禁城内的宁寿宫举行她六十岁生日庆典，花费白银一千万两。1895 年，日军海、陆夹击北洋舰队根据地，北洋舰队奋力还击，经过“威海卫之战”，威海卫海军基地陷落，北洋舰队全军覆没。以慈禧太后为首的主和派下定决心向日本求和，派李鸿章为全权大臣，在日本马关签订了中国历史上空前屈辱的《马关条约》。条约规定：中国放弃对朝鲜宗主国地位，赔款二亿两白银；割让辽东半岛（在俄，德，法等西方列强干涉下，后以白银三千万两赎回）、台湾岛及其附属各岛屿、澎湖列岛给日本；增开沙市、重庆、苏州、杭州四个通商口岸，赔偿日本二亿两白银，允许日本在中国通商口岸投资办厂。《马关条约》给近代中国社会带来严重危害，破坏了中华主权的完整，使中国民族危机空前严重，加深了中国社会半殖民地化的程度。

列强瓜分

1895 年，光绪帝批准在甲午战争前线负责后勤的袁世凯入主天津小站（今天津市津南区小站镇），在天津督练新建陆军，用西法编练中国首支新式陆军，后来发展成为北洋六镇（北洋新军）。甲午战争失败后，列强掀起瓜分中国狂潮。1896 年，沙俄抓住中国甲午战争战败的困境，借口"共同防御"日本，诱迫清政府派遣特使李鸿章与俄国外交大臣罗拔诺夫、财政大臣维特在莫斯科签订《御敌互相援助条约》，一般称《中俄密约》。沙俄掠取中东铁路权，把中国东北三省变成了俄国的势力范围。1897 年，山东发生"曹州教案"，两名德国传教士能方济和理加略被冲入教堂的村民打死，德国立即借口出兵，占据了胶澳（古称少海，即胶州湾，今山东省青岛市半封闭海湾）。俄军进驻了辽阳南面的旅顺，英国和法国分别派兵占领威海（今山东省威海市）和广州湾（今广东省湛江市）。

戊戌变法

1898 年，面对民族危机，为了救亡图存，光绪帝与梁启超、康有为等资产阶级改良派领导发动政治改革运动——戊戌变法，倡导学习西方，提倡科学文化，改革政治、教育制度，发展农、工、商业等的资产阶级改良运动。具体措施为：改革政府机构，鼓励私人兴办工矿企业，开办新式学堂，训练新式陆军、海军，废除八股文等。但因变法损害到以慈禧太后为首的守旧派的利益，光绪帝打算依靠袁世凯牵制以慈禧太后为首的守旧势力，却反被袁世凯出卖，慈禧发动“戊戌政变”，光绪帝被软禁于中南海瀛台（今北京市中南海南海中的仙岛皇宫），康有为、梁启超分别逃往法国、日本，“戊戌六君子”谭嗣同、杨锐、林旭、刘光第、康广仁、杨深秀被杀，戊戌变法失败。变法前后仅持续了一百零三天，因此又称“百日维新”。戊戌变法是近代中国的一次资产阶级性质的改良运动，也是一次思想启蒙运动，对思想文化的发展和促进中国近代社会的进步起了积极的推动作用。

扶清灭洋

当时，北方爆发了反帝爱国的义和团运动，赵三多等人在山东冠县蒋家庄马场（今河北省邢台市威县固献乡蒋家庄村东马场）树起“扶清灭洋”的起义旗帜，后被清廷镇压。义和团很快复起，发展迅猛，他们四处烧教会、杀教士，抵制所有外国事物。面对迅速兴起的义和团运动，慈禧太后最初主张剿灭。1899年，慈禧太后派袁世凯就任山东巡抚，镇压复起的义和团，但镇压屡屡失败。1900年，义和团由山东大举进入京津地区。外国列强要求清政府彻底剿灭义和团，慈禧则希望剿抚并用，想利用义和团来对抗列强，围攻使馆、烧教堂、杀洋人。

八国联军

慈禧欲废黜光绪帝，但遭列强反对而没敢付诸行动，令她怀恨在心。光绪帝在中法战争和中日战争中一直主战，但面对列强入侵的形势，光绪帝认为“寡不可以敌众，弱不可以敌强，绝没有一国可以敌七八个国家的道理，只有停战议和才是上策，其次就是迁都”。慈禧太后不顾光绪帝等人的反对，草率地向十一国宣战。同年，以英、美、法、俄、日、德、意、奥（奥匈帝国）组成的八国联军发动“八国联军侵华战争”，八国联军占领北京后大肆屠杀，公开抢劫，继续进攻了保定、易县、永清、张家口、山海关、娘子关等地，沙皇俄国出动十七万军队侵占了东北，北京成了真正的坟场，城市乡村变成一片废墟。慈禧太后与光绪帝逃亡西安，令奕劻、李鸿章为全权大臣，与列强进行谈判，把责任全部推到了义和团身上，并对义和团进行剿灭。被捕的义和团人员威武不屈，视死如归，义和团运动在清军与八国联军的联合剿杀下失败。1901 年，清廷在北京与十一个帝国签订了丧失主权、极不平等的《辛丑条约》。条约规定：中国对各国赔款四亿五千万两白银，三十九年内赔款加息合计超过九亿八千万两白银；划定北京东交民巷（今北京市东城区东交民巷，全长为一千五百五十二米，西起天安门广场东路，东至崇文门内大街）为使馆界，允许各国驻兵保护，不准中国人在界内居住；惩办主战官员；拆毁天津大沽口到北京沿线设防的炮台等。《辛丑条约》的签订，进一步加强了帝国主义对中国的全面控制和掠夺，给中国人民带来空前灾难，清政府已完全成为帝国主义统治中国的工具，中国已完全沦为半殖民地半封建社会。

再幽瀛台

1902 年，慈禧太后、光绪帝一行用了三个月的时间回到北京。光绪帝虽说脱离了被废黜的险境，不再像以前被简单囚禁，但仍住在瀛台，开始行使傀儡皇帝的职权。他常常被请来临朝，几乎一言不发。光绪帝每天坚持不懈钻研法律、留心阅读世界各国的法律书籍以消磨时光。慈禧太后为挽回清朝衰落危局，效仿欧日进行经济、军事、教育、官制等方面的改革，推行清末新政，君主立宪，建立清朝新军、废除科举、整顿财政等。1903 年，慈禧太后以懿旨形式将牡丹定为国花。1904 年，在中国东北爆发了“日俄战争”，清政府宣布中立，日本战胜沙俄。

革命浪潮

在中华民族被西方列强瓜分的危急关头，面对清朝统治的日益腐败，全国知识分子寻求各种方法拯救中国，主要分为立宪派与革命派两种改革路线。资产阶级革命派在各地组织反清团体，主张暴力推翻清朝，建立共和制，掀起革命浪潮。其中，孙中山早在 1894 年就在美国檀香山成立“兴中会”（国民党前身）。1895 年，孙中山在香港联合当地爱国知识分子组织辅仁文社，建立香港兴中会。同年，兴中会密谋在广州起义，事泄失败，陆皓东被捕牺牲，孙中山被迫逃往海外。1904 年，黄兴于长沙成立华兴会。同年，蔡元培于上海成立光复会。1905 年，孙中山团结世界各地的革命力量，在日本联合兴中会、华兴会、光复会，成立中国同盟会，提出“驱除鞑虏，恢复中华，创立民国，平均地权”的纲领，孙中山被推荐为总理，黄兴为执行部庶务长。1901 年，慈禧太后下禁缠足令，开启中国妇女解放之先河。1908 年，光绪帝病逝，时年三十八岁，谥号同天崇运大中至正经文纬武仁孝睿智端俭宽勤景皇帝，庙号德宗。光绪帝力求变法维新，终不如愿，一生都在被监视与控制之下，充满悲剧色彩，在屈辱与哀怨中落下帷幕。但他失败的改革促进了中国民族资本主义经济的发展，特别是对促进人们的思想解放，具有历史性的进步意义。慈禧太后命醇亲王载沣（fēng）（爱新觉罗・奕譞第五子、光绪帝异母弟）之子，三岁的溥仪即位，是为宣统帝（清朝末代皇帝）。

帝后同崩

爱新觉罗·溥仪（1906—1967）年幼即位，改元宣统，慈禧被尊为太皇太后，醇亲王载沣为摄政王，溥仪被称为宣统帝、清废帝、清逊帝、末代皇帝等。对于光绪帝的死因，众说不一，有说是慈禧所害，有说被袁世凯所害，也有说系李莲英所害。2008 年，经过对光绪帝残留的一绺头发鉴定，证实其死于砒霜中毒[1]。当年，就在光绪帝死后二十二个小时，也就是第二天下午，他的姨母太后、政敌、操纵晚清达四十八年之久的慈禧太后在仪鸾殿去世，终年七十四岁。慈禧太后一生贪恋权力，奢靡浪费，每顿用膳菜品要达到百种以上，尽享荣华富贵。她发动“辛酉政变”，通过“甲申易枢”，运用各种手段攀登到大清朝权力的巅峰。她作为清政府的实际掌权者，经过中法战争、甲午中日战争、八国联军侵华战争等，与西方列强签订了一系列不平等条约，使得国家丧失主权，人民陷入灾难，历史评价她卖国求荣，祸国殃民。但客观评价，慈禧太后时期也有不少为政举措，改定官制、重用汉臣、推行洋务运动、废除科举、禁止妇女缠足、禁止鸦片、兴办女学、兴办新学、派员出国留学、修建清华学堂（今清华大学）、首次提出君主立宪等，也难为她遇到前所未有的大变革、大动荡的时代，竭力支撑着风雨飘摇

[1] 二十八岁的光绪皇帝之死，可以说是“晚清第一悬案”。记录光绪皇帝起居的注官恽毓鼎写的一部著作《崇陵传信录》，直言不讳地提及光绪皇帝乃非正常死亡，并暗指害死光绪皇帝之人是慈禧太后。慈禧太后的女官德龄在其回忆录《瀛台泣血录》中写道：“万恶的李莲英眼看太后的寿命已经不久，自己的靠山快要发生问题了，便暗自着急起来，他想与其待光绪掌了权来和自己算账，还不如让自己先下手为好。”同时，她在回忆录中也明确谴责了慈禧加害光绪皇帝之恶行。在宣统帝时外文老师庄士敦写的《紫禁城的黄昏》一书中描写道，太监下毒的可能性非常大，因为光绪在生前曾经说过，等他再次亲政后要处死这帮狗眼看人低的太监。溥仪在其回忆录《我的前半生》里则记述过：“我还听见一个叫李长安的老太监说起光绪之死的疑案。照他说，光绪在死的前一天还是好好的，只是因为用了一剂药就坏了。后来才知道这剂药是袁世凯使人送来的。”种种说法无法佐证，2008 年第 3 期《近代史研究》发表公安部门对光绪帝的头发进行中子活化实验，头发中砷化物（剧毒三氧化二砷即砒霜）含量是健康人的 2 000 多倍，证实光绪帝死于砒霜中毒。

的大清帝国。慈禧太后喜书爱画，颇为孝敬老人。1876 年，慈禧母亲七十大寿，她没有时间参加母亲的寿宴，亲笔写了一副书法，裱好后让侍臣送去给母亲，其内容是慈禧写给母亲的一首诗：“世间爹妈情最真，泪血溶入儿女身。殚竭心力终为子，可怜天下父母心！”

大清覆灭

1910 年，同盟会发动广州新军起义，被清军镇压，起义失败。但新军起义证明了新军作为清朝统治的工具，通过革命党人的工作，已转化为革命的力量，促进了革命形势的发展。1911 年，清政府将湖广铁路修路权卖给美、英、法、德四国银行团，引发四川保路运动起义，清廷派湖北新军入川镇压。革命派在湖北发动了“武昌起义”，军事总指挥为蒋翊武，参谋长为孙武，总理为刘公。清廷任袁世凯为湖广总督，派其南下镇压起义。武昌起义成功，辛亥革命爆发，震动全国，起义军掌控武汉三镇后，建立湖北军政府，黎元洪被推举为都督，正式颁布《中华民国军政府暂行条例》，并号召各省民众起义响应。仅仅两个月时间，全国多达十八个省宣布独立并支持革命，清朝统治土崩瓦解。1912 年 1 月 1 日，中华民国临时政府在南京宣告成立，孙中山宣誓就任中华民国临时大总统，黎元洪当选为副总统，仍留在武昌，南京为临时首都，亚洲第一个民主共和国——中华民国正式成立。此时，清廷仍控有数个北方省份。于是，孙中山与清朝内阁总理大臣袁世凯密约，若袁世凯能使溥仪退位，同意他担任大总统。在袁世凯等大臣的劝说下，并答应《清室优待条件》：清室退位后暂居宫中，日后移居颐和园；仍用皇帝尊号，民国政府以外国君主之礼相待；每年提供四百万两费用；特别保护皇家私有财产等。宣统帝溥仪的母亲隆裕太后发布退位诏书，宣统帝被迫退位，清朝灭亡。建立全国统一政权、统治历经二百六十八年的清王朝，天朝上国，面对欧美新兴资本主义列强，在社会巨变的时代，显得老态龙钟，最后一点落日残阳，消失在资产阶级民主革命的滚滚洪流中，中国两千一百多年的封建统治得以结束。中华民国成立三个多月后，孙中山辞职，临时参议院选袁世凯任临时大总统，首都迁至北京。

王朝终结

末代皇帝溥仪退位后，照旧住在紫禁城内，过着皇帝的生活，在内廷依然保持着一个清王朝残留下来的微型小朝廷，生活费用由民国政府拨给。当时，京城既有在紫禁城内廷的清朝小皇帝，又有在中南海的中华民国大总统袁世凯。小朝廷与民国政府分庭抗礼，被称为“逊清小朝廷”。1924 年，冯玉祥发动“首都革命”（亦称北京政变），冯玉祥将溥仪驱逐出紫禁城，溥仪被迫交出皇帝印玺、收拾私物、遣散了太监和宫女，搬到后海北岸甘水桥附近的醇亲王府，逊清小朝廷遂宣告灭亡，清王朝彻底终结。1925 年，溥仪移居天津租界张园和静园生活了七年，在租界他充分享受着“特殊华人”的殊遇和荣耀。1931 年，日本关东军发动九一八事变，日本控制东北全境。1932 年 3 月 1 日，在日本人的控制下溥仪做了“伪满洲国”的傀儡皇帝，年号康德（1934—1945），溥仪又称“康德皇帝”。1945 年，苏联对日宣战并进攻伪满洲国，溥仪被苏联红军逮捕，伪满洲国政权覆灭。溥仪作为战犯在苏联看守所被看押，受到优厚的待遇。1950 年 8 月 1 日，苏联政府在绥芬河将溥仪移交给中国政府，他在抚顺战犯管理所受到约十年的思想再教育与劳动改造，编号为 981。1959 年 12 月 4 日，溥仪被特赦。1962 年 4 月 30 日，溥仪与北京朝外关厢医院的护士李淑贤结婚。1964 年，溥仪担任第四届全国政协委员和中央文史馆馆员。1967 年 10 月 17 日，溥仪因患尿毒症去世，终年六十二岁。溥仪一生结婚四次，娶过五个女人，以皇帝开始，以公民终结，其独特而富有戏剧性的经历，饱尝了乱世风风雨雨的痛苦和悲哀。他三岁登基时，一直哭闹，他的父亲醇亲王载沣为了哄他完成登基仪式，顺口说了一句："快完了！快完了！"大清王朝真的完了，延续两千多年的君主封建帝制结束了。

知识典故

1. 八旗制度

八旗制度最初源于满洲（女真）人的狩猎组织，是清代旗人的社会生活、军事组织形式，也是清代的根本制度。满洲的先世女真人以射猎为业，每年到采捕季节，以氏族或村寨为单位，由有名望的人当首领，这种以血缘和地缘为单位进行集体狩猎的组织形式，称为牛录制。八旗的最小单位是牛录，牛录既是一种社会组织，也是作战时的一个单位编成。每户出一个壮丁，父死子继，兄亡弟代，战时每牛录三百人。据记载八旗组成有满洲牛录三百零八个，蒙古牛录七十六个，汉军牛录十六个，共四百个。1601 年，努尔哈赤整顿编制，初置黄、白、红、蓝四色旗，编成四旗。1615 年，努尔哈赤增设镶黄、镶白、镶红、镶蓝四旗，八旗制度确立。努尔哈赤高居八旗主之上，为八旗首领。满洲（女真）社会实行的八旗制度，丁壮战时皆兵，平时皆民，军队具有极强的战斗力。1642 年，皇太极完成汉军八旗的编制。至此，八旗制度臻于完善，八旗统率八旗满洲、八旗蒙古、八旗汉军。八旗中的正黄、镶黄两旗由皇帝直接统领，其他六旗分别由皇帝的子、侄统领。1644 年，清世祖顺治帝将首都从盛京（今辽宁省沈阳市）迁到北京，本着"居重驭轻"的用兵原则，将八旗精锐半数驻于京城，是为禁旅。同时，为加强对地方的控制，在全国各大省会、水陆要冲、边疆海防，派遣八旗军队长期驻守，以控扼京师以外所有最重要的军事据点，是为驻防。1650年，多尔衮病逝。1651年，顺治帝亲政后，收编了多尔衮所辖的正白旗归皇帝统领，于是形成了上三旗与下五旗。上三旗较下五旗为崇，是皇帝的亲兵，担任禁卫皇宫等任务，下五旗驻守京师及各地。之后，八旗营区系统地分布于全国的军事要地，实行永久性的驻扎，建立起分布全国的八旗军队。清代编入八旗的旗人与不在旗的民人受到完全不同的待遇，旗人的税赋与劳役可以得到豁免。八旗制度与清王朝的命运紧密地联系在一起，经历了由盛而衰，由衰而亡的整个历史过程。

2. 一抔遗恨对山河

史可法（1602—1645），字宪之，号道邻，明末著名的政治家、抗清名将。史可法出生于河南开封府祥符县（今河南省开封市祥符区），早年以孝闻名于乡，师从左光斗。1628年，史可法考中进士，出任西安府推官，后迁户部主事、员外郎、郎中。1635年，史可法迁升为右参议，负责镇守池州（今安徽省池州市）、太平（今安徽省黄山市黄山区）两地。1637年，史可法升任佥都御史，巡抚安、庐、池、太及河南光州、光山、固始、罗田，湖广蕲州、广济、黄梅，江西德化、湖口等地。他为官清廉，坚贞不屈。1644年，李自成率军攻陷北京，明崇祯帝在煤山吊死。明神宗万历皇帝之孙福王朱由崧在明陪都南京即位做了皇帝，即弘光帝，史称“南明”。大敌当前，南明小朝廷却争权夺利，福王不思进取，迷恋酒色，凤阳总督马士英操纵南明政权，为所欲为。镇守武昌的总兵左良玉提出“清君侧”，率兵讨伐马士英。当时，清军大将多铎已经率兵攻打扬州，马士英却安排镇守扬州的史可法调兵抵挡左良玉。1645年4月，清军逼近扬州时，史可法连夜赶回扬州守城。多铎很敬重史可法的为人，多次写信劝降，史可法不为所动。于是，清军炮轰扬州，史可法组织全城军民浴血奋战，坚守七天七夜，终因寡不敌众，扬州城被破，史可法被俘后英勇就义。多铎用了十天时间进行屠城，几十万人被杀，史称“扬州十日”。史可法死后，南明朝廷谥之为“忠靖”，清乾隆帝追谥为“忠正”。史可法大义凛然、临危不惧、誓死不降的气节，被后人传颂，他的著作被编为《史忠正公集》。清初著名诗人吴嘉纪漫游扬州，在城外梅花岭凭吊史可法墓冢之后，写有一首深寓感慨之情的七言律诗：

才闻战马渡滹沱，南北纷纷尽倒戈。
诸将无心留社稷，一抔遗恨对山河。
秋风暮岭松篁暗，夕照荒城鼓角多。
寂寞夜台谁吊问，蓬蒿满地牧童歌。

3. 和珅跌倒，嘉庆吃饱

和珅（1750—1799），钮祜禄氏，本名善保，字致斋，自号嘉乐堂、十笏（hù）园、绿野亭主人，奉天府开原县（今辽宁省开原市）人，满洲正红旗，清朝中期权臣。他也是清朝最大的贪官，靠权力获得了巨大的收入，富可敌国。和珅的家产总额约八亿两白银，乾隆年间每年的国库收入约为七千万两白银，和珅当权不到二十五年，家产相当于清朝十五年的国库收入。1750 年，和珅出生于福建副都统常保家中，三岁丧母，九岁丧父，他精通满语、汉语、蒙古语、藏语四种语言，通读四书五经，精明强干。1767 年，十八岁的和珅娶直隶总督冯英廉之孙女冯氏为妻。1772 年，和珅门荫入仕，被授三等侍卫。1773 年，他任乾隆仪仗队的侍从，当年升任管库大臣，管理布库。1775年，和珅升为御前侍卫，并被任命为正蓝旗满洲副都统。1780年，他因审理大学士兼云贵总督李侍尧涉嫌贪污案有功，被提升为户部尚书，议政大臣。他深得乾隆帝的宠信，乾隆帝将十公主嫁给和珅长子丰绅殷德，促使和珅大权在握，成为皇亲国戚。他先后担任和兼任众多关键职务，主要包括内阁首席大学士、领班军机大臣、吏部尚书、户部尚书、刑部尚书、理藩院尚书，兼任内务府总管、翰林院掌院学士、《四库全书》正总裁官、领侍卫内大臣、步军统领等，拜文华殿大学士，封一等忠襄公。和珅曾秘密将康熙帝写给孝庄皇太后的“福”字碑从皇宫内偷出来，藏于自己家花园内的假山洞中，并将假山修成龙形，谓之“洞天福地”。康熙皇帝亲笔所书的这个“福”字刚劲有力，颇具气势，右上角的笔画像个“多”字，下边为“田”，而左偏旁极似“子”和“才”字，右偏旁像个“寿”字，故整个“福”字又可分解为“多田多子多才多寿多福”，巧妙地构成了福字的含义，被誉为“天下第一福”。和珅与皇后内侄福康安勾结，利用自己的地位和权力，欺上瞒下，结党营私，打击政敌，千方百计地搜刮财富，聚敛钱财。且亲自经营工商业，开设当铺七十五间，设大小银号三百多间，与英国东印度公司、广东十三行建立商业往来。1799年，太上皇乾隆驾崩，嘉庆帝宣布了和珅二十条大罪，下旨抄家，将和珅革职下狱。乾隆帝死后十五天，嘉庆帝赐和珅狱中自尽，时年五十岁。后来，从和珅家抄得白银达八亿两之多，让世人大吃一惊。于是，民间流传“和珅跌倒，嘉庆吃饱”。

4.《四库全书》

1772年乾隆年间，安徽学政朱筠提出《永乐大典》的辑佚问题，得到乾隆皇帝的认可，接着便诏令将所辑佚书与“各省所采及武英殿所有官刻诸书”汇编在一起，名曰《四库全书》，开始了编纂《四库全书》的浩大工程。由纪昀等三百六十多位高官、学者编撰，三千八百多人抄写。1782 年,《四库全书》第一部正式完成。1793 年，另六部及副本一部，共八部全部完成。《四库全书》共收录三千五百零三种图书，共计七万九千三百三十七卷，三万六千三百零四册，约八亿字。中国文、史、哲、理、工、农、医几乎所有的学科都能够从中找到源头和血脉，几乎所有中国的新兴学科都能从这里找到它生存发展的泥土和营养。全书分为经、史、子、集四部，总共四十四类。其中“经部”分为“易、书、诗、礼、春秋、孝经、五经总义、四书、乐、小学”等十类;“史部”分为“正史、编年、纪事本末、别史、杂史、诏令奏议、传记、史钞、载记、时令、地理、职官、政书、目录、史评”等十五类;“子部”分为“儒家、兵家、法家、农家、医家、天文算法、术数、艺术、谱录、杂家、类书、小说家、释家、道家”等十四类;“集部”分为“楚辞、别集、总集、诗文评、词曲”等五类。《四库全书》是中国古代最大的文化工程，几乎囊括了清代中期以前传世的经典文献，蕴含着华夏民族数千年的思想、智慧和力量。全书对中国古典文化进行了一次最系统、最全面的总结，形成了中国古典文化的知识体系，是中国有文字记载以来中华传统文化最丰富、最完备的典籍集成。但是，乾隆编纂《四库全书》时销毁了对清朝统治者不利的书籍，据统计为一万三千六百卷，焚书总数达十五万册。

5. 扬州八怪

“扬州八怪”是指清康熙中期至乾隆末年活跃于扬州地区风格相近的八位著名画家，分别是金农、黄慎、郑燮、李鱓、李方膺、汪士慎、高翔和罗聘。他们大多出身贫寒，生活清苦，个性倔强倨傲，清高狂放，奇怪无比。他们用书画抒发心胸志向，表达真情实感。

他们的书画风格异于常人，不落俗套，不守墨规，因此称作“八怪”。扬州八怪的作品，用笔奔放，挥洒自如，不受成法束缚，在中国绘画史上有着不可替代的地位。

金农（1687—1763）怪在才，人称八怪之首。金农字寿门，号冬心，浙江仁和（今浙江省杭州市）人，久居扬州。他博学多才，平生从未做官，曾被荐举博学鸿词科，入京未试而返。他五十岁后开始作画，终生贫困。金农擅长画花鸟、山水、人物，尤擅墨梅。他的画造型奇古、拙朴，布局考究，构思别出新意，其作品有《墨梅图》《月华图》等。他独创一种隶书体，自谓“漆书”，笔画横粗竖细，撇飘逸而捺厚重，字体多呈长方形，头重脚轻，别有意趣。他精篆刻、鉴定、诗文，作品有《冬心先生集》《冬心先生杂著》。

黄慎（1687—1772）怪在悟性，为扬州八怪中全才画家之一。黄慎字恭懋、恭寿、菊壮，号瘿（yǐng）瓢、东海布衣等，福建宁化（今福建省三明市宁化县）人。他幼时家贫，寄居萧寺，长期在佛殿光明灯下读书。他擅长人物写意，间作花鸟、山水。黄慎的写意人物，创造出将草书入画的独特风格。他的画造型奇古，布局考究，构思心意。作品多取神仙故事，也有反映历史人物和现实生活中樵夫、渔翁、流民、乞丐等平民生活的作品。作品有《赏花仕女图》《西山招鹤图》《丝纶图》《群乞图》《渔父图》《苏武牧羊图》等，他的诗被同乡人雷宏收集编为《蛟湖诗抄》。

郑燮（1693—1766）怪在传奇，他一生多画兰、竹、石，自称“四时不谢之兰，百节长青之竹，万古不败之石，千秋不变之人”。郑燮字克柔，号板桥，江苏兴化（今江苏省泰州市兴化市）人。郑燮应科举为康熙时秀才、雍正时举人、乾隆时进士。他曾任山东范县（今河南省濮阳市范县）、潍县（今山东省潍坊市）知县，任职期间重视农桑、体察民情、兴民休息，百姓安居乐业。郑燮因开仓赈济灾民得罪上司，愤然辞官，居扬州以书画为生。他擅画兰、竹、石、松、菊等，其中画兰竹五十余年，成就最为突出。他创造了一种集真、草、隶、篆于一体的六分半书体，其书法穷极变化，开创了书法历史的先河。他将书法用笔融于绘画之中，重视艺术的独创性和风格的多样化，强调构思与熟练技巧的高度结合。其代表作有《竹石图》《郑板桥全集》《板桥先生印册》等。针对苏东坡“胸有成竹”的说法，郑板桥强调“胸无成竹”的理论，胸中“莫知其然而然”的竹，要“胸中无竹”。1751 年，郑板桥受莒州（今山东省莒县）知州邀游历莒州，行至莒北棋（qí）山西山旺（今山东省日照市莒县棋山镇西山旺村）时，受到当地王员外大宴款待。王员外久闻郑板桥大名，并渴望得到其墨宝，用当地名吃糊涂菜招待郑板桥。所谓糊涂菜是先用面浆把鸡、鱼、肉等包裹起来，小火慢慢油炸，炸至表面金黄。郑板桥品尝糊涂菜后，赞不绝口，欣然提笔为王员外写下四个大字“难得糊涂”。从此，难得糊涂广为流传。后郑板桥为难得糊涂题有一行款跋：“聪明难，糊涂难，由聪明而转入糊涂更难。放一着，退一步，当下心安，非图后来福报也。”这便是郑板桥处世哲学的最好阐释。

李鱓（1686—1756）怪在命，后人评价其作品有“霸悍之气”“失之于犷”。李鱓（shàn）字宗扬，号复堂、懊道人，江苏兴化（今江苏省泰州兴化市）人，明代状元宰相李春芳第六世孙。他从小喜爱绘画，十六岁已有很大名气。1712 年，李鱓考中举人。1715 年，他因绘画被召为内廷供奉，因不愿受正统派画风束缚而被排挤。1737 年，乾隆帝时他以检选出任山东滕县（今山东省滕州市）知县，后被贬官，至扬州卖画为生。李鱓与郑板桥关系最为密切，故郑板桥风趣地说：“卖画扬州，与李同老。”他受徐渭、石涛影响较大，遂以破笔泼墨作画，风格为之大变，形成自己任意挥洒、水墨融成奇趣的独特风格。他喜于画上作长文题跋，字迹参差错落，画面十分丰富，其作品对晚清花鸟画有较大的影响。代表作品有《秋葵图》《松柏兰石图》《土墙蝶花图》《花鸟册》《故园图》《松藤图》《松石紫藤图》《梅兰竹图》等。

李方膺（1695—1755）怪在倔，为官刚正不阿，廉洁爱民；作画不拘形似，活泼生动。李方膺字虬（qiú）仲，号晴江、秋池、抑园、白衣山人等，通州（今江苏省南通市）人。他出身官宦之家，曾任乐安县（今江西省抚州市乐安县）县令、兰山县（今山东省临沂市兰山区）县令、潜山县（今安徽省安庆市潜山市）县令、代理滁州（今安徽省滁州市）知州等职，为官二十余年。后因遭诬告被罢官，去官后寓居南京借园，自号借园主人，常往来扬州卖画。与李鱓、金农、郑燮等往来，工诗文书画，擅梅、兰、竹、菊、松、鱼等。他注重师法传统和师法造化，其画笔法苍劲老厚，剪裁简洁，不拘形似，活泼生动，自成一格。他曾在一首题画诗中写道：

此幅梅花又一般，并无曲笔要人看。
画家不解随时俗，毫气横行列笔端。

他的代表作品有《风竹图》《游鱼图》《墨梅图》等，著有《梅花楼诗钞》。

汪士慎（1686—1759）怪在人，暮年一目失明，仍能为人作书画，自刻闲章云："尚留一目看梅花""一生心事为花忙"等，以志其情志。汪士慎字近人，号巢林、溪东外史、晚春老人等，安徽休宁（今安徽省黄山市休宁县）人。汪士慎幼时家贫，寡言少语，有关他早年在家乡的生活、求学等情况，至今仍是个谜，世人知之甚少。1723 年，三十八岁的汪士慎离开徽州，居扬州卖画为生，安贫乐道，精研艺术。他工花卉，随意点笔，清妙多姿，尤擅画梅。他常到扬州城外梅花岭赏梅、写梅。他与金农、高翔、罗聘合称四大画梅高手。其代表作有《墨梅图》《潇湘灵芳图》《绿萼梅开图》《洒香梅影图》《月佩风襟图》《灵根出谷图》《苍松偃蹇图》等。他善作诗，著有《巢林诗集》。

高翔（1688—1753）怪在淡泊，师从石涛。高翔字凤岗，号西唐，江苏扬州府甘泉县（今江苏省扬州市江都区）人。他生活清贫，性格孤傲，终身布衣。高翔一生敬佩石涛，石涛去世后，高翔直到临终前每年春天都去为石涛扫墓。他善画山水花鸟，其作品秀雅苍润，线描简练，神态逼真，自成格局。晚年时由于右手残废，常以左手作画。代表作品有《弹指阁图》，亦善作诗，著有《西唐诗钞》。

罗聘（1733—1799）怪在使命，为金农入室弟子。罗聘字遁夫，号两峰、衣云，祖籍安徽歙（shè）县（今安徽省黄山市歙县），迁居扬州。罗聘虽在“八怪”中年辈最小，但见识很高，下笔不凡。他周岁时父亲去世，家境贫寒，自幼聪明勤奋，所读之书，过目不忘。罗聘读书非为科举，单求谋生，终生不仕，以卖画为生，喜好游历。他擅画人物、佛像、山水、花果、梅、兰、竹等。其作品笔调奇创，超逸不群，别具一格。其妻方婉仪，字白莲，亦擅画梅兰竹石，并工于诗。其子允绍、允缵，均善画梅，人称“罗家梅派”。罗聘代表作品有《鬼趣图》《醉钟旭图》《物外风标图》《两峰蓑笠图》《丹桂秋高图》《成阴障日图》《谷清吟图》《画竹有声图》等。他擅作诗，著有《香叶草堂集》。亦善刻印，著有《广印人传》。

6. 红顶商人

胡雪岩（1823—1885），名光墉，字雪岩，幼名顺官，安徽绩溪（今安徽省宣城市绩溪县）人，晚清时期红顶商人。胡雪岩从一个钱庄伙计到中国最大的官商，成为清末政商界的一个传奇。清朝两百多年的历史，经商获仕、戴红顶而又穿黄马褂的，仅胡雪岩一人。胡雪岩幼年丧父，家境贫寒，流离失所，曾帮人放牛为生。1835 年，经亲戚推荐，胡雪岩到杭州信和钱庄当了一名学徒工。一个偶然的机会，胡雪岩结识了比自己大十三岁的候补浙江盐大使王有龄（字英九），两人成为至交。胡雪岩挪用了钱庄的五百两白银，帮助王有龄补官。之后，王有龄历任新昌、慈溪、鄞县、镇海、仁和知县和定海同知等，逐渐升官，升至浙江巡抚。王有龄不仅将五百两银子加上利息还给了胡雪岩，还帮胡雪岩创办了自己的阜康钱庄。胡雪岩在王有龄荫庇之下生意越做越大，富可敌国。1861 年，太平军攻占杭州、苏州、常州、嘉兴、诸暨、余杭、绍兴等城。浙江巡抚王有龄受命兼顾江苏太湖军务，收复杭州后坚守达两月之久，杭州再被破城，王有龄从容自尽，以身殉节。左宗棠继任浙江巡抚，领军进攻太平军，却苦于粮饷短缺，军需不够。胡雪岩慷慨帮助左宗棠解决军需问题，左宗棠很快率军攻下杭州。左宗棠委任胡雪岩管理赈灾局、设立粥厂、难民局、善堂、医药局等，胡雪岩完成得非常出色，很快使浙江的经济得到稳定，他自己也赚了很多利润。1866 年，胡雪岩又协助左宗棠创办福州船政局。同年，左宗棠调任陕甘总督，胡雪岩到上海为其办理采运、筹饷及订购军火，代政府向外国银行团借款，开中国政府商借外债之先例，涉及本金达一千五百九十五万两白银。胡雪岩依仗湘军权势，在各省设立阜康银号二十余处，创办胡庆余药局，经营中药、丝茶业务，操纵江浙商业。他一直秉承着“戒欺”“真不二价”的原则，诚信为本，信誉为真，人称“为官须看曾国藩，为商必读胡雪岩”。1875 年，胡雪岩凭借自己的财富和信用，从汇丰银行借来巨额资金，资助左宗棠出兵新疆。1878 年，左宗棠成功收复新疆。后来，胡雪岩被清廷赐予“二品官衔，顶戴红珊瑚，赏穿黄马褂，准紫禁城骑马”的殊荣，成为晚清唯一的红顶商人，坐拥三千万两白银家财。胡雪岩在叱咤商场时，不忘乐善好施，为百姓做了许多义举，做了很多公益事业。1882 年，胡雪岩在上海开办蚕丝厂，用两千万两白银囤积了国内所有蚕丝，企图垄断丝业贸易，但此举造成了他的商业帝国资金严重短缺。无利可图的外商联合起来，拒收中国蚕丝。而海关海运全部为外国人操纵，致使胡雪岩不得不将蚕丝低价出售，亏损一千万两。当时，李鸿章与左宗棠政治理念截然相反，他认为左宗棠之所以能够得到朝廷信赖，出兵新疆，正是因为他有个钱袋子——胡雪岩，如果将胡雪岩除掉，那么左宗棠必然少了左膀右臂。李鸿章要求中国各个商行不准借贷给胡雪岩资金，更不准收购胡雪岩的生丝，使得资金短缺的胡雪岩雪上加霜。1883 年，全国的阜康钱庄全部破产倒闭。李鸿章还上奏慈禧，诬陷胡雪岩在资助收复新疆一事中有暗箱操作。慈禧太后听闻勃然大怒，对胡雪岩贬官抄家，使其三十年积累的财富，三天之内便荡然一空，倾家荡产。胡雪岩遣散了所有姬妾家丁，与患难与共的妻子度过了最后的时光。1885 年，胡雪岩抑郁而终，终年六十三岁。

7. 南海圣人

康有为（1858—1927），原名祖诒，字广厦，号长素，广州府南海县丹灶苏村（今广东省佛山市南海区丹灶镇苏村）人，人称康南海，时人也称“南海圣人”，中国晚清时期著名的政治家、思想家、教育家、书法家、资产阶级改良派的代表人物。康有为一方面是社会改良家，主张变法；但是另一方面又是保皇党，反对共和，力主立宪。他倡导一夫一妻制，自己却妻妾成群，宣称“唯大丈夫能本色，是真名士自风流”。康有为六十二岁时还看中一名十九岁的船家女，强行娶回家，故有“风流圣人”的名号。康有为出生于封建官僚家庭，祖父康赞修，官至连州（今广东省连州市）训导。父亲康达初，官任江西补用知县。康有为自幼聪慧，五岁能诵唐诗数百首。1879 年，康有为开始接触西方文化，后来去了香港，学习外国人管理社会的经验。1891 年后，他在广州设立万木草堂，收徒讲学。1895 年，康有为得知清政府签订《马关条约》，联合六百零三名举人，一千三百多人联名上万言书，即“公车上书”[1]。从 1894 年中日甲午战争失败，到 1897 年底德国占领山东胶州湾、俄国占领旅顺和大连、法国占领广州湾、英国占领九龙半岛和威海卫、日本占领福建，民族危机日益加深。忧国忧民的康有为给光绪帝第五次上书，详细阐述了他的救亡图存的变法思想。1898 年，光绪帝与梁启超、康有为等资产阶级改良派领导发动政治改革运动“戊戌变法”，发布《定国是诏》，学习西方的科学技术，发展中国工商业，改革法律，废除八股考试制度等。戊戌变法仅维持了一百零三天，慈禧太后发动政变，光绪帝被幽禁，康有为、梁启超逃往国外，戊戌六君子谭嗣同、康广仁、林旭、杨深秀、杨锐、刘光第未经审讯便被杀，慈禧太后宣布“临朝听政”，戊戌变法失败。康有为流亡海外多年，不忘改良变法思维，组织起改良派政治团体“保皇会”，以保救光绪帝、反对慈禧和抵制革命为宗旨，反对共和，宣传君主立宪。由于时代的局限性，康有为

[1] 公车上书，是指在清光绪二十一年（1895），康有为与梁启超率数千名举人，联名上书光绪帝爱新觉罗・载湉，反对在甲午战争中战败的清政府签订丧权辱国的《马关条约》事件。“公车”指汉代负责接待臣民上书和征召的官署名，也指入京请愿或上书言事，后也代指举人进京应试。见《史记・东方朔传》：“朔初入长安，至公车上书，凡用三千奏牍。”1895 年，清政府签订《马关条约》，割让台湾及辽东和赔款白银二亿两，康有为写成 18 000 字的“上今上皇帝书”，十八省举人响应，集结 603 名举人，1 300 多人联署，与数千市民集“都察院”门前请代奏。“公车上书”中，提出了四项解决办法：下诏鼓天下之气；迁都定天下之本；练兵强天下之势；变法成天下之治。虽然上书被清政府拒绝，但在社会上产生了巨大影响。公车上书被认为是维新派登上历史舞台的标志，也被认为是中国群众性政治运动的开端。

保守主义立宪思想，缺乏成熟的阶级力量支持，他不能把资产阶级的民主政治与封建的开明政治严格区分开来，对宪法的理解存在内在的矛盾。1913 年，在国外生活十五年的康有为回国。1917 年，康有为和效忠清朝的北洋军阀张勋发动复辟，拥立溥仪登基，被北洋政府总理段祺瑞讨伐而失败。1921 年，他在上海购地十亩，建造了豪华园林式住宅游存庐。同时，还购置了几处别墅，包括杭州一天园、上海莹园，分别占地三十亩、十五亩。1923 年，康有为迁居青岛汇泉湾畔，购宅居住题宅名为天游园，占地九亩。康有为晚年虽然官场失意，但是情场得意，一生有六位妻妾，其中在五十岁以后纳娶四个，一个比一个年轻，一个比一个漂亮。他的妻妾集齐了中、美、日三国女子，其中三姨太何旃（zhān）理是美国华裔，四姨太市冈鹤子为日本女用人。1927 年，康有为刚过完七十大寿，在青岛英记酒楼参加同乡聚会吃饭时食物中毒，经抢救无效，七窍流血而亡。

8. 中国航空之父

冯如（1884—1912），原名冯九如，字鼎三，广东恩平（今广东省江门市恩平市）人，是中国第一位飞机设计师、制造师和飞行家，被誉为中国航空之父。冯如出生于广东恩平牛江渡区杏圃村的一个贫农家庭，他从小喜欢制作风筝和车船等玩具，尤其向往神话飞天故事。1894 年，冯如在美国旧金山做小生意的舅舅回家省亲，见冯如一家生活困苦，故将冯如带到美国西部城市旧金山。1901 年，冯如到纽约一家工厂半工半读，学习机械制造。1903 年，当冯如得知莱特兄弟发明了飞机后，他潜心钻研航空技术，决心要依靠中国人的力量制造飞机。1907 年，他在当地华侨中募集资金，在旧金山以东的奥克兰创办飞机制造厂。1908 年，冯如制造出第一架飞机，进行试飞时，没有成功。1909 年，冯如制造出第二架飞机，飞机试飞，已经升空数米，突然坠落。1910 年，冯如驾驶他再次制造的飞机在奥克兰进行飞行表演获得成功，并受到孙中山先生和旅美华侨的赞许。同时，他获得美国国际航空学会颁发的甲等飞行员证书。冯如拒绝了国外公司的重金聘用，带着自制的两架飞机和飞机制造机器迂回回到广州，将“广东制造机器公司”改名为“广东飞行器公司”。1911 年，“辛亥革命”爆发，广州光复，冯如被革命当局任命为陆军飞机长。冯如积极为革命军组织飞机侦察队，打算协助革命军攻打清军。由于清政府很快垮台，飞机侦察计划未实行。1912 年，冯如在广州燕塘驾驶自己制造的飞机参加飞行表演时不幸失事牺牲，时年二十九岁，他被追授为陆军少将。冯如把短暂的一生献给了祖国的航空事业，一生为中华崛起而奋斗，创造了“六个第一”，提出了航空战略理论，对中华民族航空事业和人民空军发展带来深远影响。

9. 京师大学堂

京师大学堂是我国第一所由中央政府建立的综合性大学。1898 年，光绪帝下诏变法，开办京师大学堂，由梁启超草拟大学堂章程。京师大学堂成立之初，行使双重职能，既是全国最高学府，又是国家最高教育行政机关，统辖各省学堂。1900 年，京师大学堂先遭到义和团冲击，后被八国联军破坏，大学堂被迫停办两年。1902 年，清廷下令恢复京师大学堂，任命吏部尚书张百熙为管学大臣，设预备、速成两科。预备科分政、艺两科，速成科分为仕学馆和师范馆。1903 年，增设进士馆、译学馆和医学馆。毕业生分别授予贡生、举人、进士头衔。1910 年，京师大学堂开办分科大学，共开办经科、法政科、文科、格致科、农科、工科、商科、医科共八科四十六门。

1912 年 5 月 4 日，辛亥革命推翻清王朝，京师大学堂正式改名为北京大学。近代启蒙思想家、翻译家和教育家严复出任北京大学第一任校长。1916 年 12 月 26 日，北洋政府大总统黎元洪委任著名学者、教育家、民主主义革命家蔡元培为北大校长。蔡元培推行“思想自由，兼容并包”的方针，对学校进行了革新，设文、理、法三科十四个系，成立了文、理、法三个研究所。当时出现了辜鸿铭、黄侃、林纾、陈汉章、刘师培等旧派学者与陈独秀、胡适、李大钊、鲁迅等新锐人物共处一校的罕见局面，大师云集，社团竞艳，百花齐放。

经典智慧

1. 天下兴亡，匹夫有责

顾炎武（1613—1682），南直隶昆山（今江苏省苏州市昆山市）人，本名绛，乳名藩汉，别名继坤、圭年，字忠清、宁人。他因为仰慕文天祥学生王炎午的为人，改名炎武，明末清初杰出的思想家、经学家、史地学家和音韵学家。顾炎武被称作是清朝“开国儒师”“清学开山”始祖，他与黄宗羲、王夫之并称为明末清初“三大儒”。清兵入关后，顾炎武进入南明朝廷，任兵部司务。他从军事战略、兵力来源和财政整顿等方面为弘光小朝廷提出了一系列建议。顾炎武与归庄等人以匡扶故明为志，两次参加武装抗清斗争。斗争失败后，他入清不仕，离乡北游，往来山东、河北、山西、陕西、河南诸省，行万里路，破万卷书。晚年，他始定居陕西华阴。顾炎武一生主张“博学于文”“行己有耻”。他学识渊博，在经学、史学、音韵、小学、金石考古、方志舆地及诗文诸学上，都有较深造诣，成为开启一代学术先路的杰出大师。他阅历深广，学问渊博，著述宏富，今可考见者已有五十余种。其代表作有《日知录》《天下郡国利病书》《肇域志》《音学五书》(含《音论》《诗本音》《易音》《唐韵正》《古音表》)、《韵补正》《金石文字记》《亭林诗文集》等。1682年，顾炎武在山西曲沃韩姓友人家，因上马时不慎失足，呕吐不止去世，享年七十岁。顾炎武在《日知录》卷十三提出："保天下者，匹夫之贱，与有责焉。"梁启超将其归纳为八字成语"天下兴亡，匹夫有责"，意为天下大事的兴盛、灭亡，每一个老百姓都有义不容辞的责任，其意义和影响深远。

2. 历算大师

梅文鼎（1633—1721），字定九，号勿庵，宣州（今安徽省宣城市宣州区）人，清初天文学家、数学家，为清代"历算大师"和"开山之祖"。1633年，梅文鼎生于明崇祯年间，因自幼聪颖，熟读五经，精通史事，有神童之誉。一次偶然的机会，他学习了一部残缺不全的《崇祯历书》，从此迷上了西方天文历算。他认识并师从张诚、徐日升、安多等对算学、天文、地理很精通的名人。1672年，梅文鼎撰成第一部数学著作《方程论》。1689年，李光地推荐他进京到明史馆审定《明史》的历法部分。五年时间，他结识了很多学者和外国传教士，学习了大量的西方数学、天文学的知识，并撰成《历学疑问》。李光地将梅文鼎《历学疑问》三卷进献康熙帝，得到康熙帝的赞赏，亲赐"积学参微"四字给以褒奖。1721年，梅文鼎卒于家乡宣城，终年八十九岁。梅文鼎一生博览群书，致力于数学、天文学研究，写出了关于数学、天文学和历法等方面的著作八十六部，为中西文化的沟通交流做出了突出贡献。后来，梅文鼎的儿子、孙子都成了数学家、天文学家，梅家成了中国古代的历算世家。

3. 聊斋先生

蒲松龄（1640—1715），字留仙、剑臣，别号柳泉居士，世称聊斋先生，济南府淄川（今山东省淄博市淄川区洪山镇蒲家庄）人，清代杰出文学家、优秀短篇小说家。蒲松龄的父亲蒲槃，博学多闻，却科举不利，后弃儒经商，家境逐步富裕。蒲家因经过明清之际的战乱，加上子女较多，家道遂逐渐衰落。蒲松龄生长于农村，幼年受过乡村农民文化的熏陶，会唱俗曲，也曾自撰新词。因家境生活清苦，蒲松龄长期在乡下私塾当先生。他虽然满腹经纶，直到七十二岁最后一次参加科举考试，仍未考中。他熟知民间疾苦，广听各种传说，自谓“喜人谈鬼”“雅爱搜神”。从青年时期便热衷记述奇闻逸事，写作狐鬼故事。蒲松龄曾为了搜集素材，在家门口开了一家茶馆，来喝茶的人可以用一个故事代替茶钱。借助这个方法，蒲松龄搜集了大量离奇的故事。他四十岁时，写成了著名的短篇小说集《聊斋志异》。《聊斋志异》将中国古代文言短篇小说发展到了一个新的高度，全书共有短篇小说四百九十一篇，小说内容有些揭露封建统治的黑暗，有些抨击科举制度的腐朽，还有的反抗封建礼教的束缚，具有丰富深刻的思想内容。全书中数量最多的当数描写爱情主题的作品，通过花妖狐魅和人的恋情，表现了强烈的反封建礼教的精神，反映了作者理想的爱情追求。蒲松龄还有大量诗文、戏剧、俚曲及有关农业、医药方面的著述存世，总近两百万字。他的作品许多篇章不断被改编为戏曲、电影、电视剧，影响深远。《聊斋志异》很早便走向了世界，蒲松龄为中国、为世界创造了宝贵的精神财富，他的作品将永远受到世界人民的珍视。1961年，郭沫若为蒲松龄故居题写对联：“写鬼写妖高人一等，刺贪刺虐入骨三分。”老舍为他题词：“鬼狐有性格，笑骂成文章。”蒲松龄的书房挂有一副关于卧薪尝胆的对联：“有志者，事竟成，破釜沉舟，百二秦关终属楚；苦心人，天不负，卧薪尝胆，三千越甲可吞吴。”

4. 文木老人

吴敬梓（1701—1754），字敏轩，号粒民，祖籍浙江温州（今浙江省温州市），生于安徽全椒（今安徽省滁州市全椒县），清代著名小说家。吴敬梓因家有“文木山房”，所以晚年自称“文木老人”，又因自家乡移居至江苏南京秦淮河畔，故又称“秦淮寓客”。吴敬梓家族世代为地方世族，曾祖父吴国对曾夺得第一甲第三名（探花），被授翰林院编修。吴国对兄弟五人，其中有四人考中进士。吴敬梓幼年聪颖，善于记诵。早年生活豪纵，十八岁考取秀才，是个少年得志的富家公子。但他三次乡试落第，之后其父因得罪上司丢官，不久病逝。吴敬梓开始大肆挥霍父亲留下的巨额家产，与族人产生了很深的矛盾。家族为争夺家产尔虞我诈，吴敬梓也陷入家族纠纷的旋涡之中。孤立无援的吴敬梓没有分到什么家产，他变卖了在全椒剩余的家产，携带妻子，全家迁到南京居住，彻底断绝了与族人的联系。不久，体弱多病的妻子陶氏也因不甘忍受族人的欺凌，饮恨而死。吴敬梓家产用尽，贫困潦倒，经常用自己的藏书换些钱来买米买酒，到了“白门三日雨，灶冷囊无钱”的地步。经历世态炎凉之苦后，他对人生、社会的看法也由此发生了根本变化。他不再参加科举考试，开始一心投入文学创作之中，立志写一本书，记录人间、官场的丑态。1749 年前后，吴敬梓完成了著名长篇讽刺小说《儒林外史》的创作。小说内容博大深厚，他以犀利的笔触无情鞭挞了封建科举制度腐朽的本质和其对知识分子心灵的摧残，入木三分地刻画了一系列深受科举毒害的封建文人的丑态，显示了他民主主义的思想色彩。1754 年，吴敬梓在扬州醉酒辞世，时年五十四岁。吴敬梓还工诗词散文，著有《文木山房诗文集》十二卷（今存四卷)、《文木山房诗说》七卷(今存四十三则)。

5. 世界文学顶峰巨著

曹雪芹(1715—1763),名霑,号雪芹,字梦阮,满族人,出生于江宁(今江苏省南京市),清朝著名文学家。曹雪芹著有古典长篇小说《红楼梦》,代表了中国古典小说的最高成就,矗立在世界文学的顶峰,是中华民族的骄傲。曹雪芹出身清代内务府正白旗包衣世家,他的曾祖父曹玺、祖父曹寅、伯父曹顒(yóng)、父亲曹频(fǔ)先后主政江宁织造达五十八年。曾祖母孙氏做过康熙帝的保姆,祖父曹寅做过康熙帝的伴读和御前侍卫,后任江宁织造,兼任两淮巡盐监察御史,极受康熙帝宠信。康熙、雍正两朝,曹家成为当时南京第一豪门。曹雪芹少年时代,经历过一段锦衣纨绔、富贵风流、奢侈豪华的家庭生活。1727 年,雍正帝时,时任江宁织造员外曹频以骚扰驿站、织造亏空、转移财产等罪被革职入狱。1728 年,曹府被抄家,曹雪芹随全家大小男女及仆人一百一十四口被迫迁往北京老家。曹家从此一蹶不振,日渐衰微。十三岁的曹雪芹因家境困顿,到学堂当差,靠卖画维持生计。1736 年,曹雪芹二十二岁时,乾隆谕旨宽免曹家亏空。曹雪芹任内务府笔帖式差事,后来进入西单石虎胡同的右翼宗学(旧称"虎门")担任普通职位。曹雪芹结识了满族宗室爱新觉罗 · 敦诚、敦敏兄弟,并得到其帮助。1744 年,三十岁的曹雪芹开始写作《红楼梦》的初稿《风月宝鉴》。1762 年,他唯一的儿子因瘟疫夭折。曹雪芹遭受痛失爱子的打击,陷于过度的忧伤和悲痛,加上《红楼梦》修改工作的繁重,曹雪芹的身体每况愈下,卧床不起。1763 年除夕,曹雪芹病逝于北京,年仅四十九岁。曹雪芹生于繁华,终于沦落,带着无限的遗憾,结束了他贫困、寂寞的一生,只留下一位新娶不久的继妻和《红楼梦》前八十回的手稿及后面的一些残稿。后由程伟元、高鹗编辑、整理、出版《红楼梦》，也有说是高鹗根据残稿续写了后四十回。高鹗（1758—约1815），字云士，号秋甫、兰墅、行一、红楼外史。高鹗是中国古典小说《红楼梦》出版史、传播史上首个刻印本、全璧本的两位主要编辑者、整理者、出版者之一，清代汉军镶黄旗内务府人，辽宁铁岭（今辽宁省铁岭市）人，其先世清初即寓居北京。曹雪芹以坚韧不拔的毅力，花费十多年时间写成了举世公认的中国古典小说巅峰之作《红楼梦》，“字字看来都是血，十年辛苦不寻常”。小说以贾、史、王、薛四大家族的兴衰为背景，以曹雪芹亲身经历为贾宝玉的人物原型，以贾宝玉与林黛玉、薛宝钗的爱情、婚姻悲剧为主线，写出了当时具有代表性的贾、史、王、薛四大家族的兴衰，揭露了封建社会后期的种种黑暗和罪恶。书中出现了四百多个人物，通过众多人物性格的显现，展现了真正的人性美，具有永久的艺术魅力，《红楼梦》与《水浒传》《三国演义》《西游记》并称为中国古典四大名著。现代研究《红楼梦》形成了一门专门的“红学”，即研究《红楼梦》的学问，横跨文学、哲学、史学、经济学、心理学、中医药学等多个学科。

6. 铁齿铜牙

纪昀（1724—1805），字晓岚、春帆，号石云，道号观弈道人、孤石老人，清朝直隶献县（今河北省沧州市献县）人，清代朝廷命官、著名的学者、诗人、目录学家和小说家。1730 年，纪昀七岁时参加童子试，以优异的成绩得“神童”名号。1747 年，纪昀应顺天府乡试，以第一名解元夺魁。1754 年，乾隆帝时他考中进士，官至礼部尚书、协办大学士、太子少保。1773 年，纪昀任《四库全书》总纂官。1776 年，他升任兵部侍郎。1779 年，升为内阁学士兼礼部侍郎。在纪昀的带领下，至1782年《四库全书》第一部正式完成。到1793年，另六部及副本一部共八部全部完成，系统地整理和保护了中国历史文化遗产。1796年，纪昀任兵部尚书，复移任左都御史。1797年，他移任礼部尚书。1805年，纪昀被封协办大学士、加太子少保。同年，纪昀于京城病逝，终年八十二岁。因其“敏而好学可为文，授之以政无不达”（嘉庆帝御赐碑文），谥号文达。纪晓岚一生才华和学术成就十分突出，他曾写给自己的诗句：“浮沉宦海如鸥鸟，生死书丛不老泉。”此亦是他一生的真实写照。纪晓岚在清代被公认为文坛泰斗，学界领袖，一代文学宗师，在中国和世界文化史上也是一位文化巨人，著有《阅微草堂笔记》《纪文达公遗集》。他一生诙谐、滑稽，机敏多变，才华出众，给后世留下许多趣话，素有风流才子和幽默大师之称，被称为“铁齿铜牙”。纪昀喜抽旱烟，文臣武将暗地里叫他“纪大烟袋”。鲁迅曾这样评价纪昀：“处世贵宽，论人欲恕。”

7. 不拘一格降人才

龚自珍（1792—1841），字璱（sè）人，号定盦（ān），浙江临安（今浙江省杭州市）人，清代思想家、史学家、诗人、文学家和改良主义的先驱者。他的诗文主张“更法”“改图”，揭露清统治者的腐朽，洋溢着爱国热情，被柳亚子誉为“三百年来第一流”。他的祖父龚禔（zhī）身与同胞兄弟龚敬身同为乾隆年间进士，龚禔身官至内阁中书、军机处行走。龚敬身曾任吏部员外郎，后任云南楚雄（今云南省楚雄彝族自治州）知府，为官清廉，在当地颇有政声。父亲龚丽正，幼年过继给龚敬身为子，嘉庆年间进士，官至江南苏松太兵备道，署江苏按察使。龚自珍自幼受到良好教育，好读诗文。1829年，道光年间龚自珍考中进士，曾任内阁中书、宗人府主事和礼部主事等职。龚自珍主张革除弊政，抵制外国侵略，曾全力支持林则徐禁除鸦片。1839年，由于龚自珍屡屡揭露时弊，触动时忌，因而不断遭到权贵的排挤和打击，他又忤其长官，决计辞官南归。1839年，龚自珍离京。同年，又自杭州北上接还眷属。两次往返途中，百感交集，写下了许多激扬、深情的忧国忧民诗文，这便是著名的《己亥杂诗》。1841年，龚自珍执教于江苏丹阳（今江苏省镇江市丹阳市）云阳书院。同年，他突患急病暴卒于丹阳，时年五十岁。龚自珍是中国改良主义运动的先驱人物，他的思想为后来康有为等以变法图强开了先声。他清醒地看到了清王朝已经进入衰世，坚决批判封建统治的腐朽，揭露封建社会没落的趋势，呼唤改革风雷的风气。他写有著名的《己亥杂诗 · 九州生气恃风雷》：

九州生气恃风雷，
万马齐喑究可哀。
我劝天公重抖擞，
不拘一格降人才。

该诗有力地揭露了社会弊病，抨击官僚制度，作者以火一样的热情，表达了追求思想解放和个性解放，给人以极大的精神鼓舞。在文学上，他提出了“尊情”之说，主张诗与人为一。著名诗作《己亥杂诗》共三百一十五首，留存文章三百余篇，诗词近八百首，今人辑为《定盦文集》《龚自珍全集》。梁启超评价他：“晚清思想之解放，自珍确与有功焉。光绪间所谓新学家者，大率人人皆经过崇拜龚氏之一时期；初读《定盦全集》，若受电然。”

8. 晚清中兴四大名臣

曾国藩、李鸿章、左宗棠、张之洞并称为“晚清中兴四大名臣”。

曾国藩（1811—1872），初名子城，字伯涵，号涤生，宗圣曾子七十世孙，中国晚清时期政治家、战略家、理学家、文学家、书法家，湘军的创立者和统帅。曾国藩出生于湖南长沙府湘乡荷叶塘白杨坪（今湖南省娄底市双峰县荷叶镇大坪村）的一个普通耕读家庭，兄妹九人，曾国藩为长子。他自幼勤奋好学，六岁入塾读书，八岁能读四书、诵五经，十四岁能读《周礼》《史记》《文选》。1838 年，曾国藩考中进士，入翰林院，为军机大臣穆彰阿门生。朝考列一等第三名，道光帝亲拔其为第二，选为翰林院庶吉士。1840 年，散馆考试，曾国藩名列二等十九名，授翰林院检讨。1843 年，他被授翰林院侍讲，充文渊阁校理。之后累迁内阁学士，礼部侍郎，署兵、工、刑、吏部侍郎。1853 年，太平天国运动时，曾国藩组建湘军镇压太平天国，力挽狂澜。1860 年，他任兵部尚书，授两江总督，以钦差大臣身份督办江南军务。1861 年，湘军攻陷安庆。曾国藩加任太子太保，奉旨督办四省（苏、皖、浙、赣）军务，在安庆创办内军械所（又称安庆军械所，官办新式兵工厂）。1862 年，曾国藩奉旨任两江总督协办大学士，其九弟曾国荃补授浙江按察使。左宗棠、李鸿章、曾国荃率军会同彭玉麟的水师攻打太平军。1864 年，洪秀全病逝，天京（今江苏省南京市）失守，清军展开了一场天京大屠杀，经过多年鏖战后，太平天国灭亡。1868 年，曾国藩改任直隶总督，奉命前往天津，办理天津教案。与法国人的交涉结果，曾国藩背负骂名，病情加重，由李鸿章接任处理案情。1870 年，曾国藩回任两江总督。1872 年，曾国藩在南京病逝，终年六十二岁，谥号文正。曾国藩著有《求阙斋文集》《诗集》《读书录》《日记》《奏议》《家书》《家训》《经史百家杂钞》《十八家诗钞》等，后辑为《曾文正公全集》传于世。另著有《为学之道》《五箴》等著作。曾国藩一生主张凡事要勤俭廉劳，不可为官自傲。他修身律己，以德求官，礼治为先，以忠谋政。在曾国藩的倡议下，清王朝建造了中国第一艘轮船、建立了第一所兵工学堂、印刷翻译了第一批西方书籍、安排了第一批赴美留学生。他的贡献对清王朝的政治、军事、文化、经济等方面都产生了深远的影响。曾国藩的人格修炼做到诚、敬、静、谨、恒，他每天记日记，对每天言行进行检查、反思。他的治家方略重孝悌，主张“和以治家”“勤以持家”。对于治家之道他有著名的评论，论述家庭兴旺的规律是：天下官宦之家，一般只传一代就萧条了，因为大多是纨绔子弟；商贾之家，也就是民营企业家的家庭，一般可传三代；耕读之家，也就是以治农与读书为根本的家庭，一般可兴旺五六代；而孝友之家，就是讲究孝悌的、以和治家的家庭，往往可以绵延十代八代。他对治理家风主张：勤俭节约，勿骄勿奢，官宦子弟要多读书、明事理、务实事、不搞特殊化等。曾国藩家书中写道：“不望代代得富贵，但愿代代有秀才。”“凡将相无种，圣贤豪杰亦无种，只要人肯立志，都可做得的。”曾家在曾国藩的精心治理下，始终保持了谨严的家风，子孙后代立志修身，代代相传，名人辈出，长盛不衰。曾国藩有三个儿子，五个女儿。二儿子曾纪泽是中国近代著名的外交家；小儿子曾纪鸿是清代著名的数学家；孙辈曾广钧是曾家第二个进士，二十三岁考中进士入翰林，是翰林院最年轻的一位；孙女曾广珊是著名诗人。其直系第四、五代一共一百四十多位都非常优秀，大部分在学术、科技、文化上很有成就。曾国藩曾孙曾约农，为英国伦敦大学理科工程课学士、台湾东海大学校长；曾国藩曾孙女曾宝荪，为国际知名教育家、中国第一个在伦敦大学获得理科学士的女生，担任过湖南省第一女师校长、第二女子中学校长等职；曾国荃的玄孙女曾宪植，是叶剑英元帅的夫人，早年投身革命，解放后任全国妇联副主席；曾国荃的玄孙女曾宪楷，为原中国人民大学教授、清史研究所所长、历史学家；曾国藩胞弟曾国潢之曾孙曾昭抡，为原高教部副部长、著名化学家、教育家和社会活动家，是我国近代教育的改革者和化学研究的开拓者，中国科学院学部委员；曾国藩大弟曾国潢曾孙女曾昭燏（yù），为原南京博物院院长，中国博物馆学和考古学的奠基人之一。历史动荡一百余年，曾氏后裔代有才人。

左宗棠（1812—1885），字季高、朴存，号湘上农人，湖南湘阴（今湖南省岳阳市湘阴县）人，晚清政治家、军事家，洋务派代表人物之一。左宗棠生于湖南长沙府湘阴县左家塅（duàn）（今湖南省岳阳市湘阴县金龙镇新光村），自幼聪颖，少负大志。左宗棠十四岁考童子试中第一名，曾写下“身无半文心忧天下，手释万卷神交古人”的对联以铭心志。1816 年，他随父亲左观澜到省城长沙读书。1827 年，应长沙府试，取中第二名。同年，因母亲病重放弃院试。1829 年，左宗棠开始涉猎经世致用之学，对涉及中国历史、地理、军事、经济、水利等内容的名著如《皇朝经世文编》《天下郡国利病书》《读史方舆纪要》《水道提纲》等视为至宝，这对他后来带兵打仗、施政理财起了很大的作用。1832 年，左宗棠考中举人。1851 年，他先后入湖南巡抚张亮基、骆秉章幕府，参与平定太平天国运动、兴办洋务运动、镇压捻军，主持平定陕甘回民暴乱，历时数年终平定新疆全境，并推动新疆置省，实现了新疆与全国各省行政制度的统一，加强了新疆与内地的经济文化交流，故有“无左公则无新疆”。其间，他历任闽浙总督、陕甘总督、两江总督，官至东阁大学士、军机大臣，封二等恪靖侯。左宗棠兴办的兰州织呢局，是近代中国第一家毛纺织工厂。他支持和发展了金陵制造局、江南制造总局、福州船政局。他支持商人集资兴办近代工矿企业，包括徐州利国驿煤铁矿、安徽池州煤铁局等，架设沿长江的陆路电报线等。他有“穷困潦倒之时，不被人欺；飞黄腾达之日，不被人嫉”的名言。1883年，法国侵略中国、越南而引发“中法战争”，左宗棠自请赴福建督师。1885年，左宗棠在福州病逝，享年七十四岁，谥号文襄。左宗棠著有《楚军营制》《朴存阁农书》等，后辑为《左文襄公全集》《左宗棠全集》。

李鸿章（1823—1901），本名章铜，字渐甫，号少荃，安徽合肥（今安徽省合肥市）人，晚清名臣、洋务运动的主要领导人之一，世人多称李中堂。李鸿章父亲李文安，母亲李氏，兄弟姐妹八人。他六岁进入家馆棣华书屋学习，少年聪慧，幼年攻读经史，打下扎实的学问功底。1840年，他考中秀才。1843年，李鸿章在庐州府学（今安徽省合肥市庐阳区城隍庙的合肥老四中，已并入合肥第六中学）被选为优贡，时有“一万年来谁著史，三千里外欲封侯”的诗句，表达了他的远大志向。从1845年到1846年，李鸿章拜曾国藩门下，学习经世之学，奠定了他一生事业和思想的基础。1847年，李鸿章考中进士。1850年，被授翰林院编修，充武英殿编修。1853年，李鸿章回安徽办团练军，镇压太平军、捻军。1858年，他到江西入曾国藩幕僚，襄办营务。1861年，李鸿章奉命编练淮军。1864年，他因平定太平天国有功，被封一等肃毅伯。1865年，李鸿章署两江总督。1866年，他继曾国藩为钦差大臣，授湖广总督。李鸿章官至东宫三师、文华殿大学士、北洋通商大臣、直隶总督。他参与了一系列重大历史事件：包括镇压太平天国运动、镇压捻军起义、洋务运动、中日甲午战争等，代表清政府签订了《越南条约》《马关条约》《中法简明条约》《辛丑条约》等一系列不平等条约。李鸿章是中国现代化的奠基人，一生所创建的“中国第一”的现代设施不胜枚举。他为洋务运动引进西方军事设备、机器生产和科学技术，先后兴办广方言馆、江南制造总局、上海轮船招商局、开平矿务局、上海机器织布局等。1880年，李鸿章奏请朝廷在天津创办北洋水师学堂，于1881年正式落成。1888年，正式组建北洋水师，是当时亚洲最强大的海上军事力量。1901年，李鸿章与列强签订完《辛丑条约》后，大口吐血，病逝北京，终年七十九岁。日本首相伊藤博文评价李鸿章为“大清帝国中唯一有能耐可和世界列强一争长短之人”。当时，他对时局的认识是“中国遇到了数千年未有之强敌，中国处在三千年未有之大变局”。他竭力维护中国的利益，洋务图强，然而却无力改变中国落后的现实和命运，对于不平等条约的签订，他据理力争，然弱国无外交，不得不接受屈辱、背负骂名。李鸿章的家教很严，格外注重家庭教育，要求子女“不要钱，不怕死。盖不义之财，不取为是也”。他的良好家风恩泽族人，积福后人。李氏家族历经百年风雨，家族中出了不少政治家、外交家、企业家、科学家、艺术家等。

张之洞（1837—1909），字孝达，号香涛，时为总督称“帅”，人称“张香帅”，祖籍直隶南皮（今河北省沧州市南皮县），出生于贵州兴义府（今贵州省黔西南布依族苗族自治州安龙县），是兴义府知府张锳（yīng）的第四子，晚清名臣、洋务派代表人物。张之洞自幼聪明好学，才思敏捷。他十三岁以前，已学完四书五经等儒家经典，自学了《孙子兵法》《六韬》等多篇兵学名著，为他从政和治学打下坚实基础。1850年，不满十四岁的张之洞回原籍南皮应县试，考中第一名秀才。1852年，他十六岁时中顺天府解元。1863年，二十七岁的张之洞考中进士第三名探花，进入翰林院，被授予七品衔编修，正式步入仕途。之后，张之洞历任教习、侍读、侍讲、内阁学士、山西巡抚、两广总督、湖广总督、两江总督、军机大臣等职，官至体仁阁大学士。张之洞为洋务派的主要代表人物，教育方面主张新式教育，兴办实业教育、师范教育和国民教育。他创办了自强学堂（今武汉大学前身）、三江师范学堂（今南京大学前身）、湖北农务学堂（今华中农业大学前身）、湖北武昌蒙养院、湖北工艺学堂、慈恩学堂（南皮县第一中学前身）、广雅书院（广东广雅中学前身）等。张之洞政治上主张“中学为体，西学为用”。工业上创办汉阳铁厂、大冶铁矿、湖北枪炮厂等。他在湖广总督任上，十分重视兴建铁路，他建议并监修芦汉铁路，建成后命名为“京汉铁路”。八国联军入侵时，大沽炮台失守，张之洞会同两江总督刘坤一与驻上海各国领事议定东南互保，并镇压维新派的唐才常、林圭、秦力山等自立军起义。1908 年，他以顾命重臣晋升太子太保。1909 年，张之洞病逝于北京，终年七十三岁。据记载，张之洞任湖广总督时，一次梁启超到江夏拜访，张之洞出联求对：“四水江第一，四时夏第二，先生居江夏，谁是第一，谁是第二？”上联既包含四水（指古代江、河、淮、济四水），长江排首位，再总括春夏秋冬四季，而夏是排第二。接着提出了“谁是第一，谁是第二？”这样难以回答的问题。但才思敏捷的梁启超，巧妙答对下联：“三教儒在先，三才人在后，小子本儒人，何敢在先，何敢在后？”梁启超所对的下联非比寻常，他以自己的身份儒人拆开，古代儒、释、道三教中，以儒为首，在天、地、人三才中，则以人才居末位，梁启超以“何敢在先，何敢在后？”巧对“谁是第一，谁是第二？”张之洞读罢感叹：“此书生真乃天下奇才也！”

9. 精通西学第一人

严复（1854—1921），原名宗光，字又陵，后改名复，字几道，福建侯官县（今福建省福州市区西部和闽侯县西北部）人，近代极具影响力的资产阶级启蒙思想家、著名的翻译家、教育家。他是近代向西方寻找真理的代表人物，康有为称赞严复为“精通西学第一人”。1854 年，严复出生于今福建福州市仓山区盖山镇阳岐村一中医世家。1871 年，他毕业于福建船政学堂。1879 年，毕业于英国伦敦格林威治的皇家海军学院。1881 年，严复应李鸿章之邀，自福建船政局调天津水师学堂任总教习，其间培养了中国近代第一批海军人才，学生中有后来因辛亥革命而出名的黎元洪。1890 年，严复升为北洋水师学堂总办，但因与李鸿章政见不和，后退出海军界。1895 年，中日甲午战争后，他在天津《直报》发表《论世变之亟》《原强》《辟韩》《救亡决论》等文章，主张变法维新、武装抗击外来侵略。1896 年，严复创办中国最早的俄语学校俄文馆，并任总办。1897 年，严复和王修植、夏曾佑等在天津创办《国闻报》和《国闻汇编》，系统地介绍西方民主和科学，宣传维新变法思想，将西方的社会学、政治学、政治经济学、哲学和自然科学介绍到中国。1898 年，严复翻译英国著名博物学家、生物学家、教育家托马斯 · 亨利 · 赫胥黎（达尔文进化论最杰出代表）所著《进化论与伦理学》一书，定名为《天演论》正式出版，是一本中国近代较早介绍西方资产阶级理论的著作。《天演论》系统介绍了达尔文的生物进化论，以“物竞天择，适者生存”的论点，号召国人救亡图存，与天争胜。1900 年，“义和团运动”爆发，严复离开天津，避居上海，参加汪康年、唐才常发起的中国议会，被选为副会长。他自己创办名学会，讲演名学。1901 年，他应开平矿务局总办张冀邀请赴天津主开平矿务局事，任该局总办。1902 年，赴北京任京师大学堂译书局总办。1904 年，发生开平矿务局诉讼事件，他被邀前往英国伦敦进行谈判。次年，严复与孙中山在英国进行会谈。1906 年，严复回国后任上海复旦公学第二任校长。同年，被安徽巡抚恩铭聘请到安庆任安徽师范学堂监督。1908 年，严复到北京任学部审定名词馆总纂。1909 年，他被派任宪政编查馆二等咨议官、福建省顾问官。1910 年，海军部授严复为协都统，后任资政院议员。1911 年，他创作大清国歌《巩金瓯》。1912 年，京师大学堂更名为北京大学，严复任首任校长。1914 年，严复被举为约法会议议员，后任参政院参政，宪法起草委员。1915 年，严复被袁世凯聘为宪法起草员，发起成立筹安会，支持袁世凯复辟帝制。1916 年，袁世凯死后，国会要求惩办祸首及筹安会六君子，严复避祸于天津。1920 年，他因哮喘病久治无效，回到福州养病。1921 年，严复在福州郎官巷住宅病逝，终年六十八岁。严复一生以教育救国为己任，成为近代中国开启民智的一代宗师。但他反对共和革命，一度党附袁世凯，卷入洪宪帝制，对他本人多有争议。严复的成就与贡献，无愧于中国近代极具影响的资产阶级启蒙思想家。

10. 中国铁路之父

詹天佑（1861—1919），字眷诚，号达朝，祖籍徽州府婺源（今江西省上饶市婺源县），生于广东广州府南海县（今广东省佛山市南海区）。1760 年，其曾祖父詹万榜携家眷自原徽州府婺源县到广州府定居经商。其祖父詹世鸾继承父业，将生意做强做大，并传承其父助人为乐的优良家风，慷慨资助婺源商人钱银一万多两。到了詹天佑的父亲詹兴洪时，生意已趋没落，家境日益贫寒，詹兴洪以代写书信、刻印章谋生。1872 年，十二岁的詹天佑作为清政府派出的第一批幼童生赴美留学。1881 年，他毕业于耶鲁大学土木工程系，回国后被派往福州船政局后学堂学习海军轮船驾驶。1882 年，詹天佑在福州船政局学堂毕业，考取一等第一名，被派往扬武号兵舰操练，为实习船员。1884 年，他任福州船政局后学堂教习，因教导出色，获得清政府五品顶戴奖。同年，受张之洞邀请到广州黄埔广东实学馆（后改名广东博学馆）任外文教习。次年，詹天佑参加修筑沿海炮台和测绘广东沿海海图（为我国第一幅海图）。1887 年，二十七岁的詹天佑与父亲好友谭伯邨（cūn）之女谭菊珍结为夫妇，二人感情笃厚，相伴一生。1888 年，由开平矿务局留美同学邝孙谋介绍，詹天佑到天津中国铁路公司任职工程师，从事塘沽到天津铁路铺轨工程。从此，他参与和主持修筑多条铁路。1889 年，他继续任中国铁路公司帮工程师，修筑唐山至古冶（今河北省唐山市古冶区）铁路。1891 年，修建古冶至山海关铁路。1894 年，詹天佑首次成功在我国铁路使用压气沉箱法修建古冶至山海关铁路滦河铁路大桥桥墩基础。1895 年，他任北洋官铁路局帮工程师，率队测量、修建天津至卢沟桥铁路。1898 年，他任官办关内外铁路总局帮工程师、锦州忒路驻段工程师，修筑关外铁路。1902 年，詹天佑任新易铁路总工程师，被派参加自俄国手中接收关外铁路，主持修复工程。1904 年，他被中国铁路总公司聘为工程顾问。1905 年至 1909 年，他任官办京张铁路总工程师兼会办局务，主持修建的京张铁路，为中国第一条自主设计并建造的铁路。其间的 1907 年，他升任京张铁路总办兼总工程师。1911 年，他赴广州就任粤路总理，并自兼总工程师。同年，“辛亥革命”爆发时，他领导广东省商办粤汉铁路总公司全体人员坚守岗位，制止离散，保证列车照常运行，以实际行动迎接辛亥革命。1912 年，詹天佑任粤汉铁路会办、汉粤川铁路会办，被授予三等嘉禾章。同年，广州创立广东中华工程师会，詹天佑被选为首任会长。1913 年，詹天佑任交通部技监，兼汉粤川铁路督办，主持全国交通技术工作。1917 年，詹天佑任交通部铁路技术委员会会长及交通研究会会员、审订铁路法规会名誉会员、运输会议会员，主持拟订国有铁路标准，著有《铁路名词表》《京张铁路工程纪略》等。1919 年，詹天佑因病于汉口仁济医院（今武汉协和医院）逝世，时年五十九岁。詹天佑在筹划修建京张、沪嘉、洛潼、津芦、锦州、萍醴、新易、潮汕、粤汉等铁路中成绩斐然，先后被选为英国土木工程师学会和美国工程师学会会员，清廷亦授予工科进士第一名。他培养了大批铁路建筑管理人才，成为中国铁路工程的先驱，有“中国铁路之父”“中国近代工程之父”之称。詹天佑一生献给中国的铁路事业，是我国近代科学技术的先驱者之一、伟大的爱国主义者、中华铁路第一人。他的自力更生、发愤图强、不怕困难、艰苦奋斗的精神，永远激励着后人。中国土木工程学会于1999年设立“詹天佑奖”，是中国土木工程设立的最大奖项。

11. 百科全书式人物

梁启超（1873—1929），字卓如、任甫，号任公，中国近代思想家、政治家、教育家、史学家、文学家，戊戌变法（百日维新）领袖之一、中国近代维新派、新法家代表人物。梁启超学术研究涉猎广泛，在哲学、文学、史学、经学、法学、伦理学、宗教学等领域均有建树。他被公认为是清末优秀的学者，中国历史上一位“百科全书式人物”。梁启超出生于广东新会茶坑村（今广东省江门市新会区茶坑村）的一个地主家庭，祖父梁维清，父亲梁宝瑛，都曾以士绅参预乡政，在当地有一定的势力和影响。他自幼聪明好学，博览群书。1889年，梁启超在广州参加乡试中举，名列第八。主考官李端棻（fēn）将堂妹李惠仙许配与他，次年二人完婚。李惠仙当年还带了两名丫鬟，一个叫阿好，一个叫王来喜（王桂荃）。阿好脾性不好，不久便被梁家辞退。王桂荃聪明勤快，深得梁氏夫妇的喜欢，后来成为梁启超的侧室。当时，中国正遭受着帝国主义的野蛮蹂躏，面对国难当头、山河破碎，梁启超抛弃了由学入仕的追求，选择了一条充满坎坷曲折、救国救民的道路。他跟随康有为学习，开始接受维新思想，成为资产阶级改良派的宣传家。1895年，他与康有为集结六百零三名举人，一千三百多人联署上疏光绪帝，反对在甲午战争中失败与日本政府签订丧权辱国的《马关条约》，发动“公车上书”运动。此后，他先后领导北京和上海的强学会，与黄遵宪一起举办《时务报》，任长沙时务学堂的主讲，并著《变法通议》为变法做宣传。1898 年，在清光绪帝的支持下，梁启超与维新派康有为、谭嗣同、严复等希望按照西方国家的模式，推行新政、经济改革、争取国家富强，希望中国走上君主立宪的现代化道路，发动“戊戌变法”（又称百日维新）。但由于变法被保守势力反对，最后演变成为政变，慈禧太后获得实权，光绪帝被囚禁，维新派“六君子”被杀，康有为、梁启超逃亡国外。梁启超逃亡日本后，创办《新民丛报》，主张君主立宪，反对孙中山领导的民主革命。1899 年，梁启超应康有为邀请，赴美国檀香山办理保皇会事宜，与时任翻译侨商之女何蕙珍产生恋情。但终以理智战胜情感，结束苦恋。1900 年，八国联军侵华，帝国主义联合起来勾结清政府镇压义和团运动，攻陷了天津和北京等地，外国列强污蔑中国是“老大帝国”“东亚病夫”“一盘散沙”，民族危机空前严重。流亡日本的梁启超创作散文《少年中国说》，文中写道：“故今日之责任，不在他人，而全在我少年。少年智则国智，少年富则国富；少年强则国强，少年独立则国独立；少年自由则国自由；少年进步则国进步；少年胜于欧洲，则国胜于欧洲；少年雄于地球，则国雄于地球。”梁启超以开阔的视野、博大的心胸，极力歌颂少年的朝气蓬勃，热切希望出现“少年中国”振奋人民的精神，寄托了梁启超对少年中国的热爱和期望。1912 年，梁启超结束了长达十四年的流亡生活，离开日本回国。1913 年，袁世凯任命梁启超担任司法总长。1916 年，梁启超又与蔡锷联合反袁世凯复辟帝制。后依附段祺瑞，出任段政府财政总长。1917 年，孙中山发动护法战争，段祺瑞被迫辞职，梁启超也递交辞呈，结束了他的从政生涯，此后主要精力用于从事文化教育和学术研究。1920年，他反对马克思主义在中国传播，倡导新文化运动，支持“五四运动”，晚年在清华大学讲学。1924年，梁启超的妻子李蕙仙病逝于北京。当年，有过恋情的何蕙珍从美国赶到北京，欲结秦晋之好，被梁启超婉辞，以至何蕙珍的表姐夫、《京报》编辑梁秋水责备梁启超薄情，“连一顿饭也不留她吃”。1929年，梁启超在北京协和医院病逝，时年五十七岁。梁启超一生致力于中国社会改造，为了民族强盛和国家繁荣，竭力呐喊、四处奔走，付出了几乎全部的心血。但他的政治主张却又因时而异，不断变化，从拥袁到反袁，从护国到拥段，一变再变。梁启超是中国第一个在文章中使用“中华民族”一词的人。梁启超共有九个子女，分别是长女诗词研究专家梁思顺（即令娴，李蕙仙生）、长子著名建筑学家梁思成（李蕙仙生）、次子著名考古学家梁思永（王桂荃生）、三子炮兵校官梁思忠（王桂荃生）、次女著名图书馆学家梁思庄（李蕙仙生）、四子著名经济学家梁思达（王桂荃生）、三女著名社会活动家梁思懿（王桂荃生）、四女新四军梁思宁（王桂荃生）、五子著名火箭控制系统专家梁思礼（王桂荃生，1993年当选为中国科学院院士），他的许多后人后来都成为各界杰出人才。梁启超一生勤奋，著述宏富，各种著述达一千四百多万字，其著作合编为《饮冰室合集》。

12. 鉴湖女侠

秋瑾（1875—1907），初名闺瑾，乳名玉姑，字璿（xuán）卿，号旦吾，留学日本后改名瑾，字竞雄，籍贯浙江山阴（今浙江省绍兴市），出生于福建云霄县城（今福建省漳州市云霄县）紫阳书院（七先生祠），中国女权和女学思想的倡导者、近代民主革命志士。秋瑾自曾祖起世代为官，父亲秋寿南，时任湖南郴州（今湖南省郴州市）知州，母亲单氏，为浙江萧山（今浙江省杭州市萧山区）望族之后。她从小聪明伶俐，琴棋书画样样精通，喜欢骑马舞剑。1896 年，秋瑾嫁给双峰县（今湖南省娄底市双峰县荷叶镇神冲村）首富王黻（fú）臣之子王廷钧为妻，王廷钧帮助父亲经营义源当铺。秋瑾在婆家双峰荷叶镇时，常与女权主义先驱唐群英、葛健豪往来，情同手足，亲如姐妹，人称“潇湘三女杰”。1897 年，秋瑾生子王沅德。1900 年，王廷钧纳资为户部主事，秋瑾随丈夫赴京。不久，因为八国联军入京战乱，他们回到家乡荷叶镇。1901 年，秋瑾生女儿王灿芝。1904 年，秋瑾不顾丈夫王廷钧的反对，冲破封建的束缚，自费东渡日本留学。她先后加入了“共爱会”“十人会”“三合会”“光复会”等革命组织。在光复会与近代民主革命家徐锡麟相识，一起学习先进思想，探讨救国救民的真理。1905 年，秋瑾和徐锡麟同时加入“同盟会”，成为孙中山的亲密战友。她在日本主编《白话》月刊，以“鉴湖女侠”等笔名，在杂志上发表了《演说的好处》《敬告中国二万万女同胞》《警告我同胞》等文章，抨击封建制度丑恶，宣传女权主义，号召救国救亡。1906 年，秋瑾和徐锡麟先后回国，在浙江绍兴大通学堂培养革命人才，为武装起义做准备。1907 年，秋瑾和徐锡麟约定同时举行安庆起义和绍兴起义。由于目标过早暴露，徐锡麟提前在安庆起义，打死安徽巡抚恩铭，但因力量悬殊，起义失败，徐锡麟被清军残酷杀害。辛亥革命志士王金发劝告秋瑾离开绍兴，被秋瑾拒绝，她表示“革命要流血才会成功”，毅然遣散众人，留守大通学堂，被清军逮捕。秋瑾大义凛然，宁死不屈，一名坚强的民主革命战士被杀害于绍兴城内的古轩亭口，年仅三十三岁。她的临终遗言“秋风秋雨愁煞人”，表达了一位女革命家忧国忧民、壮志未酬、面对死亡的悲愤心情而广为传颂。秋瑾一生为伸张女权而奋斗，为革命建国而努力，她蔑视封建礼法，提倡女权，把妇女运动与排满的革命运动结合在一起，她把自己的生命奉献给了反封建主义和争取民族解放的崇高事业。秋瑾所作诗词豪放悲壮，后人辑为《秋瑾集》。

后　记

拂去岁月的风尘，回首历史的画卷，五千年来，中华民族在华夏广袤的大地上，世世代代繁衍生息，割据分裂融合统一，历尽磨难战胜列强，意气风发走向复兴。中国人民以伟大的创造力、强大的生命力和巨大的凝聚力，从远古走到现代，从蒙昧走向文明。这条漫长而不寻常的道路，铸成了灿烂的中华文明。

历史是前人的足迹，是文化的沉淀，是精神的积累，是人类的教科全书。作为华夏儿女，我们只有全面了解中华民族的博大历史，才能更好地把握和平稳定的今天，走向繁荣昌盛的明天！

《通史悟鉴》的创作，以时间为主线，以朝代为节点，以事件为载体，以人物为对象，尊重历史，寻找规律，提炼智慧。在撰写的过程中参考了典籍正史，引用了泰斗专著，采纳了史家观点，学习了名家文章，参考了网络文献，未能一一列出，表示衷心感谢。为了佐证一个地点、一个日期、一个人物，一个个不眠之夜查阅大量的资料，只为严谨科学，只为有益读者。因本人经历、阅历受限，水平、认识不足，难免挂一漏万，褒贬有误，贻笑大方，敬请见谅。

回顾历史，展望未来。我们置身中华民族伟大复兴的新时代，如何在开创未来的时代大潮中发挥生命的智慧，体现生命的价值，本人将会做进一步的研究、思考，希望有机会能与广大读者共勉。

作者

2022 年 8 月